“畅游大学”系列丛书

“畅游大学”之学业发展攻略

于　乐　杜　辉　何琪蕾　主编

科学出版社
北　京

内容简介

随着中国崛起，人们对高等教育的重视程度有增无减。大学，这一改变人生又总披着朦胧面纱的象牙塔，让无数学子与家长既向往又忐忑。《"畅游大学"之学业发展攻略》作为"畅游大学"系列丛书的第一本，以国内双一流高校多年学生管理工作者的视角，从对大学的认识、适应到提升自我、个性规划，切实有效地引导学生如何科学合理地制定学业规划，不虚度大学光阴，具有很强的现实指导意义。

本书既可作为大一新生的必修教材，帮助他们从中学到必要知识；也可作为高中生和学生家长的课程辅导图书，帮助他们从中知晓大学奥秘；同时又可作为高校从事学生工作人员的基本工具书，帮助他们从中掌握育人规律。

图书在版编目(CIP)数据

"畅游大学"之学业发展攻略 / 于乐，杜辉，何琪蕾主编. — 北京：科学出版社，2018.2

ISBN 978-7-03-056498-6

Ⅰ.①畅… Ⅱ.①于… ②杜… ③何… Ⅲ.①大学生-学生生活 Ⅳ.①G645.5

中国版本图书馆 CIP 数据核字（2018）第 022689 号

责任编辑：张 展 雷 蕾 / 责任校对：杨悦蕾

责任印制：罗 科 / 封面设计：墨创文化

科学出版社出版

北京东黄城根北街16号

邮政编码：100717

http://www.sciencep.com

成都锦瑞印刷有限责任公司印刷

科学出版社发行 各地新华书店经销

*

2018年2月第 一 版 开本：787×1092 1/16

2018年2月第一次印刷 印张：16

字数：380 千字

定价：69.00 元

（如有印装质量问题，我社负责调换）

《“畅游大学”之学业发展攻略》

编委会

前言

大学就像一个熔炉，有人来时虽几多青涩，但离开时却已百炼成钢；有人来时已有成色，离开时却未能成材。大学又像一座灯塔，有人初时略显迷茫，但向着光明前进，人生越走越闪亮；有人初时信心满满，但失去航向，人生越走越暗淡无光。

随着我国高等教育大众化阶段的到来，如今的大学，已是很多年轻朋友人生的必经之路。同样一个物理空间，与每个身在其中的个体，产生着不同的化学反应。有人付出努力，收获优异学业；有人付出规划，收获一身本领；有人付出真心，收获甜蜜爱情。当然，也有人付出懒惰，收获一事无成；有人付出抱怨，收获四年哀叹；有人付出盲目，收获碌碌无为。究竟是什么决定着我们的大学成败呢？又究竟是什么样的大学决定着我们的未来岁月呢？

为了更好地指导大学生度过充实、有意义、有回忆的黄金四年，更好地服务于大学生群体，使其全面、健康地发展与成才，更好地从教育者和“过来人”的角度解读大学的学习与生活，我们组织编写了《“畅游大学”之学业发展攻略》这一新生入学教育读本。“九层之台，起于垒土；千里之行，始于足下。”我们认为进校之初，既是大学生成长的迷茫期，又是其成才的关键期。把握好新生群体，就把握了大学生思想教育的本源。本书面向大一新生群体，通过认识篇、适应篇、提升篇、规划篇四个版块对大学生的学业发展进行全面阐述，以期每位大学生朋友都能畅游精彩大学，收获绚丽人生。

认识是基础。系统的认识是同学们科学规划的基础，正所谓“不谋万世者，不足谋一时；不谋全局者，不足谋一域。”认识篇从中西比较、古今溯源探讨大学的前世今生；从大学精神、大学文化探讨传承创新；从大学专业探讨社会发展。详尽而成体系的介绍，相信会让大学生朋友们对大学预先形成一个初步的认知。

适应是前提。快速的适应是同学们茁壮成长的前提，如果不能尽快度过“独上高楼，望断天涯路”的迷茫适应期，那么“为伊消得人憔悴”的清晰奋斗期就会越来越远。适应篇从学习方法转变、身份角色转换、人际关系升级、自我约束挑战等多个方面提供了全方位的适应攻略，让初入大学的同学们可以尽早战胜个中迷茫。

提升是核心。素质的提升是同学们成长蜕变目标的核心，是实现“众里寻他千百度，蓦然回首，那人却在灯火阑珊处”境界的必经之路。专业知识如何学习、专业能力如何锻造、七大素质如何养成，提升篇会带给你全面的修炼秘笈。

规划是关键。合理的规划是实现既定目标的关键，凡事预则立，不预则废。规划篇以出国、读研、就业、创业四大方向为纲，以大一适应期、大二探索期、大三定向期和大四冲刺期四个阶段为序，分目标、按阶段，手把手地教同学们如何科学合理地量身制定学业规划。

本书编委会由具备丰富高校学生教育管理经验的专家和多年从事一线工作的辅导员构成。全书注重循序渐进，突出实战性，力争做到理论结合实践，案例结合点评，内容贴近学生，操作贴近实际。归纳起来，本书具备以下几个显著特点：

一是针对性强。全书立足大学四年，聚焦大一新生，针对常见问题，从学校、家庭、学生本身等多方面提供系列解决方案，问题凝练较为全面到位，方法梳理较为合理有效。

二是创新性强。随着互联网时代的到来，高校教育者和被教育者都面临着同样的新形势、新环境、新问题，本书编委会结合工作实践，引入"互联网+学生工作"的诸多新办法、新思路、新理念。

三是可读性强。本书内容由浅入深、丰富生动，通过误区解读和常见困惑两个特色版块，总结普遍存在的典型性问题，然后一一解惑，并给出中肯的意见和建议，可谓由表及里，让新生和新生家长均能深入其中。

读者朋友，自党的十八大以来，以习近平同志为核心的党中央把高校思想政治工作摆在突出位置，作出一系列重大决策部署加以推进。习近平总书记在2016年底的全国高校思想政治工作会议上指出，"我们对高等教育的需要比以往任何时候都更加迫切，对科学知识和卓越人才的渴求比以往任何时候都更加强烈"，指出我们的教育应当"围绕学生、关照学生、服务学生，不断提高学生思想水平、政治觉悟、道德品质、文化素养，让学生成为德才兼备、全面发展的人才"。党的十九大报告也提出，"青年一代有理想、有本领、有担当，国家就有前途，民族就有希望……广大青年要坚定理想信念，志存高远，脚踏实地，勇做时代的弄潮儿，在实现中国梦的生动实践中放飞青春梦想，在为人民利益的不懈奋斗中书写人生华章！"因此，培养什么样的人、如何培养人、为谁培养人成为当前和今后一段时期内高校必须面对和准确作答的问题。

也正是为了贯彻落实党的十九大精神和全国高校思想政治工作会议精神，进一步加强和改进新形势下大学生思想政治教育工作，创新和丰富大学生思想政治教育理论与实践成果，我们将本书付梓出版。

因时间紧凑，编者能力局限，本书难免有不足之处，希望能得到读者朋友们的批评指正。书中的参考文献未能一一列出，在此对这些作者表示感谢。若本书能为大一新生成长导航，能为仍对大学生活感到迷茫的在校大学生们提供适合自身的成长攻略，能为不了解大学生活的新生家长们打开一扇信息沟通之窗，能为高校教育同仁提供一些可鉴素材，能为实现全程育人、全方位育人，培养德才兼备、全面发展的高校人才做出一点贡献，实为本书及全体编者之幸。

"畅游大学"系列丛书编委会

目录 CONTENTS

Part1

认识篇　旅行信息先行查阅

◆ 探寻大学“前世今生”

◆ 认识专业“精彩纷呈”

第一章　探寻大学“前世今生”

☑ 本章导读

千军万马过独木桥，寒窗苦读入象牙塔。大学，就像一张游乐场的门票，可以打开自由快乐的大门；像一张和谐号火车票，可以通向无限美好的未来；像春天里的一朵鲜花，可以让人生更加绚丽多姿。那么，大学到底是什么？想必同学们已经迫不及待地想要了解这个美丽之地，神圣之处了吧？现在就让我们一起揭开大学的神秘面纱，探寻它的“前世今生”。

第一节　中外大学的起源与发展

中国，这个有着五千年悠久历史的文明古国，早在汉代就孕育了大学的前身——太学。然而，现在公认意义上的大学，是指有完整的教育体制和管理体系，有具体专业与课程设置，组成了系或学院，开设了规定的课程，实施正式的考试，雇用了稳定的教学人员，颁发被认可学位的高等教育组织。从这个角度上看，学术界普遍认为，大学起源于中世纪的欧洲。中国现代意义上的大学，建立于晚清时期，与洋务运动和“东学西渐”密不可分。随着社会需求与时代发展，大学在组织形式、管理体系、教育结构上都发生着深刻的变化。

◎西方大学的起源与发展

11世纪，西欧的封建制度已经确立，伴随着城市的兴起，国际间贸易日益频繁，促进了经济不断发展。十字军东征使拜占庭文化迅速传遍整个欧洲，间接地推动了欧洲文化的发展。原有的僧侣学校和天主教学校再也不能满足当时社会的发展需求。随着财富的增长和大规模贸易活动的开展，商业纠纷越来越多。为寻求贸易公平合理地进行，人们对罗马法的兴趣陡增，尤其是在商业发达的意大利北部城市，人们对法学的狂热直接推动了博洛尼亚大学的建立。

大学的内部建设在中世纪得到了极大的完善。13世纪，欧洲大学建立了较为统一规范的课程内容，如文学课程为“七艺”（语法学、修辞学、逻辑学、算术、几何学、音乐和天文学）；法律课程分为民法和教会法；医学课程主要包括希波克拉底和加仑的医学著作；神学课程为《圣经》和彼得伦巴德的《意见集》①。同时，教学方式也逐渐形成了统一的标准，即“讲课、复述、辩论、考试”这四个步骤。形成统一规范的还有学位规定，学生经考试合格后可得到“硕士”“博士”学位，而这两者的区别，也仅在于考试方式的不同；此后，慢慢地将“学士”也作为独立的学位。中世纪的大学从学位体系、培养目标、课程体系、培养形式等方面完善了其内部建设，奠定了西方大学发展的基础。

早期大学中最具代表性的包括牛津大学、剑桥大学、巴黎大学、海德堡大学、科隆大学、博洛尼亚大学等，它们所建立的管理制度和教学体系也为现代大学的发展打下了基石。之所以说现代大学发源于中世纪，是因为这批大学在那个时期建立了大学的普遍制度和共有理念：第一，保护和尊重学术自由的制度，并付诸管理和实践，即大学自治；第二，具备超国界的精神和国际视野；第三，构建了一套稳定的教育、教学模型和方式。这些理念延续至今②。

阅读小贴士　西方第一所大学：博洛尼亚大学

博洛尼亚大学（University of Bologna），坐落于意大利艾米利亚-罗马涅大区的首府博洛尼亚，创建于1088年，至今已有900多年的历史，是西方现存的最古老的大学。在中世纪时期，它是欧洲重要的学术圣地，吸引了整个基督教界的许多知识分子。值得注意的是，中世纪时，这是一所学生雇用教师的学校，学生构成一个委员会，他们雇用教师，支付薪俸，有权对教师进行解雇、罚款。1988年，在430所欧洲大学的校长共同签署的《欧洲大学宪章》中，正式宣布博洛尼亚大学为欧洲“大学之母”。如今，博洛尼亚大学拥有超过十万名注册在校生，共有23个学院，68个系和93个研究中心（图1-1）。

图1-1　博洛尼亚大学图书馆

① 刘河燕. 欧洲中世纪大学课程内容探析[J]. 甘肃社会科学, 2012(6): 177-180, 189.

② 潘后杰, 李锐. 欧洲中世纪大学兴起的原因、特点及其意义[J]. 四川师范大学学报(社会科学版), 1993(3): 100-108.

阅读小贴士　法国第一所大学：巴黎大学

巴黎大学（University of Paris）（图1-2）坐落于法国首都巴黎，前身是建于1257年的索邦神学院，于1261年正式更名为“巴黎大学”，但更早的天主教修士建立的大学可以追溯到1150～1160年。巴黎大学于1793年被撤销，直至1896年才获得重建。巴黎大学实际上是13所大学的统称。1968年巴黎大学发生学潮，学生抗议课程落伍及填鸭式的教育，要求更多的学术自由和校园民主，法国政府便对巴黎大学进行了一连串的改组和调整，组成13所独立大学，即巴黎第一至第十三大学。1971年1月1日，新生的13所巴黎大学同时宣告成立，新生的13所大学各自独立，没有隶属关系，编号只代表顺序，与质量及名望无关。

图1-2　巴黎大学

阅读小贴士　英国第一所大学：牛津大学

牛津大学（University of Oxford）（图1-3）位于英国牛津市，为英语世界中最古老的大学，被公认为是当今世界最顶尖的高等教育机构之一。它是英国研究型大学罗素大学集团、英国“G5超级精英大学”、欧洲顶尖大学科英布拉集团、欧洲研究型大学联盟及Europaeum中的核心成员。在12世纪之前，英国没有大学，人们都是去法国和其他欧陆国家求学。1167年，当时的英格兰国王同法兰西国王发生争吵，英格兰国王一气之下，把寄读于巴黎大学的英国学者召回，禁止他们再去巴黎大学。另有一个说法是，法兰西国王一气之下，把英国学者从巴黎大学赶回英国。不管如何，这些学者从巴黎回国，聚集于牛津，从事经院哲学的教学与研究。于是人们开始把牛津作为一个“总学”，这实际上就是牛津大学的前身。

图1-3　牛津大学图书馆

阅读小贴士　西班牙第一所大学：萨拉曼卡大学

萨拉曼卡大学（University of Salamanca）（图1-4）位于西班牙萨拉曼卡市，历经近8个世纪的洗礼，萨拉曼卡大学一直是欧洲的重要学术中心之一，与巴黎大学、牛

图1-4　萨拉曼卡大学大门铜像

津大学和博洛尼亚大学齐名，并称为欧洲四大名校，西班牙人引以为傲。公元1218年，莱昂王国国王阿方索九世下令建立萨拉曼卡大学。公元1255年，由阿方索十世国王和罗马教皇亚历山大四世联合授予萨拉曼卡大学大学印章。萨拉曼卡大学自建校以来，受到以罗马教廷为首的欧洲上层阶层的大力支持，建立了以神学、法学、人文学、文学、语言学为主体的综合性大学教育体制。从中诞生了无数的学者、文人和政治家，文艺复兴时期著名的萨拉曼卡学派即肇始于此。萨拉曼卡大学是素有“欧洲常春藤联盟”之称的科英布拉集团三所西班牙大学成员之一，在世界范围内享有盛誉。

阅读小贴士　葡萄牙第一所大学：科英布拉大学

科英布拉大学（University of Coimbra）（图1-5）创建于1290年，是伊比利亚半岛上历史悠久的高等学府。该校所在的古都科英布拉位于首都里斯本以北，1139～1260年曾是葡萄牙的首都。科英布拉大学下属有8个院系，涵盖艺术、工程、人文、数学、自然科学、社会科学、体育与科技等多个学术领域。科英布拉大学于2013年被联合国教科文组织评为世界文化遗产。

图1-5　科英布拉大学综合图书馆

阅读小贴士　德国第一所大学：海德堡大学

图1-6　海德堡大学广场

海德堡大学（Heidelberg University）（图1-6）位于德国海德堡市，建立于1386年，是德国最古老的大学，也是德意志民族神圣罗马帝国继布拉格和维也纳之后开设的第三所大学。16世纪的下半叶，海德堡大学就成为了欧洲科学文化的中心。

阅读小贴士 美国第一所大学：哈佛大学

哈佛大学（Harvard University）（图1-7）坐落于美国马萨诸塞州剑桥市，是一所享誉世界的私立研究型大学，是著名的常春藤盟校成员。该校在文学、医学、法学、商学等多个领域拥有崇高的学术地位及广泛的影响力，被公认为是当今世界最顶尖的高等教育机构之一。它于1636年由马萨诸塞州殖民地立法机关创建，初名新市民学院，是为了纪念在成立初期给予学院慷慨支持的约翰·哈佛牧师。学校于1639年3月更名为哈佛学院。1780年，哈佛学院正式改称哈佛大学。

图1-7 哈佛大学校园

阅读小贴士 日本第一所国立大学：东京大学

东京大学（The University of Tokyo）（图1-8），其本部位于日本东京都文京区，是一所著名的研究型综合大学，诞生于1877年，学校主体由东京开成学校与东京医学校在明治维新期间合并改制而成。该校初设法学、理学、文学、医学四个学部和一所大学预备学校，是日本第一所国立综合性大学，也是亚洲最早的西制大学之一，其部分科系最早可以溯源到灵元天皇时期。作为资本主义文明浪潮冲击下的直接产物，东京大学在日本社会有着举足轻重的历史性地位。学校于1886年更名为帝国大学，这也是日本建立的第一所帝国大学；1897年，其易名为东京帝国大学，以区分同年在京都创立的京都帝国大学；第二次世界大战后的1947年9月，其正式定名为东京大学。

图1-8 东京大学建筑

（资料来源：节选自百度百科）

◎中国大学的起源与发展

关于中国大学的起源，目前存在较大争议：有学者认为中国大学源于“太学”，也有学者认为中国大学起源于洋务运动时期“西方学堂”和“传统教学”的结合。

中国是世界四大文明古国之一，较早地建立了体制完备的国家制度。承载着“化民成俗”功能的教育制度也随着社会的发展而建立。然而当时教育制度的功能主要是教导贵族子弟礼教典乐，并非现代大学的培养功能。太学作为古代王公贵族读书的场所，始创于汉朝，在汉武帝时期设立，由“博士”分别授予课程，教授弟子，教授内容为《易》《书》《诗》《礼》《春秋》，故称“博士”为“五经博士”。然而，汉朝的太学却因为党锢之争，逐渐沦为“捐买学习”的地方，失去了太学原本的意义。

尽管中国大学的起源没有一个公认的时间点，但许多历史学家认为中国大学起源于洋务运动的西学渐入，属于“后发外生型”。经过两次鸦片战争的冲击，清政府逐渐丧失了主权和领土完整。部分当权者痛定思痛，在战争中看到了外国侵略者的强大军事实力和经济实力，希望学习西方技术以维护封建统治。同时，科举制度选拔出的学生已经无法满足社会发展的需要，“洋务派”开始派遣留学生和建立新式学堂，这逐渐打破了原有的封建教育制度，也为现代大学的产生打下了基础。在这场“自强”和“求富”的运动中，清政府当权者以“师夷制夷”“中体西用”为核心思想，主张学习西方的先进人才培养方式与教育体系，建立“西方学堂”。在这样的政策引导下，中国近代大学开始创立。正是因为如此，中国早期大学的管理方式、学科门类、教学体系都有着西方大学的影子。

从办学体制上来看，我国早期的大学以教会大学、国立大学、私立大学三种体制方式为主。教会大学是现代大学的标准典范；国立大学是教育的中流砥柱，发挥着主导作用；私立大学则有着很重要的辅助作用。从大学成立的时间看，教会大学早于其他两类。1864年，由美国北长老会传教士创立的第一所教会大学——登州文会馆（齐鲁大学的前身），这是中国近代第一所大学。中国第一所国立综合性大学——北京大学，成立于1898年，初名京师大学堂，于1912年辛亥革命后改为现名。中国第一所私立大学是武昌中华大学，由陈宣恺和陈朴生在1912年创立，1952年全国高等学校院系调整时，武昌中华大学原有的系科专业分别调入武汉大学和华中高等师范学校。

国际关系的发展和国际局势的变化，也在一定程度上影响着中国大学的建立与发展。我国早期的大学主要学习外国经验，最开始学习日本，“五四运动”后学习欧美，新中国成立后在苏联的影响下开始院系调整。伴随着高考制度的恢复与改革开放，我国的高等教育迎来了新的发展阶段。20世纪90年代，中国大学经历了“合并”与“重组”，开始由苏联模式向欧美模式转变，许多专业性学院调整为综合性大学，并将学院内部分科系扩建为学院，以完善大学的综合性。调整后，一大批综合实力突出的大学随之而立，这对我国高等教育事业的发展产生了深远的影响。

阅读小贴士 中国第一所国立综合性大学：北京大学

1898年，北京大学（图1-9）成立，这标志着中国近代高等教育的开端。北京大学是中国近代以来唯一以国家最高学府身份创立的学校，最初也是国家最高教育行政机关，行使教育部职能，统管全国教育。北京大学催生了中国最早的现代学制，开创了中国最早的文科、理科、社科、农科、医科等大学学科，是近代以来中国高等教育的奠基者。

图1-9 北京大学校门

（资料来源：节选自百度百科）

阅读小贴士 国内外部分著名大学的建校时间及前身（表1-1）

大学的建校和发展史是一个国家或地区高等教育发展史的缩影，世界知名大学大多都有着悠久的历史。厚重的历史能体现出人文积淀和优秀的传承，由此产生了独特的大学精神。大学的创办是社会变迁的一个缩影，带有深刻的时代烙印。

表1-1 国内外部分著名大学的建校时间及前身

学校名称	创办时间	学校前身	学校名称	创办时间	学校前身
斯坦福大学	1891年		北京大学	1898年	京师大学堂
耶鲁大学	1701年	教会学校	清华大学	1911年	清华学堂
哈佛大学	1636年	新市民学院	浙江大学	1897年	求是书院
麻省理工学院	1861年		复旦大学	1905年	复旦公学
牛津大学	1167年		天津大学	1895年	北洋大学
墨尔本大学	1853年		南开大学	1919年	私立南开大学
早稻田大学	1882年	东京专门学校	上海交通大学	1896年	南洋公学
剑桥大学	1209年	学者协会	南京大学	1902年	三江师范学堂
多伦多大学	1827年	国王学院	哈尔滨工业大学	1920年	哈尔滨中俄工业学校
新加坡国立大学	1905年	海峡殖民地与马来亚联邦政府医学院	香港大学	1911年	香港西医书院及香港官立技术专科学校

（资料来源：节选自高校官网、百度百科）

第二节　新时期中国大学现状

◎中国大学全面高速发展

随着改革开放与经济的高速发展，我国逐年加大教育投入力度，尤其是在高等教育方面。经过几十年的发展，我国高等教育已颇具规模。据教育部2016年4月公布的数据显示，截至2015年，我国在校生规模达到3700万人，位居世界第一；各类高等院校2852所，位居世界第二；毛入学率40%，高于全球中高收入国家平均水平①。规模逐渐增大的不仅仅是招生规模和学校数量，还有校园建设，为了给予学生更好的学习成长环境，许多高校开始建立规模更大的新校区，也有不少高校采用几个校区联合办学的方式。由此可见，就高等教育的整体规模而言，我国已成为名副其实的高等教育大国。

中国大学发展不仅是规模上的发展，更是人才培养、学科建设、科研水平上的发展。相关数据显示，在20世纪下半叶，我国排名全球前100位的学科数量屈指可数，21世纪后，这个数量得到了显著提升。数学是我国高校进入全球前100强榜单最多的学科，2009～2014年，我国共有26所高校进入全球数学学科排名100强。物理和化学近年来也有了显著的提升，物理学科有7所高校进入全球前100强，化学学科则有20所高校进入全球前100强。但值得注意的是，这与世界教育强国之间的差距还非常大，未来我国还将持续加大在学科建设与科学研究上的投入。

改革开放以后，我国经济实力得到了极大的提升，尤其是在加入世界贸易组织（WTO）以后，国内生产总值（GDP）实现了快速增长。2015年我国GDP达到了676708亿元，稳居全球第二，仅次于美国。我国当前正面临着产业结构调整和经济转型，高等教育的发展与国家的发展密不可分，国家经济的发展离不开高等教育质量的进一步提升。2015年11月4日，《中共中央关于制定国民经济和社会发展第十三个五年规划的建议》直点主题：提高教育质量。要求全面贯彻党的教育方针，落实立德树人的根本任务，加强社会主义核心价值观教育，培养德智体美全面发展的社会主义建设者和接班人。高等教育质量提升的核心在于人才培养的质量提升，这就要求大学要进一步推动教学改革、开展专业调整、加大创新力度，着力于人才培养工作。

在这样的时代背景下，许多高校都在教育教学改革方面进行了有益的探索。清华大学开展了历时一年多的教育思想大讨论，形成了全面深化教育教学改革的40条意见，大力探索价值塑造、能力培养、知识传授“三位一体”的教育模式。四川大学的“探究式—小班

---

① 教育部. 中国在校大学生数量3700万人　规模世界第一[DB/OL]. http://edu.365jia.cn/news/2016-04-08/96F69C-4C7F3267A3. html[2016-4-8].

化”教学改革，从课程设计开始，采用适宜的教学方法、组织合理的教学活动、实施全过程非标准答案学业考核，带动本科教学水平的全面提升①。大学的教学改革工作开启了人才培养模式和课程体系全面改革的新篇章，中国大学的质量提升已成为大势所趋。

阅读小贴士　中国大学的国际表现

伴随着我国高等教育的持续发展，我国大学在全球的排名进一步攀升。让我们一起来看看中国大学在2018年US News世界大学排名上的表现吧（表1-2）！

表1-2　2018年US News世界大学排名：世界排名前300的中国大学

序号	学校名称	学校英文名	世界综合排名
1	清华大学	Tsinghua University	64
2	北京大学	Peking University	65
3	香港大学	The University of Hong Kong	109
4	中国科学技术大学	University of Science and Technology of China	145
5	香港中文大学	Chinese University of Hong Kong	148
6	复旦大学	Fudan University	148
7	香港科技大学	Hong Kong University of Science and Technology	152
8	上海交通大学	Shanghai Jiao Tong University	156
9	浙江大学	Zhejiang University	159
10	国立台湾大学	National Taiwan University	166
11	香港城市大学	City University of Hong Kong	186
12	南京大学	Nanjing University	190
13	香港理工大学	Hong Kong Polytechnic University	234
14	中山大学	Sun Yat-sen University	237
15	华中科技大学	Huazhong University of Science and Technology	295

让我们再来看一看工程类专业的全球排名吧，工程类学科一直都是我国引以为傲的专业哦！2018年US News工程学（engineering）专业世界大学排名，清华大学排名世界第一，超越麻省理工学院、加州大学伯克利分校、斯坦福大学等一众世界名校。除清华大学名列世界第一外，浙江大学、哈尔滨工业大学和上海交通大学均进入世界前10名。

（资料来源：US News）

① 瞿振元. 2015年中国高等教育热点透析[N]. 中国教育报, 2016-1-4.

◎高等教育大众化与人才培养精英化

纵观近代以来全球高等教育的发展趋势，不难看出，现代化国家都大力开展了高等教育的普及化、大众化。科技革命不仅改变了人们的生活方式，更改变了国家的发展方式，这些都使得社会对人才的需求量越来越大。而这些人才单靠普通教育、中学阶段的职业技术教育是远远不能满足的。因此，高等教育必须培养出适应新时期生产力发展和技术革新的人才。

按照马丁·特罗的理论，毛入学率大于15%、小于50%即为高等教育的大众化阶段。欧洲国家在第二次世界大战后，尤其是在过去的半个世纪里，大力推进高等教育的大众化，目前其毛入学率已增至30%～40%。基于历史原因，美国的高等教育大众化进程足足比欧洲早了20多年。我国的高等教育大众化进程，是在政府的引导和宏观调控下一步步推进的，具有鲜明的中国特色。在1999年的全国教育工作会议上，党中央为满足人民群众读大学的需求，适时调整我国高等教育政策，提出我国的高等教育必须走大众化之路，会议确定了具体的发展目标：到2010年毛入学率达到15%。随后几年，我国高等院校开始大规模扩招，1999年毛入学率为10.5%，2001年为11.3%，2002年为15%，2003年为17%，到2004年毛入学率超过19%[①]。《国家中长期教育改革和发展规划纲要（2010—2020年）》进一步提到：到2020年中国的高等教育毛入学率要达到40%。大众化是高等教育发展的必然选择，只有在大众的普遍参与下，高等教育才能变成人们认识世界和改造世界最有效的工具，才能成为人们普遍享受的福利。大众化使高等教育变成生动具体的适合每一个人的东西，人的个性进而得到展现，潜能得到发挥。无论是应对当下经济社会发展的需求，还是促进人类社会的总体发展，高等教育大众化都是必经之路[②]。

经济和社会的发展对人才素质的要求是多层次、多类型的，高等教育不仅需要为其输送大量职业型、技能型人才，也需要为其培养一批学术、工程、管理等各个领域的精英型人才。与传统精英人才培养相比，大众化背景下的精英教育有着其独特的内涵：首先，它是一种培养人才的高层次、高标准教育，是质的飞跃，而非量的要求；其次，它要求各类高校为社会培育出政治、经济、管理、学术等方面的英才；最后，它要求各个层次教育根据院校使命和社会需要对部分学有余力、有较佳天赋或潜力的学生进行分层教育。可见，精英人才培养是一种以培养各阶层精英为目的的人才培养模式，是大众化教育背景下高校进行分类型、分层次培养人才的选择和趋势。它既符合时代和社会的要求，又能体现“以人为本、教育公平”的需要[③]。

---

① 江莹. 美国高等教育普及化对我国的启迪[J]. 煤炭高等教育, 2001(3): 16-18.
② 李玉兰. 高等教育大众化是历史发展的必然选择[N]. 光明日报, 2016-7-24.
③ 吴向明, 陈煌. 大众化背景下大学精英人才培养规格研究[J]. 中国高教研究, 2008(2): 20-21.

在新的历史时期，在高等教育大众化的前提下，我们需要打造精英人才培养模式，加大对人才的培养力度，建基地、搭平台、促发展，全方位提升人才培养的质量。例如，北京大学的人才培养目标是为国家和民族培养具有国际视野、在各行业起引领作用、具有创新精神和实践能力的高素质人才。清华大学的培养目标是“高素质、高层次、多样化、创造性”的骨干人才。上海交通大学的人才培养目标是具有“宽厚、复合、开放、创新特征”的高水平、高素质、国际化人才。从目前来看，大部分高校都将精英化人才培养聚焦在专业技能、创新意识、国际视野、领导能力、人格魅力等方面。

◎高等教育的国际化与信息化进程加快

经济全球化必然会使教育资源在世界范围内的合作交流日益频繁，高等教育走向国际化是现代大学发展的必然趋势。开放性是大学国际化的重要指标，大学国际化实际上就是高等教育面向世界开放与融合的过程。大学国际化也进一步扩展了大学的视野，促使国内大学学习世界各国先进办学理念与教育模式，谋求共同发展。在交流与合作中，大学成为一个国家引进外来人才与技术、吸收世界文化精粹的重要窗口。

经过三次科技革命的洗礼和高等教育的不断发展，欧美等西方发达国家掌握了现代先进科学技术，在诸多领域处于全球领先地位。我国高等教育虽然在改革开放后发展迅猛，但仍然与世界先进水平有着不小的差距。我国大学的发展不能闭门造车，与外界脱节，应当积极开展对外交流，努力学习发达国家的先进办学经验，不断提升大学的人才培养水平、学术水平和科研水平。当今世界顶尖大学无一例外都具有高度国际化的特点，学术的自由度和文化的包容性大大增强，这促使其成为世界学术的中心。以哈佛大学为例，留学生来自100多个国家；牛津大学的留学生人数也占了其学生总数的25%；剑桥大学的研究生中留学生更是超过了60%。这些国际一流大学的全球化办学经验很值得我们借鉴。

随着全球化进程的不断推进，中国高等教育的国际化程度也逐步加深。从最开始选派少量优秀学生和教师出访，到如今国家留学基金委资助的国家公派出国留学项目，师生有大量机会可以通过各种形式出国交流。目前蓬勃发展的中外合作办学项目和机构，也为同学们提供了不出国门就能享受优质国外教育资源的条件。2015年10月国务院印发了《统筹推进世界一流大学和一流学科建设总体方案》，针对大学及学科建设，明确提出了“双一流”的任务要求，在这样的背景下，我国高等教育的国际化程度势必再度加深。

同时，随着信息技术的发展，整个世界逐渐被互联网连接起来，形成“地球村”，这对大学也产生了深远的影响。在这样的时代背景下，信息化成为中国高等教育发展的必然趋势。高等教育的信息化主要体现在以下三个方面。

第一，高等教育的教学体系和科学研究的信息化程度不断提高。现在的“慕课”建设、“微课堂”建设都将传统的教学与互联网相结合，使不同高校的学生都能享受到同等的教育资源。目前，国内许多高校也在探索建立高校联盟，开展网络学习，并实现学分互认。同时，许多高校的实验室也开始借用网络展开合作，学术科研团队也借助网络平台不断增进了解和开展学术交流。

第二，高校的教学、管理、服务更多地借助网络手段。从教学层面上看，大学教师更多地采用多媒体互动教学，同时在课堂内外也广泛地借用网络手段开展辅助教学。通过网络媒介和教学软件，在一定程度上提升了教学效率，也提升了教学的生动性，拉近了师生之间的距离。从管理层面上讲，许多大学已经实现了学生在校注册、离校的网络“一站式”服务，也实现了学生管理的网络平台搭建和日常业务的网络办理。

第三，信息化的发展带来了更为丰富的信息资源、更加快捷的信息查阅和更加方便的沟通交流。信息化的发展催生了新型管理模式和学习模式。通过对大学线上图书馆的打造和线上资源的整合，学生能够接触更多的网络信息资源，通过大学的门户网站、微网站、微信和微博平台建设，学生能够快捷地查阅相关信息，通过大学的互动平台，学生在圈子里能更加方便地沟通交流。

◎产学研一体化助力新型智库建设

产学研合作是现代社会的新型合作模式，即充分利用企业、学校和科研机构各自的优势，把书本知识转化为现实生产力的产业、教育和科研形式。现代大学打破了大学教育与工业发展之间的壁垒，建立起“产”与“学”之间的纽带，为两者联合进行高水平学术研究、新产品设计、技术转移、人才培养、学术交流、信息互通、集约化生产等创造了良好的环境。以剑桥大学为例，其在促进剑桥地区成为举世闻名的高科技工业活动中心的过程中发挥了无可替代的作用。相同的情况也发生在美国的硅谷与北京的中关村。而与之相反，脱离了产学研结合的日本的九州硅岛与苏联的新西伯利亚科学城，都没有发挥其应有的作用。产学研的结合，使教学为科研、产业积累成果，培养人才；也使科研与产业顺势发展，并反馈于教学实践，使产业成为学生实习实践的基地。

2015年1月，中共中央办公厅、国务院办公厅印发了《关于加强中国特色新型智库建设的意见》，其中提到要推动高校智库发展完善。发挥高校学科齐全、人才密集和对外交流广泛的优势，深入实施中国特色新型高校智库建设推进计划，推动高校智力服务能力整体提升[①]。深化高校智库管理体制改革，创新组织形式，整合优质资源，着力打造一批党和政府信得过、用得上的新型智库，建设一批社会科学专题数据库和实验室、软科学研究基地。实施高校哲学社会科学走出去计划，重点建设一批全球和区域问题研究基地、海外中国学术研究中心。

① 中共中央办公厅, 国务院办公厅. 关于加强中国特色新型智库建设的意见[R]. 北京: 中共中央办公厅, 国务院办公厅, 2015.

当前，全面建成小康社会进入决定性阶段，产学研一体化的发展不仅是助力新型智库建设的重要抓手，也是大学作为引领社会发展进步主阵地的具体要求。大学为国家和社会的发展不断提供人才，特别是一流大学，逐渐成为主导社会改革发展、促进行业转型、指引社会前进的核心阵地。鉴于此，大学的社会职能和社会使命都促使其朝着更加注重引领社会的功能发展。例如，19世纪60年代，牛津大学所在的牛津郡还是以农业为主，工业只是处于辅助地位。但最近的一项研究表明，英国所有的高科技公司中，有80%是牛津毕业生创办的。牛津郡的经济水平也高于全英国的平均水平。在美国，一共有4000多家麻省理工学院的学生创办的公司，而且这个数字还在以每年150多家的速度递增。这些公司所从事的生产活动占马萨诸塞州的25%。在我国，以北京大学、清华大学等高校为依托的中关村，正在引领IT行业的发展，成为了中国IT产业的先锋。

中国特色的高校新型智库建设要发挥自身的优势，利用基础理论研究平台，开展相关的基础性研究，为国家教育决策提供理论基础和科学依据。对于中国大学而言，产学研一体化发展将三者有机地连接在一起，这将进一步科学地调整教学内涵与人才培养体系，也将进一步促进科学研究的成果产出。产学研三者的一体化发展不仅加快了新型智库建设，同时也推动着新型智库朝着更合理化、科学化的方向发展。

第三节　大学文化与大学精神

大学不仅仅是一种客观的物质存在，更是一种文化存在和精神存在。每一所大学都秉承着自身发展的历史，形成了反映大学独特个性的大学文化和大学精神。大学文化与大学精神是大学的核心竞争力，也是大学赖以生存、发展和完成社会责任的根本保证。大学文化是大学精神的现实表现形式，而大学精神则构成了大学文化的核心和灵魂。大学文化的构建和大学精神的塑造决定着用什么样的文化氛围和精神理念培养大学生。

◎大学文化对大学生的影响

大学是以人才培养、科学研究、社会服务、文化传承与创新为主要功能的社会组织。大学的文化体现在它的发展历史和优秀传统中，是经过历史积淀、人文积累所形成的独特的价值取向、信念坚持、理想追求、道德标准、行为准则等。它时时刻刻都在借助不同的载体（如校园建筑、特色雕像、杰出校友、校训等）直接作用于大学生。每一名大学生都享受着大学文化的熏陶，在这样的文化氛围中成长。

大学文化以灵活多样的形式熏陶、感化着大学生。例如，自由开放的校园环境、和谐平等的人际关系、丰富多彩的校园活动、民主人本的行政管理等，都在“随风潜入夜，润物细无声”地塑造着大学生的情感、思维、品质。清静高雅的校园、立意深远的格言、意蕴丰富且姿态唯美的雕塑等，都会对大学生产生耳濡目染的陶冶、情不自禁的感化，从而形成巨大的凝聚力和向心力。又如，大学科学规范的组织管理、活跃而创新的教育教学、严谨执着的科学研究、热情周到的行政服务等，处处都能体现出服务育人、管理育人和文化育人的宗旨，都能给予大学生积极持久的教育影响。

◎大学精神对大学生的影响

大学精神是一所大学的精神支柱，是推动大学生精神成长的重要动力。大学精神作为大学办学的精神价值传统，直接影响大学的办学方向和办学质量，彰显大学办学的先进理念和科学定位，深刻地影响着大学生的思维方式、道德人格、价值选择等。每一所大学都有其独特的精神，正因为各所大学精神的不同，才有百家争鸣的景象，这不仅是提升大学竞争力的需要，更是推进人才发展的需要。

大学精神并不是一朝一夕铸就的，而是通过长期的历史积淀凝聚、发展而形成的，是特定范围内的“文化体”和“文化群”共同的价值判断、价值选择和价值认同的自然结果，它对大学生价值观体系构建有着积极的影响，具体体现在以下5个方面：①凝聚功能，把不同的思想观念、价值取向、行为方式进行去粗取精、去伪存真的有机整合，形成独特的、共同的价值选择、价值判断和价值目标；②引领功能，即引领受教育者将大学精神内化为自己的精神动力并勇于实践，逐步形成行为习惯；③净化功能，由于大学生不同的成长背景，内化教导的目的和目标有所差异，在对世界、社会、自我、人生等基本问题的认识上存在种种误区和不稳定性，这都有待于用大学精神过滤沉渣，净化心灵，提高精神境界；④激励功能，大学精神能够激励和感染大学校园中的个体或群体，激发斗志，成为大学生前进道路上克服困难或挫折的精神动力；⑤社会服务功能，大学精神以社会主义核心价值观为依托，引导大学生不断追求真理，勇于批判和创新，为社会创造出更加丰富的物质财富和精神财富[①]。

大学阶段是大学生人格形成和发展的关键时期，大学生应在大学精神这面旗帜的感召下，努力塑造独立人格、理想人格，升华和创新人格层次，防止人格异化。当代大学生还应结合时代特点，不断丰富大学精神的内涵，积极践行社会主义核心价值观，逐步摆脱对他人或社会的依赖，使心智成熟，体魄强健，尊重和保护其他同学的个性特点，正本清源，扬长避短。

---

① 江敏, 刘进平. 大学精神对大学生精神成长的影响[J]. 教育与职业, 2014(5): 177.

阅读小贴士　国内外部分著名大学校训

校训是大学的精神，也是广大师生共同遵守的基本行为准则与道德规范，它既是一个学校办学理念、治校精神的反映，也是校园文化建设的重要内容，还是一所学校教风、学风、校风的集中表现，体现着大学文化精神的核心内容。古今中外，世界著名大学都各自拥有其独特的校训，鲜明地体现出他们卓越的办学理念和治学特点，而由此形成的校训文化则成为高等教育中一道靓丽的风景线，表1-3为国内外部分著名大学校训。

表1-3　国内外部分著名大学校训

学校名称	校训	学校名称	校训
斯坦福大学	让自由之风吹拂	清华大学	自强不息，厚德载物
耶鲁大学	真理与光明	浙江大学	求是创新
哈佛大学	与柏拉图为友，与亚里士多德为友，更要与真理为友	复旦大学	博学而笃志，切问而近思
麻省理工学院	既学会动脑，也学会动手	香港大学	明德格物
牛津大学	上帝给我光明	南开大学	允公允能，日新月异
墨尔本大学	以人为本，与时并进	上海交通大学	饮水思源，爱国荣校
早稻田大学	学问独立，培养模范国民	电子科技大学	求实求真，大气大为

（资料来源：国内外著名大学校训大全）

◎大学精神文化的传承与创新

大学精神文化是大学的灵魂，大学精神文化的传承与创新，不只是自身职责的简单回归，更是反映着其推动社会与文化进步的当代使命。大学精神文化的传承与创新需要扩大到大学生群体中，使其成为大学精神的传播者。当代大学精神文化的传承与创新可以体现在对校训、校风、校史等大学精神财富的弘扬上。提倡大学精神的传承与创新，是希望大学精神文化能够广泛和深入地融入同学们日常所修习的各类课程中，使大学精神文化的育人价值得到更为全面的挖掘。每一所大学都有自己的大学精神文化，都体现着其对社会使命的精神化诠释，大学生应充分利用这一巨大的精神财富，通过对大学精神文化的继承与创新，将自身融入建设中国特色社会主义文化的进程中①，为提升我国文化软实力做出自己的贡献。

① 宇文翔. 大学精神文化的传承与创新[D]. 西安: 陕西科技大学, 2014.

以社会主义核心价值观为导向，当代大学生在大学精神文化的传承中要树立起强烈的历史使命感和社会责任感。在中国特色社会主义和谐文化构建中，社会主义核心价值观是基点和重心所在。作为新时代的大学生，只有在社会主义核心价值观的引导和凝聚下，才能科学调适和规范自己的行为，为大学精神文化的传承和发展做出应有的贡献。当代大学生要担当起时代赋予的神圣使命，就必须要树立起强烈的历史使命感和社会责任感，“历史和现实都告诉我们，青年一代有理想、有担当，国家就有前途，民族就有希望，实现中华民族伟大复兴就有源源不断的强大力量。希望你们弘扬奉献、友爱、互助、进步的志愿精神，坚持与祖国同行、为人民奉献，以青春梦想、用实际行动为实现中国梦做出新的更大贡献。[①]”当下，大学生继承与创新大学精神文化须做到以下几点：①坚持马克思主义在大学精神文化建设中的指导地位，不断用马克思主义中国化的最新成果指导大学精神文化继承与发展的具体实践；②坚持中国特色社会主义共同理想，在汲取和借鉴发达国家优秀大学精神文化的基础上保持自己的特色和社会主义本质；③坚持以爱国主义为核心的民族精神和以改革创新为核心的时代精神来塑造大学文化品格，推进大学精神文化发展；④自觉地把社会主义核心价值观渗透到大学文化的继承与创新中去。

“全面建成小康社会、全面深化改革、全面依法治国、全面从严治党”是以习近平总书记为核心的党中央治国理政的全新布局。在这样的时代背景下，当代大学生应努力做到解放思想、实事求是、与时俱进，坚持把弘扬民族精神和培养创新意识结合起来，形成适应经济社会发展的现代大学精神文化。现代大学精神文化是以科学精神、自由精神、民主精神、敬业精神、创新精神、民族精神、人文精神等为底蕴，以综合化、学术化和国际化为基本指向，融科学精神与人文精神、民族精神与时代精神、自由民主精神与合作创新精神为一体的精神文化。在传承与创新大学精神文化中构建现代大学精神文化，是当代大学生的责任，更是大学生的光荣使命。大学生在参与大学精神文化建设时必须把弘扬民族精神和培养创新意识结合起来，树立创新理念，形成创新思维，不仅要在大学精神文化的内容方面，而且要在大学精神文化的表现形式、传播手段等方面都做到创新。一方面，要弘扬积极因素，抵制和批判各种消极因素，以追求卓越的创新激情、探索真理的求是态度、海纳百川的博大胸怀投入到大学精神文化的传承与发展之中；另一方面，既要保持和弘扬民族精神和优秀的民族文化传统，又要大胆借鉴和有选择地汲取西方发达国家大学精神文化建设的实践经验及其文明成果，不断推进大学文化和大学精神的民族性、时代性，力争形成中国特色的现代大学精神文化。

---

① 中国共产党新闻网. 习近平如何鼓舞青年: 志存高远脚踏实地让青春无悔[DB/OL]. http://cpc.people.com.cn/xuexi/n/2015/0724/c385474-27357360.html[2015-7-24].

☑ 章节回顾

本章介绍了大学的起源、历史变迁与发展，当今中国大学的现状与发展趋势，大学文化和大学精神与大学生之间的联系。希望通过对本章的学习，能激发同学们探寻大学的兴趣，使同学们理解大学对大学生的意义，为大家快速适应大学学习、生活及制定学业规划奠定基础。

☑ 延伸阅读

[1] 天野郁夫. 大学的诞生[M]. 黄丹青, 窦心浩, 译. 南京: 南京大学出版社, 2011.
[2] 吴勇. 大学文化——理想与现实的冲突[M]. 广州: 中山大学出版社, 2010.
[3] 查尔斯·霍默·哈斯金斯. 大学的兴起[M]. 王建妮, 译. 上海: 上海人民出版社, 2007.

第二章　认识专业“精彩纷呈”

☑ 本章导读

优先选择专业，还是优先选择学校？选择当前的热门，还是选择“潜力股”？相信每一位同学在高考填报志愿时都面临过这样的困惑。而当同学们进入大学，面对自己最终选择的专业时，又会产生一系列新的迷茫：如何认识所学专业？如何学好本专业？不喜欢本专业怎么办？各种各样的专业困惑和迷茫将在本章解决。关于专业，让我们慢慢说。

☑ 典型案例

案例1：小张同学在高考结束选择专业时，她的父母认为IT业是当前最热门的行业，毕业后不愁找不到好工作。她遵从父母的意见，选择了某高校最热门的计算机专业。进入大学后，她埋头苦读，尽管在学习过程中花了很多工夫，但是并没有取得令人满意的成绩。到了大二，小张逐渐意识到自己对计算机技术并不感兴趣，不知道自己的专业有什么优势，也不知道应该怎样规划未来，对此她感到十分迷茫和痛苦。

案例2：某校数学学院学生小王，刚进校就对自己的专业很不满意。因为一心想成为程序设计师的他，认为数学太理论化，不实用。后来在学院开展的专业教育中，他发现要做一个优秀的程序员，数学基础是十分重要的。计算机理论其实是很多数学知识的融合：软件工程需要图论，密码学需要数论，软件测试需要组合数学……很多介绍计算机算法的书籍本身就是数学知识的应用与计算机实现手册。于是，他改变了对本专业的片面认识，学业成绩逐步提高，并加入了数学建模俱乐部，在全国数学建模比赛中取得了优异的成绩。此外，他还选修了自己喜欢的程序设计方面的课程。毕业时他获得了一家世界500强公司高级程序设计师的工作。

面对大学里纷繁复杂的专业，同学们该如何去真正了解和认识？如何对待自己已选择的专业？如上面两位同学一样，不少大学新生都会纠结于自己的专业。接下来请让我们为你答疑解惑。

第一节　大学专业概论

◎中国大学专业的起源与发展

中国近代高等学校的专业设置起源于京师大学堂。1901年，京师大学堂第一次提出了分设经学、史学、格致学（科学）、政治学、兵学、农学和工学科目的“七科分立”方案，这是中国高等教育史上第一次设置的具有近代意义的学科专业。

1912年，民国政府教育部颁布了《大学规程》，将大学学科专业分为文、理、法、商、医、农、工7个学科门类共39种专业。至此，中国近代大学专业体系初具规模，大体定型。

新中国高等教育专业设置的概念是20世纪50年代从苏联引进的。我国最早提及专业设置的官方文件是《教育部关于全国农学院院长会议的报告》（1952年）。该报告称：“根据各业务部门的具体需要并参照苏联的经验，在会议上着重讨论了专业的设置问题。所谓专业，就是根据国家需要的某项专门人才的标准来培养专家的基础教学组织，每个专业都有其适合培养该项专门人才的教学计划，计划中排列该项专门人才所必须开的课程。几个相近的专业可以成立一个系。”[①]

现在我们所讲的专业，可以定义为高等学校或中等专业学校根据社会专业分工、经济和社会发展需要以及学科的发展和分类状况而划分的学业门类。2012年9月，教育部公布了最新修订的《普通高等学校本科专业目录》，从这个专业目录里可以看到，目前，我国大学本科分设哲学、经济学、法学、教育学、文学、历史学、理学、工学、农学、医学、管理学和艺术学12个学科门类（未设军事学学科门类，其代码11预留）。每个学科门类下面设有专业类，专业类由修订前的73个增加到92个。专业类下面是各个专业，专业由修订前的635种调减为506种[②]。

---

① 何东昌. 中华人民共和国重要教育文献 [M]. 海口: 海南出版社, 1998.

② 中华人民共和国教育部高等教育司. 普通高等学校本科专业目录和专业介绍(2012年)[M]. 北京: 高等教育出版社, 2012.

阅读小贴士　从时代变迁看高考热门专业更迭

在恢复高考后的30多年间，随着经济社会的发展变化，许多专业的热门程度也在发生有趣的变化。一些专业在某个时间段内抢手、热门，随后逐渐变冷；而一些昔日无人问津的专业，却成了今天的“香饽饽”。

在中国人民大学社会学系教授周孝正看来，大学专业冷热变迁与国家的产业结构不断调整有关。“大学专业的冷与热，一定程度上反映出我国的产业结构在不断调整，人才需求在跳跃式变化。”

“财经学校最后一批进去拿档案”

对20世纪七八十年代的大学生而言，最热门的专业是文史哲等基础学科专业。在中央某部委工作的小郑于1982年参加高考，被南京大学历史系录取。“当时文史哲是大热门，光我们班就有几个省的文科状元。”小郑说。

北京大学法学院前院长朱苏力在其博客中也写道：“20世纪70年代末80年代初进入大学文史哲院系的学生，总体而言都是当时最优秀的文科考生。”

证监会主席肖钢在接受一档栏目采访时透露，在1978年参加高考时，他的高考志愿是中文，原因是“那个时候中文比较吃香，而且自己也喜欢”。但当时哲学、历史、文学专业优先录取，而“财经学校是最后一批进去拿档案的”，自己因数学拖后腿被调到金融专业时，“都搞不清什么叫金融”。

20世纪80年代中期，我国的“四化建设”方兴未艾，但经济人才极缺。那时财经专业的毕业生分配去向非常好，大多都去了银行、审计等待遇优厚的部门。

有个“倒挂”现象可以说明财经专业在当时到底有多火。很多财经类的专科学校都高出本科分数段招生，不少考生冲着毕业后的工作去向，宁可放弃其他专业的本科学历，也要选择财经专科。

而到了20世纪80年代末90年代初，对外贸易、国际贸易等名字和“国际”沾边的专业又取代了财经专业，成了最热门的专业。这与当时我国实行一系列的外贸体制改革、外汇体制改革和启动入世谈判的时代大背景密不可分。

说起当年对外经贸专业的热度，有教育专家用“不上北大上外经贸”来形容，“高考成绩全省前几名的学生不上北大上外经贸不足为奇”。国际贸易、国际关系等专业被看作“皇冠上的明珠”。

这些和“国际”沾边的热门专业录取分数屡创新高，分配去向也让人“眼红”。这些专业的毕业生大多都进入了与涉外经济有关的领域，如国有大型的经贸企业、外资银行和大的跨国公司。

法律和计算机，从热门到“红牌专业”

随着中国依法治国进程的加快，法律专业成了文科专业的大热门，律师事务所、公检法等单位都需要大量的法律人才。社会需求反向刺激了法律专业的热度，很多高校开设了法律专业，而且法律专业的录取分数也比最低投档线要高很多。

由于热度持续走高，几乎所有的文科大学都开设了法律专业，法律专业毕业生数量持续飙升，这直接导致就业困难。以中国政法大学2006级法学专业的毕业生为例，毕业后从事本行的只有13%。而在北京交通大学2006级法学专业的104名毕业生中，只有3人从事政法工作。

与之类似的还有随后兴起的计算机专业。第一次互联网浪潮在国内兴起，计算机专业广受追捧，高峰时期，信息技术和计算机专业的学生数量占全国所有理工科学生总数的1/3。但随着IT行业从业人员的饱和，高考时的“热门”却成了就业时的“冷门”。

第三方教育数据咨询和评估机构麦可思研究院连续数年发布了就业蓝皮书，对大学毕业生的就业情况做了详尽的跟踪调查。该机构发布的“2013届大学生毕业半年后的调查”显示：法学专业已连续6年被列为“红牌专业”，国际经济与贸易也曾连续4年被“挂红牌”，计算机专业也在2009～2011年连续被列为“红牌专业”。所谓“红牌专业”，是指“失业量较大，就业率、薪资和就业满意度综合比较低的高失业风险专业”。

热门专业有时候是个“陷阱”

鄂南高中是湖北省知名的省重点中学，在该校教务处工作了16年的李凯长期关注考生填志愿选专业的过程，是当地考生、家长心目中的“专家”，每年到了填报志愿时，很多考生和家长都来找李凯“把脉”。谈起填志愿选专业，李凯说：“十几年来，我看到太多家长意志始终占据学生上风。家长往往按照自己的人生经验功利地选择所谓好就业、薪资高的热门专业，有些家长直接给孩子填报自己所从事工作的相关专业，希望以后能依靠自己的社会资源帮孩子找到工作。他们很少思考孩子是否适合从事这个行业。”

麦可思发布的另一项关于高考志愿填报的调查也显示，考生和家长选择专业的首要原因是“该专业找工作容易”，其次考虑因素才是“兴趣爱好”“该专业收入”“根据职业选择规划”“学术名声”和“学习难易程度”。

在世纪之交，以都市报和门户网站为代表的传媒业蓬勃发展，新闻行业人才需求巨大且待遇优厚，新闻专业红极一时。一位在杭州某媒体供职的资深媒体人士介绍，2005年之前，阿里巴巴经常在媒体挖人都挖不到，“很多记者都不愿意去，因为当时媒体的收入比在公司要好”。但时过境迁，这一两年很多媒体人却主动投简历给阿里巴巴这样的公司求职，新闻专业的报考热度也在随之消退。

21世纪教育研究院副院长熊丙奇也注意到了“好专业陷阱”现象：所谓的“热门”，在就业时却遭遇冷遇。他撰文指出，我国有1/3的“状元”选择北京大学或清华大学的经管专业，可问他们为何选择，主要原因却是周围人都说这个专业好、今后赚钱多，诸如此类。我国考生和家长热衷于选择金融、法学、工商管理等这类听上去很好的专业，加之高校迎合“社会需求”，纷纷增设这类专业，扩大招生规模，导致这类专业报考热而就业冷。

（资料来源：新华网）

◎大学专业与职业和行业的关系

专业的概念，在前面我们已经介绍过，现在再来认识一组与职业、行业相关的概念及其关系。

工作，是指为自己和他人创造价值的活动，工作是由一系列相似的职位所组成的一个特定的专业领域。

职位，是指组织中个人所从事的一组任务，它是由重复发生或持续进行的任务构成的一个工作单元。职位是和分配给个人的一系列具体工作任务直接相关的。因此，职位和参与工作的个人相对应，有多少参与工作的个人，就有多少个职位。

职业，是指社会上不同行业和组织中存在的一组类似的职位。职业是个人参与社会分工，利用专门的知识和技能，为社会创造物质财富和精神财富，并获取合理报酬，作为物质生活来源，从中能满足精神需求的工作，如教师、工人等。

行业，一般是指从事相同性质的经济活动的所有单位的集合，如生产同类产品或提供同类劳动服务，常见的行业有饮食行业、服装行业、机械行业等。

工作、职位、职业和行业的关系如图2-1所示。

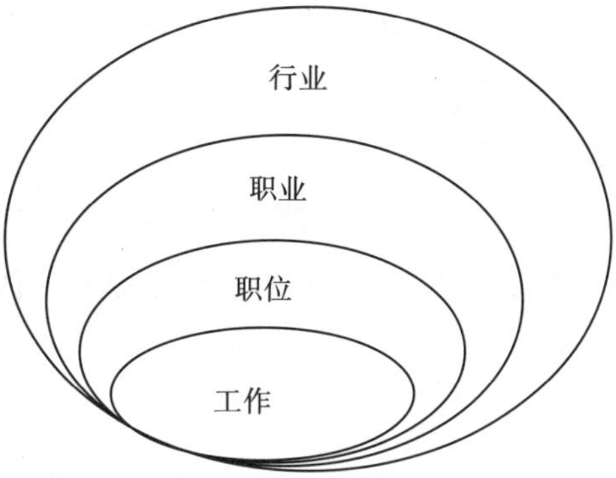

图2-1　工作、职位、职业和行业的关系图

每个专业都有自己的培养目标，也有大体的就业方向。学生如果想毕业后进入某些行业从事相关职业，那么在大学期间就应读与之相关的专业，掌握相关知识和技能，就业就会相对容易一些。

从专业与职业的相关性来讲，职业与专业并不都是一一对应的，而是呈现出一对一、一对多、多对一等复杂的关系。

1. 一对一

这种情况最为简单，一个专业方向对应一个职业目标。这类专业一般存在于中职学校或高职学院。专业培养目标单一明确，此类职业的技术含量比较高，也比较单一。它属于学业规划中比较主动的一种态势，可以让我们先定目标，后选路线，在各种路线中选择求学成本最低的一条。这类专业和职业一般适合专业技术人员。比如，数控机床专业主要是为企业培养数控机床的操作与维护技术人员，该专业的职业目标清晰、单一，该专业大部分学生走技工路线，最后可以发展成为高级技师。

2. 一对多

这类专业一般存在于普通高校中，人们常说的“宽口径，厚基础”就是指这类专业。大多数学生都习惯把专业与特定的职业对等起来。其实，随着高等教育和社会经济的发展，当今高校里的每个专业几乎都可以对应社会上的多种职业。从职业的人格特征来看，许多专业都对应两种及以上人格类型的职业。举个例子：经济学专业，从职业人格来看，它可以对应研究型人格职业，如经济学研究；可以对应管理型人格职业，如企业管理者或新闻记者；也可以对应艺术型人格职业，如营销策划；还可以对应事务型人格职业，如企业信息管理等。

3. 多对一

这就是多种专业都可以发展到某一种职业的情形，这类职业一般对应管理型人格，如新闻记者、政府公务员、营销主管、企业管理者等，其中每一个职业都可以接收经济学、新闻学、中文、哲学、历史学等专业的毕业生。这种类型也适合先确定职业目标，后确定专业方向的情形。它其实和“一对一”比较类似，在学业规划时处于比较主动的态势，能够比较好地找到一条求学成本最低的学业路线。

上面从宏观角度论述了专业与职业之间的对应关系，但我们在选择专业时则要了解具体的专业与职业对应关系。比如，某个专业毕业后能做哪些工作？以后到某行业就业，是否一定要读与该行业对口的专业？

如上面所提到的，有的行业对口的专业很多，如银行业，需要金融、财会等经济类、管理类相关专业人才，也需要计算机、信息安全等信息技术类相关专业人才。而有的行业对于专业要求比较严格，如电力系统有一个需求专业目录，首选电气工程及其自动化之类的专业。如果你对某个行业感兴趣，大学应该选择相关的对口专业学习，这样毕业生进入该行业的难度就小得多；如果因为某些原因，未能考取相关专业，也可以通过辅修、考研等其他方式学习相关专业知识，从而实现进入该行业工作的目标。

下面我们以某某网络公司近期的一则招聘广告为例，来具体说明工作、职务、职位和行业的关系。某某网络公司属于互联网“行业”，招聘的“职位”是用户体验（用户体验师也是一种“职业”），其具体“任务”是负责用户研究工作等。人机交互、工业设计、视觉设计、计算机等多个专业都能应聘用户体验这一职位，体现出专业与职业存在“多对一”的关系（图2-2）。

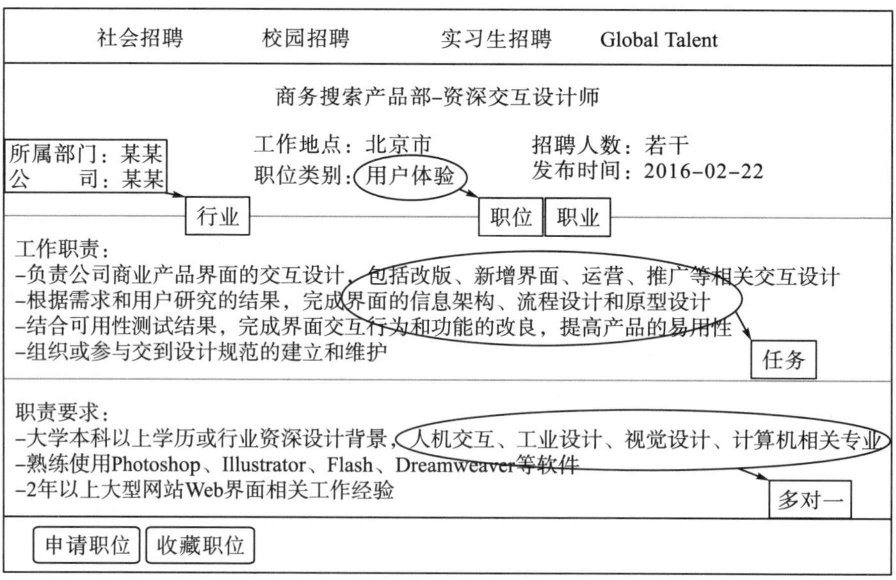

图2-2　某某网络公司招聘广告

练习题

请列出你所学专业对口的职业。另外，以你感兴趣的一种职业为例，列出该职业所需要的专业。

第二节　认识专业的途径

◎从体系着手认识专业

要从体系结构着手认识专业，首先要分清学科门类、学科、一级学科、二级学科和专业的概念。

高等学校设置的各种专业，都有不同的培养目标和规格，制定不同的教学计划和课程体系。本科招生基本上都是按照专业进行的。

学科是一种学术分类，是一定科学领域或一门科学的分支，也是高校教学、科研等的功能单位。按照国家2011年颁布的《学位授予和人才培养学科目录》，学科分为哲学、经济学、法学、教育学、文学、历史学、理学、工学、农学、医学、军事学、管理学和艺术学13大门类，每个门类下设若干一级学科。如图2-3所示，理学门类下设数学、物理学、化

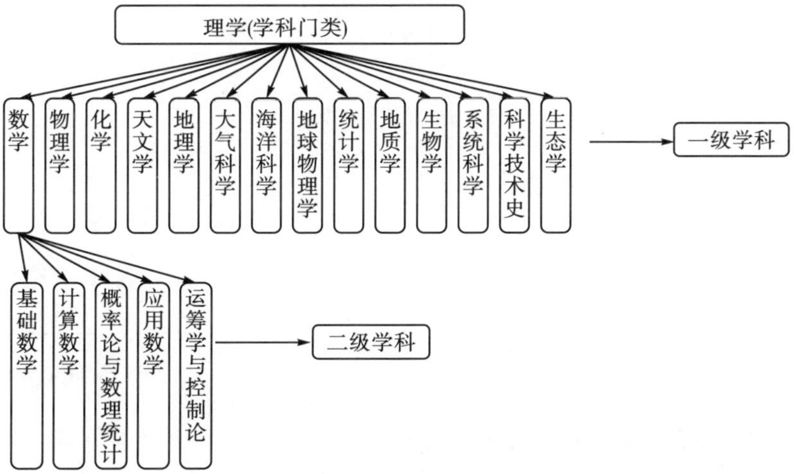

图2-3　理学门类学科设置图[①]

① 中华人民共和国教育部高等教育司. 普通高等学校本科专业目录和专业介绍(2012年)[M]. 北京: 高等教育出版社, 2012.

学等14个一级学科。一级学科下设若干二级学科。如数学这个一级学科下设基础数学、计算数学等5个二级学科。博士、硕士学位通常按照二级学科授予，一般意义上的博士、硕士点数量，指的就是可以授予博士和硕士学位的二级学科的数量。研究生招生基本上都是按照学科进行的。

专业和学科的概念经常被混淆，专业被等同于二级学科，这是不正确的。比较下面的图2-4历史学门类专业设置图（适用于本科生招生）、图2-5历史学门类学科设置图（适用于研究生招生），可以很清楚地看到，专业、学科在两个完全不同的分类体系中。专业是针对本科教育阶段的学业门类，也就是高考时填报的专业志愿；学科是针对研究生教育阶段的学术分类，由一级学科和一级学科下设的二级学科组成，一级学科和二级学科可以分别招收研究生。虽然有些专业的名称和学科的名称是一样的，但他们的实际内涵是不同的。如图2-4、图2-5中的考古学，在专业体系中，它代表的是历史学类的一个专业；在学科体系中，它代表的是历史学门类的一个一级学科。

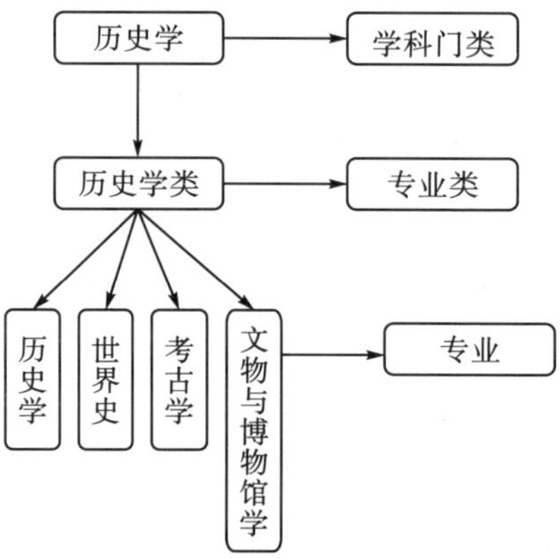

图2-4 历史学门类专业设置图

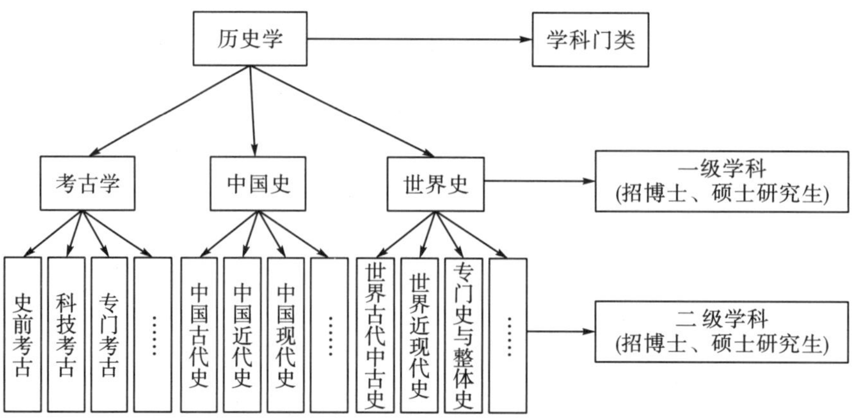

图2-5 历史学门类学科设置图

从图2-4、图2-5中还可以了解到，历史学、世界史、考古学、文物与博物馆学这些本科专业的毕业生，可以从一级学科考古学、中国史、世界史，以及其下设的10多个二级学科史前考古、科技考古、中国古代史、世界近现代史等中选取研究生阶段就读的学科。

专业与学科的区别还在于专业偏指社会职业的领域，而学科偏重于知识体系。因此，一个专业可能要求多种学科的综合，而一个学科可以在不同专业领域中应用。

专业和学科虽是不同的，但也是密切相关、相辅相成的。专业以学科为依托、为后盾，学科的发展又以专业为基础。学科为专业建设提供发展的最新成果和可用于教学的新知识、师资培训、研究基地；专业主要是为学科承担人才培养的任务和发展的基础，更主要的是为社会的发展提供高素质的人才。

认识专业可以从专业总体的学科体系入手，参照专业设置图了解专业属于哪个专业类，专业类属于什么学科门类，其中又有哪些相关专业；再参照学科设置图，了解同一学科门类下面有哪些一级或二级学科。下面给出学科和专业的关系图（图2-6），以便大家更清晰地认识和了解。

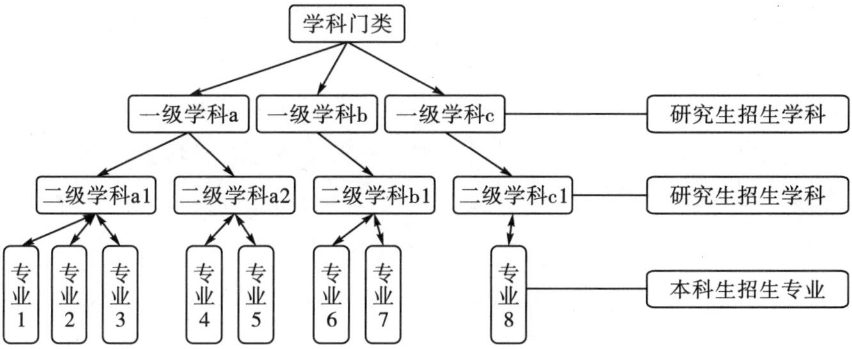

图2-6 学科和专业的关系图

我们从专业的总体学科体系入手，可以了解专业的整体发展走向。然后从宏观到微观，了解所在专业的具体情况，如师资力量、专业特色等。

如果某所高校在某些学科具有较强的实力，那么与这些学科相关的专业，无论是科学研究、人才培养，还是硬件条件、师资队伍等方面，一般都会具有较强的实力。例如，中国科学技术大学的物理学实力一直很强，在2012年教育部发布的第三轮全国高校学科评估中排名全国第一，与之相关的本科专业，如物理学、应用物理学（凝聚态物理、微电子学与固体电子学等方向）、光信息科学与技术等专业，也都具有很强的实力。

练习题

你知道你所在的专业和学科是如何设置的吗？请参照历史学门类专业设置图和理学门类学科设置图，列出你所在的专业和学科的设置情况。

阅读小贴士　理科和工科的联系与区别

理科是基础科学，是学习理论和方法的学科。基础科学原创成果的数量和质量决定着一个国家的科学水平。理科包括数学、物理学、化学、生物科学、天文学、大气科学、电子信息科学、环境科学等。培养目标是从事科研、教学、技术开发和相关管理工作的高级专门人才。就目前我国高等教育发展情况来看，在大学本科教育阶段打好基础是越来越多人的共识。如北京大学、复旦大学等综合院校就是以理科见长的学校。

工科是培养技术和工艺的学科，是应用数学、物理学、化学等基础科学的原理，结合生产实践所积累的技术经验而发展起来的学科。典型学科有土木建筑类、公路桥梁类、机械类、水利类、电工类、汽车类、电子与信息类、热能核能类、材料类、仪器仪表类、环境工程类、化工与制药类、航空航天类等。工科培养目标是在相关生产和技术领域从事设计、制造、技术开发和管理工作的高级专门人才。如清华大学、西安交通大学、哈尔滨工业大学等则是以工科见长的学校。

理科、工科之间存在区别，也相互联系。单纯地将工程技术的发展与理科研究割裂开来，其实是忽视了理科研究成果对工程技术发展的巨大推进作用。事实上，理科研究的每一次突破，都会对技术的发展产生深远的影响。在现代科技领域，“理”和“工”的联系越来越密切。

举个例子，物体在一定的低温下将出现超导现象，于是许多科学家寻找适用于工程技术的超导物质，但一般都是从金属中寻找。后来，一位美国的科学家从化合物中发现了高温超导现象。于是，在全世界范围内掀起了超导热，使超导的临界温度得到很大提高，这样就便于工程技术的应用。

著名诺贝尔奖获得者李政道先生在北京市科学技术协会的一次报告中把基础学科、高科技和高科技产业生动地比喻为水、鱼和鱼市场。一个国家如果没有基础学科，就没有高科技和高科技产业。如同没有水，就没有鱼和鱼市场一样。

误区解读：理科不等于纯粹理论

有的人将理科与纯粹理论混为一谈，据此贬低理科的作用和影响。事实上，理科的研究内容涉及三个方面：①基础理论研究；②应用基础理论研究（有一定的应用前景或为应用打基础）；③应用研究。纯粹理论研究只是其中的一部分。

比如，不少人听说过太阳风暴，当太阳风暴发生时，会对卫星运行、导航、通信及地面的一些高技术系统造成危害。研究太阳风暴产生的机制，属于基础理论研究范畴；研究太阳风暴对各类高技术系统的影响及避免措施，属于应用基础理论研究范围；而研究监测太阳风暴的方法和技术，则属于应用研究。这三方面的研究，都是空间物理学研究的内容。

又如，很多人认为数学是纯理论学科，一提起数学，就联想到陈景润所研究的“哥德巴赫猜想”。其实，这仅仅是数学研究很小的一个方面。以北京大学的数学科学学院为例，该学院设立了5个系：数学系、概率统计系、科学与工程计算系、信息科学系、金融数学系。学生在学习2年后，可按照自己的意愿选择上述5个系的方向学习，因此有很强的适应性，本科毕业后可在数学的各个领域、有关交叉学科（如计算机科学、信息科学、金融保险业等）及高科技部门从事科学研究和教学工作，也可到实际部门从事应用研究、科技开发或管理工作。

（资料来源：高考网）

☑ 案例分析

案例：大四学生小李希望在微波射频领域继续读研深造。他咨询了学长，得知学校里有两个学科与微波相关，一个是无线电物理（理学），另一个是电磁场与电磁波（工学）。在填报志愿时，他想当然地认为工学硕士要比理学硕士更好就业，于是选择了电磁场与电磁波。没有想到，当年电磁场与电磁波专业的录取分数线比无线电物理专业高出很多，导致他考研落榜。事后他才从老师那里了解到这两个专业的就业去向和待遇几乎一样，这让他对于当时的选择后悔不已。

案例点评：一些高校出于学科布局的考虑，会在一个研究领域同时设置理学和工学学科。这些学科名称表面上看起来差异很大，但研究内容与就业领域有很多相似之处。很多同学不了解理学和工学的区别与联系，对理学学科存在偏见，导致扎堆报考工学学科，使其分数线被人为抬高，录取难度增加。这些同学也因为缺乏对理学和工学的了解而错失机会。

阅读小贴士 国家部分人才计划

高水平师资是学科和专业发展的重要支撑。下面我们向同学们介绍一些国家级人才计划，以后大家面对学校“大牛们”的各类头衔，就不会傻傻分不清了。

千人计划： 又称“海外高层次人才引进计划”，围绕国家发展战略目标，从2008年开始，用5～10年的时间，在国家重点创新项目、重点学科和重点实验室、中央企业和国有商业金融机构、以高新技术产业开发区为主的各类园区等，引进并有重点地支持2000名左右海外高层次人才回国（来华）创新创业。

万人计划： 又称“国家高层次人才特殊支持计划”，2012年8月17日，经党中央、国务院领导批准，由中组部、人社部等11个部门和单位联合印发相关文件。其总体目标是，从2012年起，用10年左右的时间，有计划、有重点地遴选支持10000名左右自然科学、工程技术、哲学社会科学和高等教育领域的杰出人才、领军人才和青年拔尖人才，形成与引进海外高层次人才计划相互补充、相互衔接的国内高层次创新创业人才队伍开发体系。

高等学校教学名师： 2003年，教育部根据中央领导同志“教授要上讲台”的指示要求，决定将“高等学校教学名师奖”列为教育部的常设行政性表彰奖励项目，每3年评选出100名名师奖获奖教师，并于当年开展了第一届高等学校教学名师奖评选表彰工作。

长江学者奖励计划： 长江学者奖励计划是中华人民共和国教育部与李嘉诚基金会为提高中国高等学校学术地位，振兴中国高等教育，于1998年共同筹资设立的专项高层次人才计划，该计划包括实行特聘教授岗位制度和长江学者成就奖两项内容。为贯彻落实《国家中长期教育改革和发展规划纲要（2010—2020年）》和《国家中长期人才发展规划纲要（2010—2020年）》，教育部从2011年起实施新的“长江学者奖励计划”。

国家杰出青年科学基金获得者： 国家杰出青年科学基金是中国为促进青年科学和技术人才的成长，鼓励海外学者回国工作，加速培养造就一批进入世界科技前沿的优秀学术带头人而特别设立的。在“十五”计划期间，国家杰出青年科学基金每年资助优秀青年学者160名左右，每人资助经费一般为80万～100万元，研究期限为4年。

新世纪百千万人才工程：2004年，中国人事部、科技部、教育部等七部委为进一步加强高层次专业技术人才队伍建设，加速培养造就年轻一代学术技术带头人而联合组织实施的一项国家重大人才培养计划。其目标是到2010年，培养造就数百名具有世界科技前沿水平的杰出科学家、工程技术专家和理论家；数千名具有国内领先水平，在各学科、各技术领域有较高学术技术造诣的带头人；数万名在各学科领域里成绩显著、起骨干作用、具有发展潜能的优秀年轻人才。

青年千人计划：从2011年开始，每年引进400名左右海外优秀青年人才，至2015年共引进2000人。2010年12月，中央人才工作协调小组批准通过了《青年海外高层次人才引进工作细则》，“青年千人计划”正式启动。根据人才成长的一般规律，35岁左右的青年人才是最有创新激情和创新能力的群体。为此，中央人才工作协调小组办公室决定实施“青年千人计划”项目，大力引进一批有潜力的优秀青年人才，为今后的10～20年中国科技、产业的跨越式发展提供支撑。

（资料来源：节选自百度百科）

◎从内涵出发认知专业

认识专业，要深入了解各个专业的内涵。所谓专业的内涵，主要包括专业的培养目标、主干课程、就业领域等。

认识专业，首先要了解专业的培养目标。如图2-7所示，电子科技大学的计算机科学与技术专业就是要培养具备扎实的计算机理论基础知识、良好的科研能力以及在工程素质和应用计算机知识解决实际问题方面的实践性人才。通过了解专业的培养目标，可以判断该专业是否符合自己未来的职业规划。

认识专业，其次要了解专业的主干课程。例如，计算机科学与技术专业的主干课程有网络基础、数据结构、操作系统、高级语言程序设计等。通过了解主干课程设置情况，可以知道不同大学的相同专业的区别，以此来判断对应专业的特点。

认识专业，最后要了解专业的就业领域。例如，计算机科学与技术专业的同学将来可能会在国内外IT企业从事程序员或系统工程师的工作。通过了解专业的就业领域，有助于对今后的个人职业发展与规划形成初步认识。

以上信息，既可以在各专业的培养方案中查阅到，也可以通过学长、老师、校友等多种途径获得。此外，为了更多地了解专业的发展，还要密切关注学校里其他类型的人才培养模式，如实验班、双学位班、本硕连读等。从一般意义上讲，这些培养模式都体现了更为先进的人才培养理念和方法。在专业安排方面，要么强调宽口径、厚基础，注重通识教

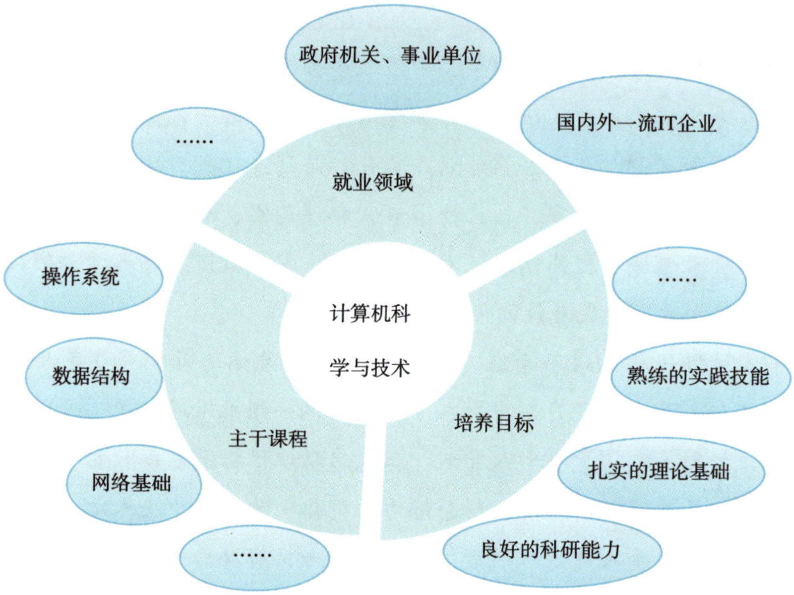

图2-7　计算机科学与技术专业内涵图

育，在前期培养时以基础学习为主，后期培养再分流到相关专业；要么直接确定专业，按照高于该专业普通本科学生要求的标准进行培养。当然，这些特殊类型的人才培养模式所涉及的专业，往往也是该高校比较有实力的专业。

练习题

请列出你所学专业的主干课程和培养目标。你们学校是否有特别的人才培养模式，如实验班、基地班等？

阅读小贴士　国内部分高校的特别人才培养计划

1. 北京大学元培计划

元培计划是北京大学于2001年启动的以老校长的名字蔡元培命名的本科教育和教学改革计划，并开办实验班。该计划着眼于未来社会发展对人才质量和人才规格的需求，坚持人为本、德为先、业于精的教育理念，实验班按照新的办学模式和培养方案，造就基础好、能力强、素质高的一流本科毕业生，为他们在完成整个高等教育后成为具有国际竞争力的优秀人才奠定坚实的基础。元培计划努力贯彻“加强基础、淡化专业、因材施教、分流培养”的办学方针，充分利用北京大学学科齐全的优势和良好的教学资源，实践本科阶段低年级通识教育和高年级宽口径专业教育相结合的教育理念，突出基础、能力、素质三要素的全面培养，为研究生教育输送高素质、创新型后备生源，为经济建设和社会发展提供适应能力强的毕业生。

2. 上海交通大学教改联读班

上海交通大学教改联读班是直属学校教务处指导并实施教学改革的试点班。教改联读班的学生主要来自全国数学、物理、化学、生物及信息类学科竞赛一等奖获得者中的佼佼者和一部分高考生中的高分考生。为充分尊重和完善学生的个性和兴趣的发展，教改联读班教学不划分专业，在二年级结束后再根据学生的意愿选择专业并转入相应的院系学习。在正常情况下，教改联读班的学生也可以在二年级结束前的任意一个期末选择专业，提前将学籍转入相应院系的普通班继续学习。大学的一、二年级为基础教学阶段，主要课程是自然科学基础及一些其他的必修课程，学校也鼓励学生根据自己的兴趣选修或旁听其他课程。三、四年级为学科或专业教学阶段，学生自主选择专业后进入相应的院系学习。满足直升条件的教改联读班学生具有直升硕士研究生的资格。

3. 电子科技大学英才实验学院

英才实验学院是电子科技大学拔尖人才培养和教育教学改革的重要基地。学院依托学校强大的电子信息和数理基础学科优势和高水平的师资队伍，按照电子信息大类和数理基础科学专业实行优秀本科生和硕博士研究生贯通培养，致力于培养基础厚、能力强、素质高、具有全球视野和持久竞争力的电子信息和数理基础等领域拔尖创新人才。

实行“2+2”培养模式。厚基础、重人文、跨学科，注重科研与创新能力训练和个性化培养。学生本科前两年在英才实验学院集中学习，第三年进入专业学院，开始专业学习，并与研究生培养衔接。学院设有专项经费资助学生出国（境）交流学习和科研实习，50%的学生在校期间可赴美国、日本、澳大利亚、新加坡、香港等国家和地区交流学习。约25%的毕业生被国（境）外著名高校录取为硕博士研究生。毕业学生90%继续深造，其中50%以上免试进入美国、日本、新加坡、荷兰、比利时等国内外一流名校攻读硕士/博士学位。

4. 西安电子科技大学教学改革实验班

西安电子科技大学教学改革实验班，根据“因材施教、分类培养”的教育理念，为一部分基础好、素质高的学生创造专门的学习环境与条件，以培养研究型人才为目标进行重点培养。学校为教改班配备优秀的任课教师，提供优良的实验环境；培养方案充分体现强化基础、拓宽知识面、注重早期科学训练、注重实验与实践、注重全面素质培养的教育理念。学生有多种继续深造的机会，凡第四学年第一学期在读、在所在教改班成绩排名前90%的学生，均具有推荐免试录取为硕士研究生的资格；学校将按当年教育部批复的推荐免试研究生指标，对各教改班给予推荐免试研究生外校指标的倾斜；第四学年第一学期在读的教改班学生也可以自愿放弃推荐免试研究生资格，选择直接就业或通过考试攻读硕士学位。

（资料来源：节选自各高校官网）

◎从职业启程认知专业

在学业规划与升学决策中，“学什么”（即专业的选择）对于个人发展来说是最重要的话题，这就像企业在开办之前首先要考虑生产经营什么一样。生产什么，取决于经营者在分析市场及自身资源优势之后的判断。同样，学什么专业，也取决于求学者对毕业后人才市场发展态势和现有自身资源及优劣势的判断。

如果说，职业理想和就业目标是目的地，那么，专业选择就是路线的起点。不同的职业需要不同的知识、技能及德体条件，而不同的知识和技能则是专业学习的主要内容。从经济和效率的角度来看，我们所选择的专业应该提供职业目标所需要的知识和技能。

从职业来认知专业，首先要了解相关职业对专业的要求。前面已经讲过，从专业与职业的相关性来讲，它们并不都是一一对应的，而是呈现出一对一、一对多、多对一等复杂的关系。那么我们在学业规划时，首先就要获取职业信息和专业信息，然后研究和分析专业与职业的相关性，再规划和调整专业学习的重点内容和主要目标。

获取职业信息的方式大致可分为间接资料获取和切身体验两种。间接资料获取方式包括：从网络、出版物等方面了解行业信息；从职业人物访谈中了解职业发展前景；从各种各样的行业展览会、人才交流会、新产品发布会等了解行业最新消息；从职业俱乐部或行业协会等渠道了解行业相关历史和政策法规。这种方式最大的优势就在于能快速、低成本地了解一个行业或职业的基本信息。但由于这些信息都是间接获得的，可能会因为时间、空间的原因与你自身当前所处的环境差异较大，所以，你需要辨别可信信息，切勿囫囵吞枣、全盘接受。

切身体验方式主要是指大学生通过到企业参观学习、参加专业实习和实训、参加各类专业竞赛和假期兼职等形式，直接感受和经历，丰富自己的相关工作经验和体会。这种方法最大的好处在于其直接性，能够直观地了解到本行业内部的具体情况，也能增加自身的履历经验，对于推动专业学习和明确就业方向具有直接影响。但这种方法耗时长，所需精力大，机会相对较少，对大学生来说挑战比较大。

当你已经充分了解职业信息和专业信息后，通过分析专业与职业的相关性，就可以根据你的职业理想和就业目标，细致地规划和调整专业学习的内容和目标，合理高效地丰富自己的大学学习生活了。

练习题

寻找几位本专业优秀的大四毕业生，根据他们在大学的生活和学习轨迹，绘制其大学四年的发展路径图。再对照自己的情况，画出自己期待的发展路径图（路径图涵盖内容包括：选修了哪些专业课程和跨专业课程，参加了哪些专业竞赛或活动，获得了哪些奖项，对将来的发展规划做出了哪些具体行动等，如图2-8所示）。

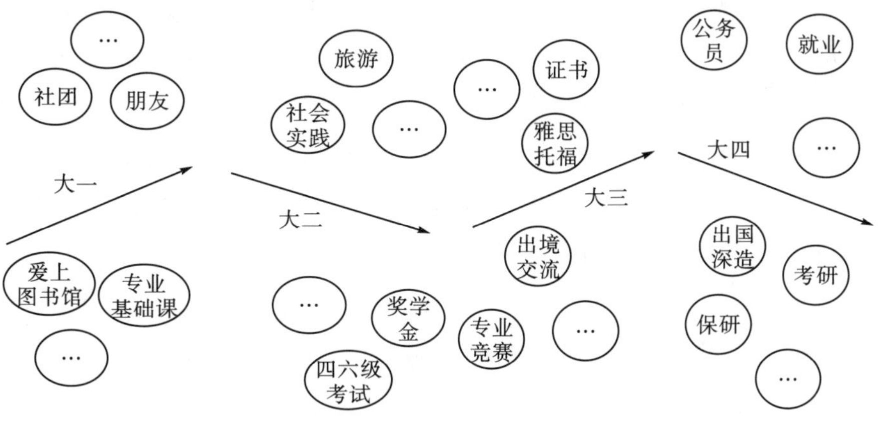

图2-8　大学四年的发展路径图

第三节　专业认知的常见困惑

◎困惑一：从名称上就可以认清专业吗？

填报高考志愿时，考生和家长因为不了解专业内涵、混淆专业名称而报错志愿的情况屡有发生。一些考生喜欢选择那些名称既好听又时髦的专业，却对所选专业一点都不了解，升入大学后，才发现对其不感兴趣，甚至产生厌学心理。这种盲目的行为所带来的后果是不言而喻的。因此，认识专业既不能仅从专业名称的字面意思揣摩专业、望文生义，也不能道听途说。

事实上，不少专业的名称并不能准确反映出该专业的实质和与之相关的职业方面的信息。比如，虽然计算机科学与技术和信息与计算科学这两个专业的名称很相似，但一个属于工学计算机类，另一个则属于理学数学类。无论是主修课程还是将来的就业领域都有较大区别。还有一些专业很难从名称上了解其专业性质，如化学工程与工业生物工程属于化工与制药类，化学生物学属于化学类。另外，有的专业侧重于实践与运用，培养的是技能型人才；有的专业则侧重于基础理论，适合继续深造学习。专业之间的细微差别，有时候通过名称并不能清楚地区分，所以绝不能仅凭名称来认识专业。

即使专业名称相同，但是由于每所高校在办学特色、研究方向等方面的差异，相同专业之间也会有所差异。如电子科学与技术专业，在电子科技大学和清华大学都有设置。电子科技大学的电子科学与技术专业是以围绕现代电子学与电子信息技术而展开的新型电子功能材料、新型电子元器件及其在电路和系统中的应用为主要教学内容，培养物理基础理论扎实、精通材料和集成器件研制、在电路系统设计及应用上有特长的工程技术和创新创业高级人才；而清华大学的电子科学与技术专业是以电路与系统、信号与信息处理、通信与网络、电磁场与波、计算机及软件技术等理论为基础，研究各种信息的处理、交换和传输，在此基础上研究和发展各种电子与信息系统。两所学校的专业名称一样，但培养目标各有侧重，专业主干课程和就业方向也是不一样的。

练习题

学校里是否有和你所学专业名称相似的其他专业呢？如果有，请对比两者的培养方案有哪些不同。查一查其他高校是否有和你所学专业名称一样的专业，请找出2～3个对比一下。

◎困惑二：专业成绩等同于专业能力吗？

能够在成绩上取得高分，是个人能力的一种体现，但是成绩并不能与能力画等号。以外语专业为例，专业成绩就是具体课程的考试成绩，反映的是学生在某一阶段对专业知识掌握的程度和书面表达的能力。而专业能力则是我们常说的“听、说、读、写、译”等技能及语言的应用能力。这种能力不仅仅局限在书面表达方面，更为重要的是语言的交流和应用，以及在语言的交流中能够及时解决所遇到的各种冲突和问题。因此，专业能力是很难通过考试成绩来完全衡量的。

成绩是单方面的，而能力却往往是综合的。以亚太大学生机器人大赛为例，它致力于培养各国青少年对于开发、研制高科技的兴趣与爱好，提高各参与国的科技水平，为机器人工业的发展发掘培养后备人才。它需要学生综合应用本科所学的机械制图、模拟电路、数字电路、单片机、传感技术、自动控制、图像处理、计算机编程语言、电机拖动等多门学科的知识。机器人平台可以使学生对机电一体化系统有完整的系统认识，增强学生综合应用所学理论知识、理论联系实际的能力，培养学生的创新思维和动手能力。从这一赛事可以看出，这不仅需要优异的考试成绩，也需要极强的动手能力和设计能力，要将书本上的知识转化为实际操作。这种动手能力是很难用考试检测的，这需要学生将课本知识融会贯通后，通过个人的思考，将其应用于实际操作中，这更体现出学生的综合能力。

当然，这并不意味着专业成绩就不重要了。专业成绩是你在某一阶段的学习方法和学习成果的反映，是对个人专业课程和知识掌握程度的检测。专业成绩可以帮助你在知识掌握上查漏补缺，也可以验证你的学习方法是否合适和高效。只有对专业知识掌握扎实，才能有好的专业成绩，进而为拓展专业能力打好基础。如果一个学生的数字电路、模拟电路、单片机等课程考试都不及格，很难想象他会有能力参加大学生机器人大赛。

练 习 题

你知道如何提升自己的专业能力么？请列举出三种不同的方法或途径。

◎困惑三：“热门”专业就是好专业吗？

很多同学在选择专业时，首先会考虑当下的“热门”专业。所谓“热门”专业，是相对于一般专业或冷门专业而言的，实质上是人为因素造成的。比如，金融、外贸、财会、计算机等，多年来一直都是炙手可热的“热门”专业。“热门”专业之所以受到考生和家长青睐，主要是因为考生和家长认为其就业率比较高，对应的就业行业环境好、待遇高。

但实际上，大家都走进了一个误区。

事实上，“热门”专业不一定等于好专业，也不一定等于高就业率。有些专业，在全国大部分院校都有开设，招生计划人数相对较多，必然在报考人数上蔚为壮观。但这些“热门”专业的开设也给四五年后的毕业生造成了就业压力。“热门”专业报考时，招生计划数远多于社会的实际需求，“热门”专业到了找工作时就只能是部分人的“热门就业”。这就不难理解2014年教育部以及有些省（区、市）公布的就业率较低的专业中，会出现电子商务、国际经济与贸易、法学、经济学、工商管理等曾经“热销”多年的专业①。考虑专业就业前景时，紧盯“热门”不如参考由教育部公布的专业就业状况、社会调查机构的相关数据、专业所在高校的就业情况、专业行业的统计数据、招聘网站的供求信息等。

另外，“热门”专业也并非一成不变。以前师范类专业是传统意义上的“冷门”专业，很多人不想当老师，不愿意报考师范类专业。但随着近年教师待遇的提高以及职业的相对稳定，已经开始有很多考生争相报考师范类专业。随着能源战略在国民经济中的作用不断提升，以前一直身处“冷宫”的“农、林、水、地、矿、油”也在逐渐升温。因此，大家都应该冷静对待这些所谓的“热门”专业。

实际上，“热门”专业录取分数的高低只能反映报考热度的高低，不能作为判断专业好坏的依据。专业没有好坏之分，只有合适与否。

在面临专业选择时，不能盲目跟随“热门”专业潮流，还应充分考虑其他因素，如兴趣、性格、社会发展需求、福利待遇、家庭环境影响等因素。兴趣是最好的老师，选择自己感兴趣的专业才能让你学得更好，走得更远。比如，对古画、古书鉴赏极其感兴趣的同学选择报考热度较低的考古学专业，这并不意味着将来就业一定不好，也不意味着考古学就是个“坏”专业。如果他们对感兴趣的专业钻研极深，所学知识牢固，技能扎实，不愁将来找不到好工作。相反，有些同学盲目报考热度极高但自己并不感兴趣的专业，如对数学不擅长也不感兴趣的同学为了将来找到所谓的“好工作”，选择了热度极高的金融学，等其真正进入专业学习时就会发现力不从心，非常痛苦。性格决定命运，一个人选的专业要符合个人的性格特征，这样才能最大限度地闪耀人生的光辉，找对自己的方向。举个简单的例子，我们设想一下，一个性格大大咧咧的学生去学医或会计专业，而性格怯懦、柔弱的同学去搞刑侦破案，将会出现什么样的结果。另外，社会发展需求也是非常重要的因素。比如，生物工程在很多学校的录取分数线都很高，但由于国内没有比较好的生物工程产业圈，所以毕业生对口工作还是比较难找，很多名牌高校生物工程专业的毕业生最终不得不选择出国留学“曲线救国”。

总而言之，专业热不热门，不代表专业的好坏和就业率的高低。专业没有好坏之分，

---

① 中国教育在线. 什么专业才是好专业：热门、高薪、高就业率[DB/OL]. http://kaoyan.eol.cn/bao_kao/re_men/201506/t20150623_1278738.shtml[2015-06-23].

只有合适与否。只有符合自己个人特征和社会发展需要，通过认真学习专业知识，掌握专业能力，所选专业才能成为你理想的人生发展方向。

☑ 案例分析

案例：小张同学在高考结束选择专业时，她的父母认为IT业是当前最热门的行业，毕业后不愁找不到好工作。于是，她遵从父母的意见，选择了某高校最热门的计算机专业。进入大学后，她埋头苦读，尽管在学习过程中花了很多工夫，但是并没有取得令人满意的成绩。到了大二，小张逐渐意识到自己对计算机技术并不感兴趣，不知道自己的专业有什么优势，也不知道应该做怎样的未来规划，对此她感到十分迷茫和痛苦。

案例点评：小张同学的迷茫和痛苦，主要是专业选择的问题。选择专业不能只是简单地看是否热门，而是要多渠道掌握尽可能丰富的信息，结合父母或亲朋好友的建议，独立做出判断和选择。面对她目前的困惑，可以参看困惑四的解答，寻求走出困境、改变现状的途径。另外，在她以后再次碰到专业选择，如有机会转专业或报考研究生时，就要汲取之前的经验，理性选择专业。

练习题

请向同学们介绍，你的理想专业是否是你现在所学的专业？你的理想专业是什么？为什么选择现在所学的专业？

◎困惑四：不喜欢自己的专业怎么办？

进入大学以后，很多同学反映对自己的专业不感兴趣、不喜欢。为什么会出现这样的情况呢？究其原因，主要有以下几种情况。

第一，很多同学的人生都是由家长包办的，小到穿衣吃饭，大到上学、找工作、谈恋爱，填报高考志愿自然也不例外。家长们以自身的认知和经验代替孩子做出选择，却很少真正了解孩子喜欢什么，愿意学什么。在这种情况下，同学们在上大学后才发现自己对专业不感兴趣，也就不奇怪了。

第二，在整个中小学教育体系中，包括家庭和社会，都缺乏针对学生的职业规划教育。在高中阶段，学校往往过于注重应试能力的培养，缺少对学生个人职业规划的教育和指导，造成了很多同学在高考填志愿时考虑不周，选错专业。

第三，在高中阶段，学生、家长、老师对大学和专业的认知不够，高考专业的选择主要考虑是否能够上线、是否“热门”、是否好就业、是否是好学校等因素，没有充分考虑到学生的兴趣、能力和性格等是否适合，具有一定的盲目性。

也有一些同学由于对专业的认识不深，不了解专业内涵，或没有找到合适的专业学习方法而对本专业产生厌倦。

一般来说，各个高校在大一阶段都会设置面向新生的专业教育，会比较全面地介绍本专业的课程体系、师资力量、培养目标、发展方向等内容，还会介绍专业相关的学习社团、竞赛活动、学术讲座等，这些都是深入了解专业和增强专业兴趣的好途径。如果是学习困难造成的专业兴趣不高，可以通过向专业课老师、辅导员和优秀的学长请教，改进学习方法。

同时，还可以通过前面介绍的方法，从专业体系入手、从专业内涵出发，全面深入地了解自己所学的专业，再从理想职业和就业目标考虑所学专业的职业发展方向，增强对专业的自信。行业调查、职业人物访谈也是帮助同学们深入了解所学专业、提升专业兴趣的有效办法。只有深入了解和学习以后，才能确定是否真的不喜欢自己的专业。

对于的确对本专业不感兴趣的同学，可以了解学校其他专业的情况，关注学校的转专业政策。目前大部分高校都为学生提供了重新选择专业的机会。学生进入大学后一般有以下几次机会重新选择专业：一是部分高校开设的实验班、基地班等，实施校内选拔；二是按大类招生的学生，最快可在大二选择专业方向；三是在大一学期期末或大二学期期末，有一次或两次申请转专业的机会，具体要求各校不同。但是，由于招生、培养和管理制度均以专业为中心，资源按专业划拨，教师、教室、实验设备、图书资料等按专业配置，不可能满足每一位同学的需要，所以各高校通常对转专业的要求都有一定的条件限制，需要同学们在通过转专业考试或在大一、大二成绩达到一定标准后才能申请转专业。

如果以上机会你都没有把握住，也不用气馁。可以尝试积极调整自己的学习态度，努力接受不能改变的现实，以积极的心态面对目前所学的专业。另外，可以在学好本专业的基础上，通过辅修其他专业课程或攻读双学位，去学习自己感兴趣的专业。此外，通过考研来改变自己的专业，也是比较可行的选择。

☑ 案例分析

案例1：小亮是某大学土木工程专业的学生，当时选择这个专业是因为父母都说这个专业就业好。在学习的过程中，小亮发现自己并不喜欢这个专业。但小亮也不想错过在大学学习的机会，在完成专业课程学习的同时，他在课余时间选择修读第二专业——工商管理，此外，他还选修了很多经济类的课程，最终在毕业求职时被一家银行录取，他也非常满意自己的工作。

案例点评：小亮的成功在于他充分利用了大学所提供的有利条件。事实上，大学给每个人都提供了很多学习的机会，专业学习是一方面，另外，通过选修课和第二学位等方式也能够帮助同学们扩展自己的兴趣，提高综合素质，这些都能成为将来踏入社会的制胜法宝。因此在大学里，同学们一定要善于利用学校提供的各种资源，把各种渠道都利用起来，勇于探索自我兴趣，根据自己的实际情况选择合适的方式去提升自我。

案例2：某校数学学院学生小王，刚进校就对自己的专业很不满意。因为一心想成为程序设计师的他，认为数学太理论化，不实用。后来在学院开展的专业教育中，他发现要做一个优秀的程序员，数学基础是十分重要的。计算机理论其实是很多数学知识的融合：软件工程需要图论，密码学需要数论，软件测试需要组合数学……很多介绍计算机算法的书籍本身就是数学知识的应用与计算机实现手册。于是，他改变了对本专业的片面认识，学业成绩逐步提高，并加入了数学建模俱乐部，在全国数学建模比赛中取得了优异的成绩。此外，他还选修了自己喜欢的程序设计方面的课程。毕业时他获得了一家世界500强公司高级程序设计师的工作。

案例点评：刚进入大学，大部分同学对自己所学专业的了解都是不全面、不深入的，这个时候还不能简单地判断自己是否喜欢所学专业。进入大学后深入了解专业的途径有很多，如学院开设的新生教育课程、丰富的社团和协会活动、与同学们的切磋交流、图书馆或阅览室的信息和资源等。小王同学就是通过学习专业教育课程和参加数学建模俱乐部，逐渐转变了自己的看法，也是在深入了解和认识专业后，全面认识到数学专业的实用性，认识到数学和计算机的联系。有了兴趣，找到了努力的方向，就有了学习的动力和激情，也就水到渠成地取得了好成绩。结合自己的职业发展目标，一步一步爱上自己的专业，并通过学好专业，得到了更大的发展空间。

练习题

请了解你所在的学校是否有转专业的机会，具体要求是什么？

☑ 章节回顾

本章介绍了大学专业的概念和认识专业的途径，并就同学们常见的专业困惑进行了解答。全面地认识自己所学的专业，可以为今后的专业学习和职业选择奠定基础。希望同学们通过对本章的学习，能够了解专业、职业和行业的关系，掌握认识专业的途径，对自己所学的专业有更加全面的认知。

☑ 延伸阅读

[1] 中华人民共和国教育部高等教育司. 普通高等学校本科专业目录和专业介绍(2012年) [M]. 北京: 高等教育出版社, 2012.

[2] 麦可思研究院. 2016年中国本科生就业报告[M]. 北京: 社会科学文献出版社, 2016.

[3] 邱均平, 赵蓉英, 杨恩洛, 等. 中国大学及学科专业评价报告[M]. 北京: 科学出版社, 2017.

[4] 国家统计局. 2011国民经济行业分类注释[M]. 北京: 中国统计出版社, 2011.

Part2

适应篇　初来乍到状态调整

- 适应学习“未雨绸缪”
- 适应生活“有道可循”
- 协调关系“锦囊妙计”

第三章　适应学习“未雨绸缪”

☑ 本章导读

有两个学历史的学生被问到同一个问题：英国在哪一年击败了西班牙的无敌舰队？其中一个学生回答在1588年，而另一个学生回答说自己记不清具体年份，但应该是在1590年左右。1588年确实是正确答案，但出题者继续询问他们是如何得出答案的，第一个学生说他是背诵的教科书上的年份，第二个学生说他是根据自己所掌握的知识推断出来的：1600年之后不久英国在弗吉尼亚建立了殖民地，如果有无敌舰队在，英国不会有大规模的跨洋航行，再考虑到大规模的海运一般需要10年左右的时间才能组织完毕，所以应该是在1590年左右。

这两个学生哪个更适应大学学习？“知识点”与“学习方法”哪个更重要？“鱼”与“渔”哪个更有用？大学学霸之路有没有捷径？

让我们走进本章，一起了解大学学习的模式，掌握大学学习的方法。

☑ 典型案例

案例1：刚上大学时，小杨同学每天都坚持到教室听课。但两个月过去了，小杨发现老师上课讲授的内容越来越多，自己越来越跟不上老师的节奏，需要课下看书自学。又过了一段时间，小杨就干脆不去上课了，完全自学。最后，他发现自己已经完全跟不上进度，于是自暴自弃，学业成绩因此一落千丈。

案例2：小静同学在高中时学习成绩很好，而且特别具有钻研精神，所有公式都必须要推导出来，不仅要知其然，还要知其所以然。到大学后，她继续沿用高中的学习模式，所有公式都必须自己逐个推导出来。这种做法导致她的学习进度一直跟不上老师的教学进度，考试成绩也很不理想。

对于很多刚上大学的新生来说，可能会遭遇以上两位同学的困境：有的同学难以找到努力学习的发力点，有的同学虽然努力但收效甚微。归根结底，这些困境都源于他们没有掌握正确的大学学习方法。

第一节　大学学习的特点

◎自主性

自主性是大学学习最基本的特点。正如钱伟长先生所说："一个人在大学四年里，能不能养成自主学习的习惯，不仅在很大程度上决定了他能否学好大学的课程，把知识真正学通、学活，而且会影响到大学毕业以后，他能否不断地吸收新的知识，进行创造性的工作。"在大学里，不会像高中一样有满满的课程表、固定的上课教室以及固定的自习地点，在没有父母和班主任管束、没有繁重升学考试压力的环境下，如何培养自主性，顺利完成从"要我学"到"我要学"的转变，是大学学习的关键。

大学里所获取的知识，虽然有一部分来自老师的讲授，但更多的还是需要通过自学获得。从教育内容来看，大学课堂教育既要传授基础知识、专业知识，又要介绍本专业、本行业最新的前沿技术发展状况。课堂教学往往是提纲挈领式的，教师在课堂上主要讲解难点、疑点、重点，传授解决问题的思路和方法；而同学们则需要在课后利用这些基础知识与学习方法去解决更多的理论与实际问题。

因此在大学的学习过程中，同学们不能只依赖老师讲授的课堂内容，还要独立地在课后进行吸收、消化，巩固课堂上的学习内容。同学们不仅需要自主地发现问题、解决问题，还需要根据个人的兴趣与能力，正确运用学习方法，不断强化深度，拓展知识面。自主性将贯穿于整个大学学习的全过程。同学们需要自我设定学习目标，开展自我管理，进行自我评价。只有高度的自主性，才能让同学们在大学的学习中收获满意的结果。简而言之，越主动就越能在大学的学习中占得先机。

☑ 案例分析

案例：从小到大，小林已经习惯了听从父母、老师的安排，习惯了上各种补习班。然而到了大学，面对课表上大块的空白，他很茫然。在课余时间里，小林有时候参加老乡会，有时候去网吧待个半天。偶尔去上自习时，却发现遇到问题不能像高中那样可以及时请教老师，他觉得很不适应。虽然小林上课依旧认真听讲，从不缺勤并做好笔记，但期末考试有两门课程的考题，运用老师课堂所讲的内容难以回答。成绩出来后，小林这两门课程的成绩果然都不理想。

案例点评：小林遇到的问题是典型的大学新生对大学学习不适应的情况。学习方式不改变，只依靠仅有的课堂听讲，不进行课下自习，考试成绩自然不会理想。从高中到大学，学习方面的核心改变就是方法上从被动到主动。因此，到了大学要将课堂学习与课后自习结合起来，在课下提前收集、整理学习中遇到的问题，充分利用课堂时间，向授课老师请教，课下再多与同学探讨交流。立足课堂但不仅仅依赖课堂，逐步锻炼自己主动获取知识的能力。

◎创新性

创新精神和创新能力的培养是大学学习的灵魂。大学学习不仅需要掌握知识理论和应用技能，还需要在此基础上从事探索活动、发展创造能力、培养创新精神。在过去的中学学习中强调的是“标准”，而大学学习所强调的则是“创新”。所谓“标准”，代表着统一的教学大纲与教学内容，意味着对知识点的解读有着固定的思路。而“创新”意味着对知识的获取不再是简单被动的吸收，而是要突破思维定式，敢于批判、善于思考，并勇于创造。

大学老师不会详细地讲解具体的知识点，也不会给你固定的解题思路，他们所教授的是各学科的基础性知识，而同学们的学习绝不能停留在对这些知识的了解上，而是要对其进行“提炼”和“加工”，不拘泥于课本的知识，不墨守成规。在分析问题时，力求有自己独特的见解，能从不同角度去看待问题，运用多种方法去解决问题。

◎专业性

掌握专业知识体系，提高专业能力是大学最基本的学习。任何一位大学生的学习都是围绕着某一具体专业而展开的。一旦选定了专业，也就确定了自己学习上的主攻方向。从中学到大学，就是从基础教育到专业训练的过程，同学们会进入相对具体的专业中，树立专业意识、培养专业兴趣、掌握专业知识、形成专业能力。各专业在人才培养目标、课程设置、教学内容、教学安排等方面都存在着较大的差异。这就不像中学时那样，大家都有相同的课程和科目，以及相似的学习内容。大学里的不同专业的学习内容差异极大，即便是不同高校的同一专业，在学习和考试内容上也会有所区分。

当然，专业性不等于单一性，选定了专业并不意味着大学的学习就必须要拘泥于某一学科或专业。不同的专业之间有很多知识是有联系的，是相互交叉渗透的，其学习和研究思路也是相通的。因此，同学们在侧重本专业学习的同时，也应该广泛涉猎其他学科领域，扩大自己的知识面，做到“一专多能”，形成最佳的知识结构，以便更好地适应社会对人才的需求。

阅读小贴士　国内部分高校开展通识教育的探索

复旦大学：2005年，复旦大学引入美国大学的书院制度，建立复旦学院，实验通识教育，成为国内最早进行通识改革的大学之一。复旦学院是学校实施通识教育的教学、研究和管理机构。每年复旦大学的本科新生（包括留学生）按专业录取后将进入复旦学院，学习一年后再进入专业院系学习。

中山大学：2009年，中山大学成立博雅学院，其本科学制实行四年不分专业的精英化博雅教育方案，贯彻跨学科、跨领域的精英教学方式，着重培养今后有能力从事高深学术研究的人文艺术和社会科学精英人才。

武汉大学：2003年，武汉大学全面启动通识课程建设工程。为了确保教学质量，以课程立项的方式对通识教育课程予以重点建设。到2008年，武汉大学的通识教育课程基本体系分为通识教育必修课、通识教育指导选修课、通识教育任意选修课三个层次。通识教育必修课即教育部规定的“两课”、体育课和语言工具性课程等。通识教育指导选修课兼顾人类知识的三大领域，分为人文科学、社会科学、数学与自然科学、中华文明与外国文化、跨学科领域5大类别。在学生的选修制度上，学校规定本科生不分文理科，均须修满12个通识课程学分才能获得学位。

第二节　大学学习攻略

◎重视课堂学习

同中学时期一样，课堂学习依旧是大学学习最基本的方式。但不同的是，中学老师可能一节课只讲一个知识点，但大学课堂则会在一节课给你带来二三十页的内容，课堂饱和度大大增加。这就意味着同学们在大学课堂上，提高听课效率至关重要。而如何提高课堂学习效率，在这里给大家如下几个建议。

1. 课前预习须充分

大学老师的教授方法强调的是知识理论体系和重点、难点的讲解，而不是每个知识点都逐一讲述。大学课程的学习不像中学阶段每门课程都只有一本教科书，而往往有几本参考教材，有些老师还会推荐多本参考书目，以便于大家全面了解该课程体系和内容。这就需要同学们提前预习，在预习的基础上找到自己学习的疑点、难点，带着问题和思考走进课堂，从茫然的学习到有针对性的学习。

2. 听课态度要积极

大学课堂不再有老师的严格管教，听课和学习的主动权完全掌握在同学们自己手中。这种变化也使得部分同学在大学课堂上放松下来。积极的听课态度是防止课堂松懈情绪滋长的一种有效方式。大学课堂的学习量是远远超过中学课堂的，稍不留神就有可能跟不上老师的节奏。积极的听课态度意味着要集中注意力，时刻跟着老师所讲的内容。最好在课堂上能与任课老师产生良性互动，对老师能偶尔回以一个微笑、一个点头。这既是认真听课的表现，也是对老师辛苦讲授的感谢与鼓励。此外，积极回答老师的问题，利用课堂提问机会主动提出心中的疑问，更能使课堂收获最大化。

阅读小贴士　大学生上课为什么一定要听讲?

大学生在上课时，是在认真听讲，还是在聊天、说话、玩手机？我的观点很鲜明，大学生上课就是要认真听讲。

1. 认真听讲是一种能力

能力就像肌肉一样需要训练，既然需要训练，就需要持续点滴的培养。而培养的方式就是在大学的每一堂课上，要求自己认真听老师讲课。当认真成为习惯，你就会很享受这种高质量的动作给你带来的好处，如专注的能力、入定入静的能力，这些能力会伴随你一生。

大学里将有100多个学分的机会让你持续地培养这些能力。而如果你在大学里，持续散漫形成习惯，你就会发现在后续的工作以及学习中，你很难让自己专注。即便到了关键时刻，你的弦也绷不起来。

2. 课程讲得不好不能成为不听讲的理由

大学里面有通识课和专业课，老师的水平会有高低，于是现在流行的观点大概是，这个老师讲得不好我就不听，自学的考试成绩也不会太差。但是我始终相信老师的整体水平还是优于学生的，所以当一个学生说老师讲得不好时，我更期待学生能说出来具体哪里不好，甚至能指出明确的点以及可改进的方案。但是现在多数的情况是，学生只是用老师讲得不好作为自己不听讲的理由。

一个认为老师没水平的大学生，我是不相信他的水平要高过老师的，老师站在讲台上，你就好好听讲。大学其实是专治青春期各种不服的地方，如果你能驾驭得住因为自己的无知而产生的肾上腺素，而且能从老师的课堂中吸收到东西，那么你在工作中，无论遇到什么类型的领导，都可以迅速成长。

3. 课程有用无用不是一名大学生的格局能判定的

当前很多大学生总是认为大学课程的设置很落伍，跟不上时代的要求，学了也找不到工作。其实我觉得很幸运的一点是：中国大学专业的课程体系尽管有不足之处，但是幸好还是过来人设置的，而不是由学生自主设置的。如果让学生根据自己的意见设置课程，那后果难以想象。

大学学习的核心目的之一就在于提升视野和格局，大学生在大学里需要练习的一个本事是：一门课程，你要学到你能力范围内的最好，也许这未必是所有人中最好的，但至少是突破你自己能力般的好，因为有时候人和人的差距的确很大。而这些往往是大部分学生无法认识到的。

如果你在大学里能训练自己不带情绪地学好任何课程，当你毕业走上社会时，会成为非常有竞争力的人，而这也意味着你的收入不会低。

4. 跟上老师的节奏，梳理你的思路，这是最快的进步

有很多人上完了大学，思考方式还是那种“原生态”的模式。所谓的原生态，就是指没有经过系统刻意的训练，也没有经过斧正，而是任由随机事件随机冲击产生随机结果的状态。如果在你毕业时，你的大脑里没有留下任何你的专业领域带给你的精神、信念、理论和体系，只是比走进大学时老了四岁，那你的思考方式很可能就还是原生态的。

原生态的人最容易受营销号、营销党的影响，因为他们是很容易被煽动的一群人，商业也以从这群人身上赚钱为导向。而这群人的进步和成长，其实也没人关心在意，反正赚了他们的钱就行。

所以你现在能在网络上见到大量的需要手把手教的伸手党，假使这批人上过大学，他们可能是没听过讲的那群人了。大学其实是手把手教的最后机会了，老师上课基本上会按照课本给你推演一遍，来龙去脉，构建逻辑。所以如果你能完整地跟下来，一堂课的收获是非常大的。

5. 聚精会神在这个时代已经是稀缺能力，在大学应该打好基础

走神是认真听讲的大敌。工科、理科学生上课其实是很辛苦的，以前学习理论计算机时证明NP-C问题，全班同学一起推演，证明到后面，老师都绕进去了……而在这些证明的过程中，但凡有一步你的思绪跑偏走神了，要想再跟上都会异常地困难。有些课程的设置和难度，你要是没听讲，课后自己看书，其实更困难。

文科也许好一些，也就是走神的代价更小一些。我在大学辅修过工商管理的课程，我感觉除了会计学和财务管理可能需要在原理上专注投入，其他的课程从思维强度上，要比工科、理科的课程小很多。但是如果走神的时间多了，课堂没有留给你什么，却又占用了你大量的时间，相当于你的青春年华就这么荒废了。

其实还有一个问题我觉得是相通的。如果你没有能力始终如一地跟着老师上完一堂课，那么多年以后你会发现一篇超过2000字的文章你竟然没有耐心看完。然后你还开始为自己的阅读无能找一些什么"大道至简"的理由，大学是让你通透地学一门专业的最好机会，在你掌握这些复杂的细节和规律并熟练应用之前，你是没有资格谈大道至简的，因为深度和力度都不够。

（资料来源：简书，http://www.jianshu.com/p/05f9945f82fb）

3. 课堂笔记高效率

做好课堂笔记是一种良好的学习习惯。在大学课堂上，不仅要做笔记，而且要学会高效率地做好课堂笔记。高效率地做笔记并不意味着要把老师讲的所有内容和所有板书通通记下来，而是要有一定的策略。课堂上老师讲课的进度往往会非常快，若想记录下所有内容，只会让自己顾此失彼、瞻前顾后，来不及理解和吸收那些重要的知识点，于是错过在课堂上思考的机会。在通常情况下，很多任课老师会把基础知识点写在黑板或放在课件上，然后根据这些基础知识点延伸出一些深层次或扩展性的内容。当然，基础知识与扩展性内容都很重要，但是仅仅用笔去记是难以记全的。因此，做笔记的重点是记录那些黑板上或多媒体课件上没有的内容，课后再慢慢消化。

阅读小贴士　康奈尔笔记法[①]

康奈尔笔记法源于康奈尔大学，又被称为5R笔记法。对于在课堂上听课做笔记，康奈尔笔记法是一种非常行之有效的方法。其基本做法是首先将自己要做笔记的那一页纸划分为三个部分，用线隔出当页笔记纸左边1/4左右的部分与下面1/5左右的部分，左边较小的那部分就是副栏，右边较大的部分是主栏（图3-1）。然后根据5R的法则开始做笔记。

5R分别是指：

（1）记录（record）。在上课听课的过程中，在主栏内尽量多记一些有意义的论据、概念等讲课内容，尽可能地将老师所讲的和板书的内容记录下来，不一定要很有条理，重在全面而不能有遗漏。

（2）简化（reduce）。下课以后，尽可能及早将这些上课时记录的大量内容简明扼要地概括起来，写在笔记纸的左边副栏（回忆栏）里。

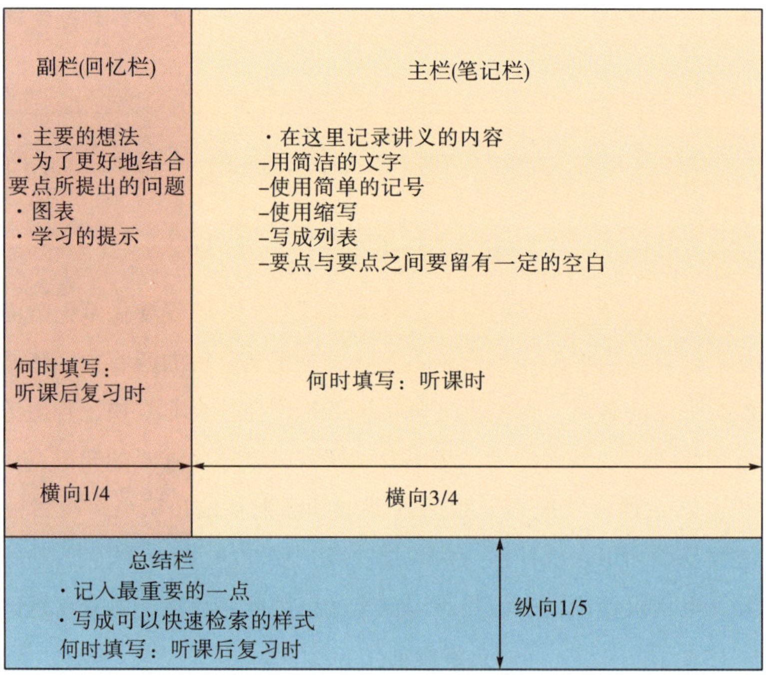

图3-1　康奈尔笔记法

① 陈琦, 刘儒德. 当代教育心理学(第一版)[M]. 北京: 北京师范大学出版社, 2007.

（3）背诵（recite）。把主栏遮住，只用回忆栏中的摘记提示，尽可能全面完整地将课堂上讲过的内容回忆起来。

（4）思考（reflect）。这是一个将知识拓展和内化的过程，将自己听课的一些感想、体会和经验之类的内容进行总结，写在笔记纸最下面隔出来的那一部分（总结栏）里，用于查漏补缺、加深理解。

（5）复习（review）。每周花10分钟左右的时间快速复习笔记，主要是先看回忆栏和总结栏，适当看主栏。

4. 合理运用新手段

在信息时代，各种现代化的工具给同学们听课提供了很多便利。利用智能手机的拍照、录音功能，可以大大提高听课效率。遇到不清楚的知识点，也可以利用网络搜索功能，查找相关信息。而且大学管理相对比较宽松，手机、笔记本电脑这样的现代化工具，一般都允许被带入课堂。

但这些工具往往是一把“双刃剑”，它们很容易成为同学们的娱乐工具。特别是手机，它使很多同学都成为课堂上的“低头族”，做一些诸如刷朋友圈、看小说、玩游戏等与学习无关的事情。同学们应有意识地提高自己的自控力，合理利用好自己的手机或其他信息化工具。

☑ 案例分析

案例：刚上大学时，小杨每天都坚持到教室听课。但两个月过去了，小杨发现老师上课讲授的内容越来越多，自己越来越跟不上老师的节奏，需要课下看书自学。又过了一段时间，小杨就干脆不去上课了，完全自学。最后，他发现自己已经完全跟不上进度，于是自暴自弃，学业成绩也一落千丈。

案例点评：小杨同学遇到的困难是在大学如何有效学习的问题。大学课堂内容多、节奏快，刚开始跟不上老师的节奏是正常现象。小杨如果在感到吃力时，及时调整学习状态，掌握正确的学习方法，是完全有可能重新赶上来的。大学老师在课堂上讲授的都是精华，是经过提炼、总结后的知识要点，放弃课堂而选择自学，反而会增加学习的难度。当同学们遇到与小杨同学类似的情况时，首先还是要强迫自己立即回归课堂，认真听讲，然后通过预习、复习等方式帮助自己适应课堂。只要及时调整状态，掌握好方法，再加上勤奋努力，就一定会逐渐适应大学学习的。

◎掌握学习策略

大学所学的知识可以说是既“专”又“博”。“专”是指掌握知识的深度，对专业知识要有深层次的了解和学习，能够将专业学“通”、学“精”；“博”是指需要掌握知识的广度，在全面了解自身专业知识的基础上，对其他非专业的知识也能有所涉猎，开阔自身的视野。因此大学的学习就要求同学们除了课堂上的专注和平时的努力，还要掌握合理高效的学习策略来提高学习效率。

1. 养成良好的学习习惯

养成良好的学习习惯是大学学习最基本的策略，其基本要求就是长期有规律地安排学习，这也是一个自我控制的过程。形成良好的学习习惯，不仅可以提高学业成绩，还可以让同学们学得更轻松、更有效率。好的学习习惯包括合理地安排学习时间、科学地制订并坚持执行学习计划等。在学习的过程中要做到有目标、有计划、有安排，不拖延、不敷衍，能持之以恒、自我约束，自觉排除各种干扰，同时善于思考、务求甚解，这样才能达到事半功倍的效果。

2. 树立问题意识

大学学习绝非一成不变地吸收老师在课堂上所讲的内容，更不能只局限于记住书本中的知识。掌握基础知识是学习的基本要求，但同学们更要学会探究式学习、研究性学习。这需要大家在学习过程中树立问题意识，勇于思考，敢于质疑。在学习中能够发现问题，并且善于解决问题，不仅要明白学习的内容“是什么”，还要去探究“为什么”，逐步建立自我提问、自我探索、自我思考、自我解决和自我创造的学习意识。只有在问题意识的驱使下，我们才能更好地去挖掘知识的内涵，加深对知识的理解。

3. 探索适合自己的学习方法

在宏观层面，大学学习有一定的学习规律，如大学学习需要多探究、多积累、多思考等。但是具体到学习方法，则会因人而异，并不存在适用于每一名同学的“万能”方法。比如对一个知识点的理解，有同学习惯通过“刷题”去理解，也有同学习惯通过记忆的方式去理解；对一个单词的记忆，有些同学习惯联想记忆，也有些同学使用图像记忆……在学习过程中，掌握了适合自己的方法，就会大大地提高学习效率，这也是提高学习能力的关键。上大学后同学们都会面临全新的学习内容，在学习过程中，要积极尝试探索适合自己的学习方法。

☑ 案例分析

案例1：小王同学学习勤奋刻苦，每天早上6点半起床，晚上10点多才回到寝室。他经常第一个到教室，上课也总是坐在第一排，听课十分认真，能够把老师讲的要点一字不落地记下来，他的笔记也常在同学中广泛传阅。小王认为复习好课堂笔记就一定可以取得好的成绩。期中考试前，同学们都以为他的成绩会名列前茅。但是成绩发布后，小王的高等数学和无机化学却都不到40分，同学们很惊讶，他自己也想不通，认为是自己花的时间和精力还不够。

案例点评：小王同学认真踏实的学习态度和刻苦努力的学习精神是值得提倡的。但是他的努力付出并没能换来好成绩，显然问题出在学习方法上。小王同学认真听课，将老师讲的要点一字不落地记录下来，课后复习却过于重视笔记，将复习内容限制在笔记范围内，从而忽视了知识整体的融会贯通和运用。像高等数学、无机化学这样的基础课程，除了记住要点外，灵活使用理论公式、多做练习，也是非常必要的。此外，对于勤奋刻苦、早出晚归的小王同学来说，还应该想想自己的学习时间是如何分配的，自己的学习效率是不是需要提高？

案例2：小静同学在高中时学习成绩很好，而且特别具有钻研精神，所有公式都必须要推导出来，不仅要知其然，还要知其所以然。到大学后，她继续沿用高中的学习模式，所有公式都必须自己逐个推导出来。这种做法导致她的学习进度一直跟不上老师的教学进度，考试成绩也很不理想。

案例点评：小静同学的钻研精神是非常值得鼓励的，但是这种钻研精神必须要和大学学习的实际情况结合起来。在学有余力的前提下多推导公式对于研究性学习是有帮助的，但是为了推导公式而影响正常的学习进度，就得不偿失了。大学里的课程内容很丰富，老师一节课往往会讲授教材上好几十页的内容，如果每个公式都去推导，就很难跟上老师的教学进度。因此，在学习中一定要有所取舍，了解哪些知识需要去推导，哪些知识要学会灵活运用。

◎学会自主学习

在大学里，仅仅学好老师在课堂上所讲的内容是远远不够的，还需要通过同学们自主学习不断巩固和扩充知识。通常我们可以从以下几个方面入手。

1. 寻求一个适合自己的学习环境

自主学习首先要求同学们自主安排学习的时间和地点。拥有一个良好的学习环境，对于提高学习效率至关重要。在大学里，同学们可以根据习惯与喜好选择适合自己的学习场所，而最常去的地方莫过于图书馆和教学楼，这里安静的环境往往能够让人静下心来，在周围同学“无声的监督下”，学习效率会大大提高。特别是在图书馆，往往会有一些供同学们自习的区域，这里比普通自习室更加实用，因为在有需要的情况下还能及时查阅和搜集学习资料，在学习疲惫时也能找一些其他类型的书籍缓解疲劳。

2. 充分利用图书馆与数据库的资源

自主学习需要同学们充分利用校园里的各种资源，而图书馆和数据库则是大学里最重要的学习资源。同学们对图书馆相对比较了解，这里重点介绍一下另一种独具特色的资源——作为“电子图书馆”的数据库。数据库通俗地讲就是存储大量电子文献的网络资源库系统。一般来说，各高校都会购买与本校学科相关的一些数据库，通过校园内网分享给校园里的师生使用。通常，各高校的图书馆主页上都会有各自数据库的网络链接，便于大家在网上直接搜索文献。数据库以论文、文献为主，也会有一些电子图书，只要通过数据库进行搜索就能立即找到你所需要的参考文献。

知识的拓展在很大程度上依赖于文献材料的阅读。同学们在空余时可以多去图书馆或查阅电子文献，学习课本上没有的知识，了解更广泛的研究成果，拓展知识面。

阅读小贴士　常用的中文数据库

中国知网（CNKI）：中国知网是由清华大学、清华同方发起的国家知识基础设施工程，其文献总量在1亿篇以上。文献类型包括学术期刊、博士学位论文、优秀硕士学位论文、工具书、重要会议论文、年鉴、专著、报纸、专利、标准、科技成果、知识元、哈佛商业评论数据库、古籍等。

网址：http://www.cnki.net/

万方数据库：万方数据是国内第一家以信息服务为核心的高新技术企业，是在互联网领域，集信息资源产品、信息增值服务和信息处理方案为一体的综合信息服务商。拥有学术期刊、学位论文、会议论文、外文文献、专利技术、中外标准、科技成果、图书、科技专家、政策法规、机构等子库。

网址：http://g.wanfangdata.com.cn/

超星数字图书馆：超星数字图书馆为目前世界上最大的中文在线数字图书馆，提供大量的电子图书资源，其中包括文学、经济、计算机等50余大类，数百万册电子图书，500万篇论文，全文总量 13亿余页，数据总量1000000GB，拥有大量免费电子图书，超16万集的学术视频，拥有超过35万授权作者，5300位名师，一千万注册用户，并且每天仍在不断地增加与更新。

网址：http://book.chaoxing.com/

读秀学术搜索：读秀学术搜索是由海量全文数据及资料基本信息组成的超大型数据库。其以430多万种中文图书、10亿页全文资料为基础，为用户提供深入内容的章节和全文检索，部分文献的原文试读，以及高效查找、获取各种类型学术文献资料的一站式检索，周到的参考咨询服务，是一个真正意义上的学术搜索引擎及文献资料服务平台。

网址：http://edu.duxiu.com/

（资料来源：节选自百度百科）

3. 利用日益丰富的网络课程

网络课程是信息时代的产物。简单来说，网络课程就是将课堂的教学内容通过网络的形式呈现出来，具有公开性和共享性的特征。由于网络的开放性和便捷性，网络课程更容易集中各种特色优质资源，而且课程内容覆盖范围广泛，几乎涉及各个专业领域。同学们可以按照个人兴趣选择课程，并根据自己的时间灵活安排学习进度。

当前最流行的网络课程是来源于美国的"慕课"，即大型开放式网络课程（massive open online courses，MOOC），这种课程形式已经席卷全球。MOOC的录制形式不再是停留在传统的课堂上，而是根据课程的具体内容匹配相应情景化的讲述场景；课程本身也不再是那种枯燥的45分钟的大课堂讲授，而是被切片成十几分钟的短视频。当前，中国的很多高校也已经参与其中，建立了中文慕课平台，使更多的中国大学生受益。有学者直言，"'慕课'打破了大学的'围墙'，未来大学将变得没有国界。"

阅读小贴士 MOOC三大平台

Coursera：由美国斯坦福大学的两名计算机科学教授创办，旨在同世界顶尖大学合作，在线提供免费的网络公开课程，多所美国常青藤大学加入其中。

网址：https://zh.coursera.org/

edX：由麻省理工学院和哈佛大学于2012年4月联手创建的大规模开放在线课堂平

台，它免费给大众提供大学教育水平的在线课堂。

网址：https://www.edx.org/

Udacity：Udacity是于2012年由Sebastian Thrun、David Stavens和Mike Sokolsky共同投资创立的免费课程平台，为一营利性教育机构，课程以理工科为主，其前身为2011年Thrun在史丹佛开创的免费计算机科学课程。

网址：https://www.udacity.com/

中文MOOC平台

学堂在线：由清华大学研发的中文MOOC平台，于2013年10月10日正式启动，面向全球提供在线课程。学堂在线目前运行了包括清华大学、北京大学、麻省理工学院、斯坦福大学等60多所国内外高校的课程，涵盖计算机、经管创业、理学、工程、文学、历史、艺术等多个领域。

网址：http://www.xuetangx.com/

网易公开课：2010年11月1日，网易推出“全球名校视频公开课项目”，首批1200集课程上线，其中有200多集配有中文字幕。用户可以在线免费观看来自哈佛大学等世界级名校以及国内名校的公开课课程。

网址：http://open.163.com/

华文慕课：由北京大学与阿里巴巴集团联合打造。华文慕课是以阿里云为依托，由过来人团队基于顶你学堂源代码二次开发，服务于全球华人的慕课平台，主要以华语课程为主。未来台湾大学的课程也将加入平台，更多课程将会涉及中国香港、新加坡等地。

网址：http://www.chinesemooc.org/

中国大学生在线网络公开课：“中国大学生在线”网站由教育部主办、高等教育出版社承办，其视频公开课程包括文学艺术、哲学历史、工程技术、自然科学等多个学科，课程资源来自国内各大高校。

网址：http://ulive.univs.cn/event/event/template/index/213.shtml

（资料来源：节选自百度百科）

阅读小贴士 大数据告诉你：学霸是如何炼成的！

电子科技大学教育大数据研究所研发出一套"大数据"系统——"学生画像"。通过利用校园一卡通追踪学生的行为轨迹，"计算"出每位学生的学习、生活状态，对学生的期末成绩乃至大学四年后的就业情况做出预警。（注：系统用排名均值来计量学生成绩的优异。排名均值=学生在所在专业的年级排名/本专业的总人数，排名均值越接近0，代表该学生的成绩越好。）

学霸出门时间通常比较固定

研究人员分析了近半年的宿舍门禁、吃饭、进出图书馆等刷卡记录，发现成绩较好的学生作息时间比成绩较差的学生更规律。

例如，某专业排名第三的小雪，几乎每天固定在8点、12点、14点三个时间点出门，留在宿舍的总时长低于专业平均水平。而该专业成绩排名第61的小石每天进出宿舍的时间很随机，而且通常每次外出的时长不超过2小时，"宅指数"明显高于专业平均水平。

此外，研究人员还发现，学生成绩与吃早餐行为有关，9点前出现在食堂吃早餐的同学，成绩相对更好。而学生吃早餐次数越多，成绩排名也相对越高（图3-2）。

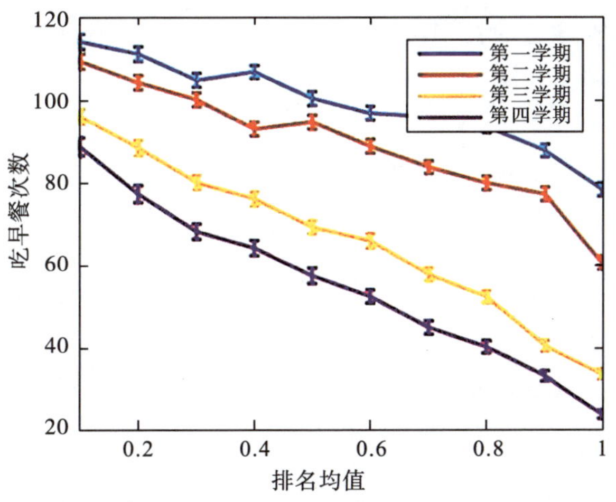

图3-2 吃早餐次数与成绩排名的关系

学霸最爱在晚上10～11点洗澡

电子科技大学的澡堂是全天开放的，但研究团队发现，晚上10～11点，学习好的学生与学习差的学生的洗澡概率出现了较大的差异。简而言之，集中在晚上10～11点洗澡的学生成绩更优异（图3-3，图中横轴代表时间点，竖轴则代表在当前的时间点下，学生的洗澡概率）。

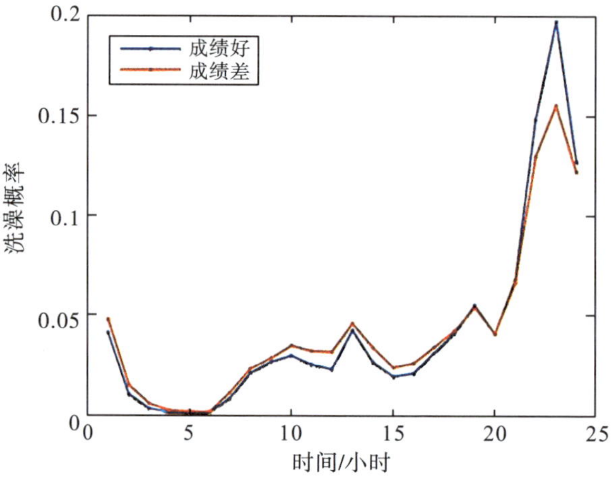

图3-3　洗澡概率与洗澡时间之间的关系

不管是出门时间还是洗澡时间，或是相对固定的早餐时间，都是学生作息规律的具体体现。研究人员发现，较有规律的学生群体，除了成绩上的优势外，考研成功率以及出国留学获得奖学金的概率均高于一般学生。这也从侧面印证了生活的规律性对学习成绩有正面影响的结论。

学霸爱泡图书馆和自习室

在样本量足够庞大的情况下，学生在一定时期内的行为追踪确实可以反映他的学习和生活状态。比如，如果一个学生的打卡记录显示，他长期在教学楼的饮水机上打水，那在一定程度上就说明了，教学楼是他的长期活动地点。

“学生画像”的研究团队通过大数据分析发现，出入图书馆次数多少与学习成绩的好坏存在着一定的相关性，即出入图书馆次数比较多的学生，成绩要优于出入图书馆次数比较少的学生。同一个学生，随着他出入图书馆次数的增多或减少，他的成绩排名在上下浮动（图3-4）。

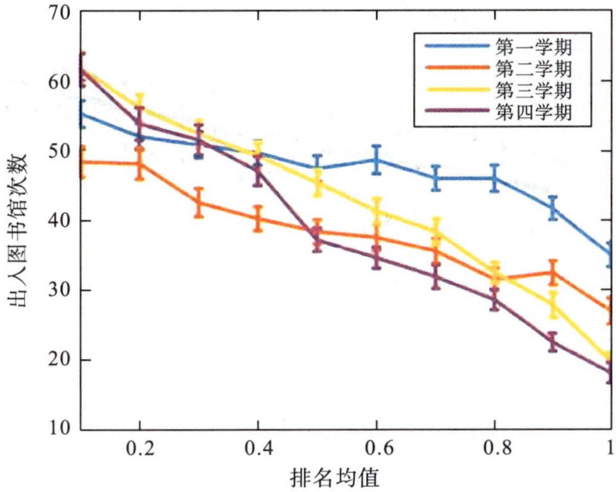

图3-4　出入图书馆次数与成绩排名的关系

这样的相关性，同样适用于学校的教学楼（图3-5，在教室打水代表该学生出现在了教学楼）。

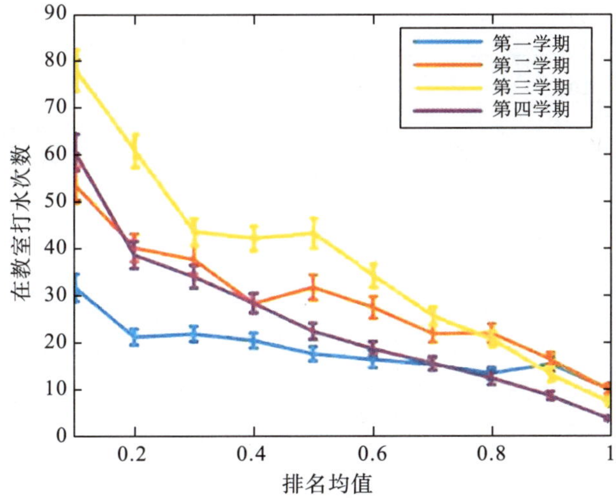

图3-5　在教室打水次数与成绩排名的关系

学霸也扎堆?

在现实中，每个人都会受到种种环境的影响。无疑，处于校园之中，身边人的学习状态，自然也会影响到学生自身成绩的好坏。研究团队发现，如果一个大学生，他身边的朋友成绩比较好，那他自身的成绩也相对较好（图3-6）。

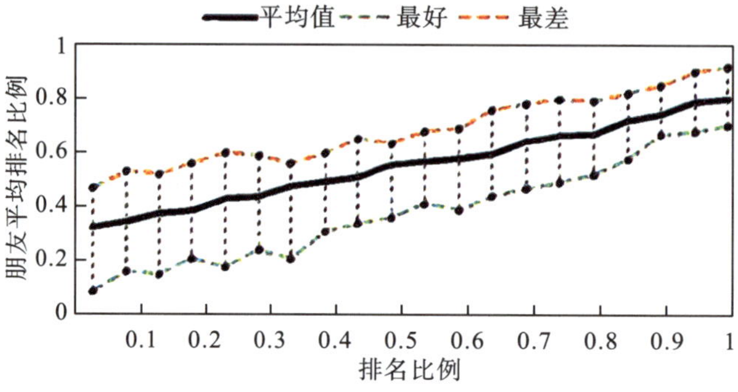

图3-6　朋友成绩排名与自身成绩排名的关系

期末会不会挂科？算一算吧！

在这项研究中，研究团队专门设计出了一系列辅助学生更好地完成大学学业的功能模块——“挂科预警”（图3-7）。

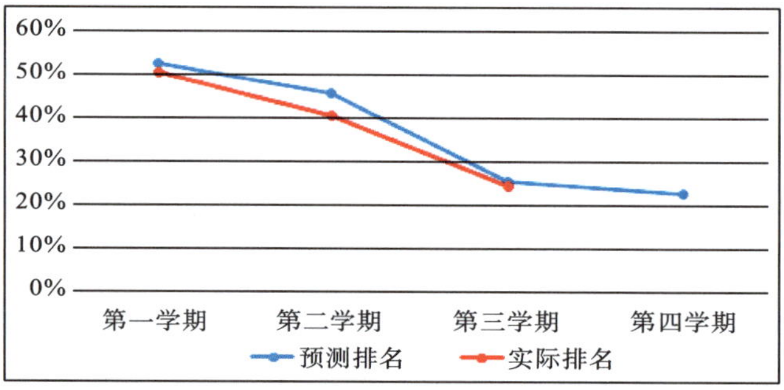

图3-7　期末会挂科吗？算一算吧！

挂科概率=努力程度+学习基础；

努力程度根据教学楼打水频率和进出图书馆的时间与次数算出；

学习基础用已考科目成绩、已考与将考科目之间的关联性算出；

一旦你的挂科概率触碰到预警红线，系统就会自动为负责你学习的辅导员推送预警信息。

与此同时，“学生画像”的研究团队通过大量的数据分析，研究得出了一个学生的毕业去向与他在校期间的生活规律有着一定的关联性。通过对比往届毕业生的毕业去向，就业困难的学生群体身上确实存在某些相似的行为特征。比如，就业困难的学生在校期间的生活普遍不太规律。此外，就业困难的学生在图书馆的借阅书目也更偏向于悬疑科幻小说以及与游戏相关的书籍。

（资料来源：央广网，http://edu.cnr.cn/list/20151008/t20151008_520069586.shtml）

第三节　大学学习的常见误区

◎误区一：“你上了大学就轻松了”

“你们现在辛苦点，等上了大学就轻松了”，这是高中老师在鼓励学生备战高考时经常讲的一句话。但这句“善意的谎言”却成为很多新生进入大学后面临的最大误区。很多同学以为一旦进了大学，拿到毕业证就是一件很容易的事。但事实绝非如此，就我国大学生所承担的实际学习任务而言，大学的学习其实并不轻松。一方面，若想顺利毕业，需要付出很多努力；另一方面，即使能够顺利毕业，面对今后激烈的职场竞争，也需要在大学期间付出辛勤的汗水去提升自己的竞争力。

大家已经体验过高中学习的压力和辛苦，这种压力主要来源于高考这座独木桥，辛苦来源于几门核心课程的高强度集中学习和反复练习。但是在大学，要拿到毕业证就需要通过很多座桥，每一门课程都是一座桥，只有通过规定的每一门课程，才能顺利毕业。况且，毕业只是最低的要求，在竞争越发激烈的今天，大学学习的目的绝不仅仅是为了一纸文凭，而是让自己在面对未来激烈竞争时，拥有主动选择的权利。这就意味着不仅要扎实地学好每一门课程，做到专业知识过硬，还要锻炼和丰富自己，全面提升综合素质，以应对未来的挑战。

由此可见，大学学习其实并不轻松。

◎误区二：“选修课必逃，必修课选逃，及格万岁”

这是在大学校园里非常流行的一句话。认同这一观点的同学往往是因为没有端正学习动机，把课程学习当作强迫性的任务，把通过考试和“混”毕业作为大学的最终目标。大学学习，重在练就真才实学，不断实现自我提升，仅为考试通过或拿到毕业文凭是一种目光短浅的表现。

正如前文所述，大学里的课堂学习是大学学习的基础。在课程设置上，专业必修课基本都是根据培养方案，循序渐进地安排设立的，是同学们专业学习的基石，任何一门必修课都不是可有可无的。而选修课则能够增加同学们的知识面，扩展其视野，提升其综合素养。因此，无论是必修课还是选修课，同学们都不能“投机取巧”，而是应该认真地完成每一门课程，养成良好的学习习惯。在大学，成绩不是唯一的考核标准，但是“没有成绩也是万万不能的”。学业成绩虽然不能完全等同于个人的专业能力，但它仍是同学们在大学期间学业状态和专业能力最直接的反映。大学期间的评奖评优、推免保研、留学深造、求职就业等，都会把学业成绩作为重要的评判依据之一。在这些重要环节，如果因为自己

"及格万岁"的成绩单拖了后腿，你还能信心满满地说我不后悔么？

阅读小贴士　大学的GPA成绩计算

在百分制下，大学里的每一门课程通常都是以60分为及格线。也有一些学校是按等级制给学生计算成绩，学生会得到优、良、中、及格、不及格等各种等级，及格及以上为通过。

对学生总体成绩的评价通常用平均绩点（grade point average, GPA）的方式来展现，每一门课程的成绩分数都会对应一个绩点，在以五分制计算绩点的高校，通用的计算公式是：绩点=分数/10－5，以四分制计算绩点的高校，绩点=分数/10－6，也有一些高校有自己的分段绩点计算标准，但每门课程所对应的绩点都会在学生手册里写清楚。而平均绩点并不是简单的各门课程成绩的算术平均分，而是与每门课程所占的学分数有关。一般通用的绩点计算规则为

GPA=∑（绩点×学分）/学分总和

=（第一门课绩点×第一门课学分+第二门课绩点×第二门课学分……）/所有课程学分之和

练习题

我对自己大学学分要求的了解

画出一个树状结构，清晰地描绘出本专业的学分要求，如图3-8所示。

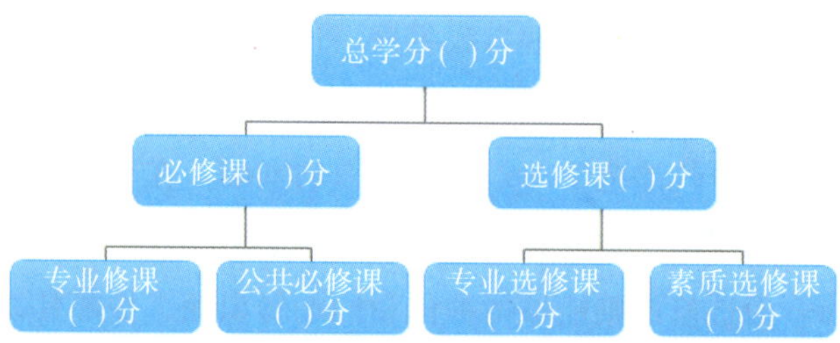

图3-8　学分要求

◎误区三："考试成绩等于一切"

和前一种观点截然相反的"考试成绩等于一切"，也是对大学学习认识的一种误区。

持这种观点的同学还是在延续高中时期对待考试的态度。

大学阶段的考试成绩很重要，但不是衡量同学们的唯一标准。成绩主要反映了同学们对知识的掌握程度，而衡量一名合格甚至优秀大学生的标准，不仅要求专业知识过硬，还要求将理论学习与具体实践相结合，将专业能力与综合素质并重。

据统计，2016年全国高校毕业生数量达到765万人，各类岗位的就业竞争越发激烈。在这样激烈的竞争环境下，不仅要求同学们拥有优异的学业成绩，还要求大家具有全面的综合素质（这部分内容将在第七章详细介绍）。因此，早日走出“考试成绩等于一切”的误区，全方位提升自我，才能在今后的竞争中让自己立于不败之地。

☑ 案例分析

案例：小李在上大学后沿袭高中的学习模式，把课余时间全用在学习上，成绩一直名列前茅。同时，他怕影响自己的学习，很少参加学校的活动，也没有参加过实习。在毕业求职面试时，小李很紧张，说话吞吞吐吐，不能很好地表达自己，迟迟未能找到工作。

案例点评：小李的案例并非个例，一些同学在上大学后只专注于学习，认为学习之外的事情都是“浪费时间”，而忽视了在大学期间对个人综合素质的培养，这导致他们人际沟通与交流能力薄弱。如果小李在保证自己专业学习的基础上，能多参与一些学校活动和社会实践，有意识地增强个人交流与沟通能力，提升综合素养，成绩优异的他或许就不会迟迟找不到工作了。因此，大学学业成绩虽然非常重要，但也不能将它等同于大学的全部。

◎误区四：学术诚信是小事

大学的学习是需要付出艰苦努力的，但有个别同学总想着通过走“捷径”取得满意的成绩。这些同学不讲学术诚信，或把学术诚信当作小事，这是极大的误区。

大学不仅是求学的场所，还是习惯养成、品行修炼的地方。个别同学为了取得理想的学习成绩，不惜铤而走险，不择手段。比如，在考试时作弊，在实验中伪造数据，窃取他人的思路与方法，抄袭他人的研究成果等。这些都是破坏学术诚信的行为，投机取巧可能会蒙混过关，但这无益于真才实学的积累，更难保证这种一时侥幸的行为不会被发现。学术诚信在任何时候都不是小事，在此方面犯下的错误可能会使人悔恨终生。各高校对学术诚信都有严格规定，一旦违反就会受到严厉的处罚。

科学追求的是真理，讲究的是实事求是，依靠的是踏踏实实。正如郭沫若先生所说，

“科学是老老实实的学问，来不得半点虚假，需要付出艰巨的劳动。”因此，学术诚信是对每一位大学生最基本的要求。原四川大学校长谢和平院士在做专题报告时曾呼吁：“你们可以不惊天动地，但必须要有诚信。你们可以什么都破产，但学术信誉不能破产，大学是社会的精神灯塔，我们必须时刻牢记学术诚信，这是大学追求的根本。”同学们应当具有学术诚信意识，坚守学术道德底线，维护大学精神的纯洁，维护学术精神的尊严。

阅读小贴士　美国大学学术诚信

大部分的美国大学都在学术诚信条例中对“学术不诚实”进行了详细的界定和分类，明确提出了“学术不诚实”即指任何形式的欺骗，包括虚报自己的工作、利用别人的成果而没有致谢或未得到授权篡改信息等。具体划分为4种类型：①作弊：在学术研究过程中，故意和（或）企图利用欺骗手段，诈称为自己的学术成果；②伪造或篡改：伪造是指学术论文中的某些数据，不是经过研究试验得出的结果，而是作者自己编造的行为，篡改则是指根据作者自己写作的需要，对引用的数据、资料擅自进行修改的行为；③剽窃：在任何学术活动中，蓄意使用他人的观点或文字用于自己的工作的行为，包括提交全部或部分的无引文内容、使用他人的研究成果或他人以前的学期论文；④蓄意不诚实：故意帮助或企图帮助他人实施学术不诚实的行为，包括在考试中替考、作弊，或允许他人使用自己的论文、报告和学术著作。

美国大学有一个重要理念，就是将在读学生视为学术共同体的一员。如果学生违反了学术诚信的原则，那么学校也会受到很大的牵连。这正是美国大学无法容忍学生违反学术诚信的原因。而对于那些违反学术诚信原则的学生，美国大学给出的最严厉的处罚不是劝退，而是受到法律的制裁甚至是监禁。

（资料来源：搜狐教育）

☑ 案例分析

案例：小木是某高校大四学生，马上就要毕业了，可是自己在大二时挂的几门课还没有通过。一想到重修既花时间又很难通过，他就头疼发怵，于是动了歪脑筋。同寝室的小李是个学霸，跟自己的关系又很“铁”，小木就声泪俱下地求他帮忙，替自己考试。小李很为难，又不好意思拒绝好兄弟，于是就答应了下来。不幸的是，在考场上小李被监考老师抓了个正着，学校按校规校纪给予两人开除学籍的处分。

案例点评：小木和小李的惨痛教训从根本上讲是没有重视学术诚信的结果。大学学习的前提是要有脚踏实地的学习态度，需要在平时付出艰苦的努力，除此之外没有捷径可言。同学们要牢记诚信为本，遵守考规考纪，避免出现小木这样害人害己的悲剧。

第四节　大学学习的常见困惑

◎困惑一：大学里为什么要参加英语四六级考试?

大学英语四六级考试（CET-4/CET-6）是教育部主管的全国性的英语考试，其目的在于对大学生的英语能力进行客观、准确的测量。在过去各大高校的学位证都是与英语四级挂钩的，而如今虽然一些高校已经不再实行这样的规定，但还是有很多高校沿用此规定。英语四级对于大学生的重要性不言而喻。它既是大学生顺利完成学业的必过科目，又是很多用人单位招聘毕业生的重要参考依据。对于大学英语六级，虽然各高校都没有将其作为硬性规定，但一张六级证书往往能助你在求职道路上更上一个台阶。因此，考取大学英语四六级证书是提高个人竞争力的重要方式。

当然，英语四六级的重要性并不仅仅体现在这样功利的层面上，更重要的是对个人英语能力的评估和对英语学习的督促。试想，没有英语四六级考试，还会有多少同学坚持学习英语？在获取四六级证书的过程中，培养对英语的兴趣，保持学习英语的习惯，提升英语能力，这才是最终目的。英语是世界上使用国家最多、使用最广泛的一门语言，在国际交流日益密切的今天，具备良好的英语能力越发重要，这也是同学们今后个人发展的必备法宝。

练习题

分组讨论当下社会热议话题：大学考试是否需要“去英语化”？

☑ 案例分析

案例：小宇的专业能力比较出色，但并不喜欢学习英语。他所在的学校也没有要求毕业生必须通过英语四级考试，因此小宇逐渐失去了学习英语的动力，直到大四他都没有拿到英语四级证书。在求职过程中，小宇本来已经获得了一家心仪公司的录取通知书，可是在签约时，因为没有英语四级证书而被拒绝录用，小宇为此非常懊恼。

案例点评：虽然不少大学取消了英语四级考试与学位挂钩的规定，但仍有许多行业和单位把英语四六级证书作为录用毕业生的条件之一。在大学里不同专业对英语水平的要求会有所区别，但在全球化竞争激烈的今天，英语作为大多数国家和地区可交流的语言，其重要性不言而喻。英语四六级证书只是我国考量大学生英语水平的方式而已，提高英语听说读写的能力才是关键。同学们要有针对性地了解目标行业和单位的要求，提前准备，坚持不懈，才不会留下像小宇那样的遗憾。

阅读小贴士 各大行业招聘对英语四六级的要求

1. 公务员

在国家公务员考试和省市级公务员考试职位表中，许多职位在备注栏里明确规定大学英语水平需达到四级或六级。所以没有达到要求的小伙伴们，就算报考了，也不会通过审核的哟！特别是有些岗位对外语要求很高，如六级必须要达到500分以上。当然也有些岗位没有明确要求是否需要通过四六级，但是在竞争如此激烈的大环境下，拥有四六级证书的求职者明显占有一定优势。

2. 银行

银行业对大学毕业生的英语要求也较高。以下是中国工商银行北京市分行2016年度校园招聘的外语要求：①大学本科毕业生，须通过国家大学英语四级（CET-4）考试（成绩在425分及以上），或托业（TOEIC）听读公开考试630分及以上，或新托福（TOEFL-IBT）考试75分及以上，或雅思（IELTS）考试5.5分及以上；②硕士研究生及以上毕业生，须通过国家大学英语六级（CET-6）考试（成绩在425分及以上），或托业（TOEIC）听读公开考试715分及以上，或新托福（TOEFL-IBT）考试85分及以上，或雅思（IELTS）考试6.5分及以上。不仅如此，四大银行各分行的校招公告中均硬性要求本科生须通过英语四级考试，研究生须通过英语六级考试。而四大银行总行对于外语的要求则更高，本科生和研究生均须通过英语六级考试。纵观各商业银行招聘要求，除极少数银行只需通过英语四级外，银行秋招整体外语要求为：本科生通过英语四级，研究生通过英语六级。而且在网申时，四六级选项后需要填写你的考试分数。

3. 外企

有一点可以明确：去外企工作必须要英语好！四级显然就不值一提了，六级500分以上的才是站在了起点。当然在外企，语言实操能力比证书更重要，因为当你投递简历时就会发现，人家的招聘信息是全英文的，而笔试、面试也都是全英文。

4. 互联网公司

纵观2016年阿里巴巴、腾讯、百度的校园招聘公告，均未对四六级分数做出说明，然而在互联网公司校园招聘中，许多市场与营销相关的岗位会要求：英语流利/英语口语、书面沟通流畅。六级以低分飘过的你应该不会自信地说自己英语流利吧……技术岗的要求甚至对外语只字未提，那是不是“码农”不需要英语好呢？恰恰相反，你以为Linux/Unix平台下的C/C++编程、脚本编程、多线程编程技术、Web/数据库技术等这些相关的软件和参考资料都是中文的？那些国际上最前沿的技术资料都是中文的？

5. 传媒类

来看看大家朝思暮想的几家媒体的校园招聘中对英语四六级的要求。

中央人民广播电台：本科生应获得国家英语四级，研究生应获得国家英语六级且成绩须在425分以上，外语类专业考试须具备相应的语言能力水平。

新华社：报考英文岗位的毕业生须获得英语专业四级证书或英语六级成绩520分以上，其他岗位须大学英语六级成绩达到425分以上或持有大学英语六级证书。

（资料来源：面试网）

◎困惑二：如何选择选修课？

在大学里，选修课通常分为专业选修课与公共选修课，前者主要是对专业知识的扩展，而后者则是培养综合素质和拓展个人兴趣。无论选择哪种类型的选修课，对待课程的态度都不应该是只为拿到学分，而应该是通过学习真正有所收获。尽管各个专业有所差异，但在专业选修课的选择上还是有其一般的规律。专业选修课最好与自己所学的主干课程一脉相承，能够与必修课组成一套相对完整的知识体系。在时间和精力允许的情况下，建议同学们尽可能地多选择专业选修课，因为专业选修课的选择范围通常不大，并且对拓展专业知识非常有帮助。

而公共选修课的选择原则通常包括两个方面：一是追求自己的兴趣，二是弥补自己的短板。一般来讲，各高校的公共选修课也是包罗万象，可选择范围通常都是几十甚至上百门，既包括自然科学类、工程技术类，也包括哲学法学、人文社科类。根据兴趣选修学习，不仅能丰富自己的课外知识，还能更容易地取得良好的修读效果。另外，通过公共选修课，可以帮助部分同学弥补目前的短板。如沟通技巧、职场礼仪、人际关系等选修课程，可以帮助部分精于技术却不善于表达的工科学生不断完善自我，提高人文素养。

此外，想提醒同学们的是，选修课虽然是选修，但并不意味着可以随便修，盲目选择或为了学分而学，都是对时间和资源的极大浪费。

阅读小贴士　盘点那些“奇葩”的选修课

哈利波特与遗传学：这门课是中山大学医学院2011～2012年第二学期开设的公选课，要求学生对哈利·波特小说或电影感兴趣。开课的老师认为，遗传学里经常会强调母亲在妊娠期间里的心态和环境对小孩以后的发展有很大的作用。在《哈利·波特》里面，就很容易找到这样的例子。

川菜课“知味”：2015年9月，电子科技大学开设了一门烹饪公选课程“知味”，专门给同学们介绍中国传统饮食文化和烹饪原料知识，教同学们川菜的制作工艺，包括四川的风味小吃。

恋爱学理论与实践：这门课是天津大学开设的一门选修课，由学生社团“鹊桥会”主讲。该课程包括两大部分，前期主要以理论为主，教材是《恋爱心理学》《恋爱经济学》等；实践部分包括社交礼仪培训、恋爱沙龙实践等。

探索三国：经典中国小说与三国杀纸牌游戏：这门课是加州大学伯克利分校开设的选修课，课程结合中国历史和现代流行文化，让学生通过阅读《三国演义》、看三国电影和玩“三国杀”游戏，认识三国时期的人物和历史，每周两小时两学分。

（资料来源：节选自各高校网页）

◎困惑三：是否需要攻读第二学位？

攻读第二学位，有助于同学们扩展个人兴趣、提升竞争力，但这并不意味着每个人都适合攻读第二学位。是否适合攻读第二学位通常要从以下三个方面考虑：兴趣、就业需求以及时间与精力。

“兴趣是最好的老师”，兴趣能够激发学习的动力。选择第二学位首先要考虑个人兴趣。有一部分同学因为各种原因，其主修专业与个人兴趣并没有很好地结合，于是可以通过辅选第二学位来弥补这一缺憾。

其次要考虑就业需求，因为具备多项专业能力的复合型人才在社会上越来越受到用人单位的青睐。对某些专业的学生来说，本专业可能不是就业市场上的热门或专业的社会需求有限，则可以通过修读第二学位开启就业的第二扇大门。第二学位可以帮助同学们在求职过程中获得“双保险”，确保自己在求职大军中拥有更强的竞争力。

当然，除了兴趣和就业需求以外，是否适合攻读第二学位还需要充分考虑个人的时间和精力。同学们在攻读前要考虑课时、难度、经济状况、时间等各种因素，还要结合本专业学习的实际情况。特别是有些专业，其专业课程相对较多，学习压力也相对较大，这就意味着这些专业的同学很难有精力再去进行第二学位的学习。此外，对于本专业学习已经感到比较吃力的同学，在选择第二学位时就需要更加慎重，避免因为第二学位而耽误了本专业的学习。

阅读小贴士　我国部分高校双学位要求及政策

清华大学

大一下学期，第二学位和辅修开始报名。基本要求是学有余力、择优录取。实行学分制管理。第二学位报名条件：具有清华大学学籍的一年级全日制非相关专业本科生，主修专业学习成绩优良，已修课程中没有不及格课程，可报第二学士学位选修，修满全部学分，包括专业必修、专业选修、专业任选和综合论文训练。终止学习条件：因主修专业课程成绩不良导致受到学籍处理者，其第二学士学位攻读资格即行取消。符合以下两个条件者，可以申请授予第二学士学位：①获得主修专业学士学位；②在规定学习年限内达到第二学士学位专业毕业要求。辅修专业有计算机应用、互联网金融与创业和金融学专业。就计算机应用而言，修满相关辅修专业培养方案规定课程学分，经主修专业所在院系和辅修专业所在教务办、学校教务处分别审查合格者，发给“清华大学某辅修专业证书”。

北京大学

学分要求：辅修专业必修课应在5～8门，30学分左右，不得低于20学分。双学位的课程可在辅修课程的基础上增加3～6门，40学分左右，不得低于30学分。选课要求：当学生的主修专业教学计划与辅修或双学位教学计划中的必修课程内容相近或相同时，学生应选修其他课程取得学分，重复修读内容相近或相同的课程成绩无效。终止学习条件：凡主修专业受到学术警告者及连续两个学期选修的辅修或双学位课程的平均学分绩点低于2.0者，可注销其辅修或双学位学籍，终止其辅修或双学位专业的学习。补发证书：学生在本科的主修专业规定学制内毕业时，未完成辅修或双学位课程学习，但取得的学分数达到教学计划规定总学分数90%（含）以上者，可申请在毕业离校后一年内以旁听形式补修所缺课程，经考试获得规定学分，补发辅修专业证书；符合双学位条件的补授双学位证书。

南京大学

若主修专业和第二专业有部分课程一样，这部分课程能同时算入主修专业和第二专业，但第二专业的课程设置与主修专业的课程设置差异应达到50%以上，否则无法获得第二专业的相关证书。如果未修满30个学分，那么通过跨院系选修取得的学分是可以计入主修专业的总学分中的，其属于第三模块开放选修模块的学分。

中国科学技术大学

“单独开课”式：有单独开课条件的院系可在周末开办双学位班，非本学科（专业）的学生，通过修读双学位或辅修专业培养方案要求的课程，符合双学位或辅修专业要求的，可申请该专业的双学位或辅修专业证书。“自主选课”式：学生可在正常教学时段内自主选修非本学科（专业）的双学位课程，达到双学位或辅修专业要求的，可申请该专业的双学位或辅修专业证书。辅修或双学位专业要求：①选修双学位要求与其主修专业分属不同学科门类，即跨学科选修，辅修专业要求不同于主修专业即可；②主修专业计划内课程全部及格；③成绩排名居前50%或平均学分绩点（GPA）≥3.0，双学位专业成绩和主修专业成绩可以相互转化。

（资料来源：节选自各高校网页）

◎困惑四：大学里应该考取哪些资格证书？

资格证书是一个人某方面能力的证明，也是在大学期间里积极学习态度的一种展示，考取资格证书是大学生提高个人竞争力的重要手段之一。用人单位往往会将这些资格证书作为评判个人能力、决定是否录用的重要参考，因此考取资格证书对于提高大学生的就业竞争力是有很大帮助的。

虽然资格证书很有用处，但是证书的考取一定要有所选择，不能盲目和跟风。资格证书的选择首先要结合自己的专业，专业才是自己求职的基本保障。取得与专业相关的资格证书是对自己专业知识与能力的证明，也是一种扩展，如英语相关专业的同学就需要考取英语专业八级证书。在某些专业，资格证书已经成为相关工作入门的通行证，如法学专业的学生，司法考试的证书就必不可少，这是从事律师行业的入门基础。

此外，在选择资格证书时要充分考虑个人的兴趣。不但要结合自身的职业生涯规划，还要预估考证的难度和花费的精力，不能因为去考证而影响本专业的学习。证书本身没有好坏之分，“热门”的证书不一定就适合自己。证书也未必是考得越多越好，关键还要看其是否符合自己的实际情况，对自己的就业和职业发展是否有所帮助。与其考取一些没有必要的证书，不如用那些精力做一些更有意义的事情。

阅读小贴士　常见的资格证书

心理咨询师资格证书：从事心理咨询师职业的人员的必备上岗证书，共分三个等级。

全国计算机等级考试合格证书：全国计算机等级考试是用于考查非计算机专业应试人员的计算机应用知识与技能的全国性计算机水平考试体系，考取每个等级获得相应等级的证书。

会计从业资格证：会计从业资格证是职业资格中最为常见和常考的证书，由于其就业方便、发展空间多、各大企业都需要此类人才的特殊属性，越来越受到学生的欢迎。

银行从业人员资格认证证书：想要进入银行从事相关职务或进入银行后晋升等的必备证书。

国家司法考试证书：通过国家司法考试后可取得，从事法律相关行业的准入证书，初任法官、检察官和取得律师资格必须通过国家司法考试，相当于法律职业资格证书。

教师资格证：教育行业从业人员教师的许可证，除了必要的科目，还需通过普通话考试和体检才能拿证。

CAD工程师认证证书：CAD工程师的一种认证证书，多用于机械、室内装饰、建筑行业等工程项目。

☑ 章节回顾

本章介绍了大学学习的基本特点和学习方法，并就大学学习中的一些常见误区和困惑进行了阐释和解答。学而有疑，不解为惑，惑而解之，方得真本领。希望同学们通过对本章的学习，能够认识到大学学习与中学学习的不同，并摸索出一套适合自己的学习方法，尽快适应大学的学习。

☑ 延伸阅读

[1] 肖行定. 大学生学习生活指南[M]. 武汉: 华中科技大学出版社, 2012.

[2] 邹婉玲. 大学的学习方法[M]. 广州: 暨南大学出版社, 2008.

[3] 张天军, 孙一平. 大学新生学习指导[M]. 成都: 巴蜀书社, 2008.

第四章　适应生活“有道可循”

☑ 本章导读

大学四年，正值同学们的青春年华。远离父母，或许是有些同学最期待的状态。没有三点一线，没有唠唠叨叨，来一场没有父母的远行，谈一场没有监督的恋爱，每一天都可以自己安排时间，每个月都可以自由支配“小金库”……但现实却往往不配合，时不时地给同学们浇一盆冷水：成长的路上想自由飞翔，却经常折断翅膀；心中怀揣憧憬却被现实冲击得支离破碎。

通过对本章的学习，同学们或许可以明白，应该如何去适应独立的新生活，如何规划好大学里的时间，如何掌握个人财务管理方法……让我们一起来看看大学生活中的门道。

☑ 典型案例

案例1：小李以优异的高考成绩进入一所重点大学。一进校他就被多姿多彩的校园生活所吸引，参加了很多学生会和社团活动。慢慢地，他发现自己在上课时精力无法集中，老师讲课也听不进去，总想着学生活动的事情。课后他总是忙着筹备或参加各类学生活动，很少有时间自习，学业逐渐掉队。小李知道问题所在，但他又不舍得放弃精彩的校园活动，总是抱怨每天的时间不够用，感到很苦恼。

案例2：上大学之前，小徐的父母每天都会给他一些零花钱。上大学后，父母考虑到频繁打钱不方便，于是按月给他拨生活费。第一个月，小徐感觉零花钱比以前一下子多了很多，就“大手大脚”起来，结果才过了一周就把钱花得所剩无几，后面几周只能拮据度日。到了月底，小徐实在没有钱了，他又不好意思找父母要，于是不得已就向同学借钱。可到了下个月，小徐还是没有吸取教训，刚开始时仍然“大手大脚”，不仅没有还同学的钱，还把这个月的生活费也很快花完，只好硬着头皮再次去借。同学很不乐意，虽然小徐借到了钱，但是他与同学的关系也产生了隔阂。

案例3：小张的作息时间是这样的：13：00，起床、吃午饭；14：00，去网吧玩游戏；17：00，在网吧叫外卖吃晚饭，通宵“练级”；次日9：00，回宿舍睡觉。他几乎把所有的空余时间都用来打游戏，并开始拒绝参加校园活动。大约两个月后，小张发现自己的思维已经跟不上同学们的节奏，脑子里想的都是游戏里发生的事情，遇到事情首先会用游戏中的规则来考虑。他开始感到不适应现实生活，陷入了深深的焦虑中。

以上三位同学的状况是部分大一新生曾经遇到的情况。除了学习，大学生活也会给同学们带来很多挑战。进入大学，每位同学都需要了解如何掌控自己的时间、如何分配自己的生活费、如何利用网络资源等生活方面的问题。

第一节　大学生的新生活

◎认识大学新挑战

从高中“小天地”进入大学“大家庭”，同学们将经历不一样的人生阶段。能否充实、快乐、奋发地度过四年的美好时光，适应大学生活就显得尤为重要。下面让我们一起来了解崭新而独立的大学生活，来认识大学生活的新挑战。

1. 学会生活自理

在上大学之前，很多同学的关注点都只在学业成绩上，生活中的方方面面都由父母包办，日常生活起居几乎全是由父母打理，处于“两耳不闻窗外事，一心只读圣贤书”的状态。而上了大学、离开家，也就意味着离开了父母无微不至的照顾，不得不面对一切都由自己来打理的现实：你需要自己去购买生活用品，自主掌握衣食起居，独立换洗衣物……这些对于不少同学来说，都是之前不曾经历过的。

2. 适应异地环境

很多大学生都是在异地求学，都会遇到如何适应异地生活的问题，也都会面临以下挑战：

（1）适应气候。我国幅员辽阔，东西南北的气候差异明显。特别是在冬季，很多来自南方的同学会抱怨北方的干燥，而来自北方的同学也会感叹南方的湿冷。这种气候上的不适应使得一些大学生难以把握吃穿的规律，导致疾病发生，也很容易让一些同学产生焦躁情绪，引发一些心理问题。

（2）适应饮食。我国各地的饮食习惯差异明显，而各高校的食堂虽然会尽量考虑各地学生的口味，但仍然会有很强的地方特色。因此对大学新生而言，适应当地的饮食习惯，就会成为所要面临的一道难题。如川、渝、贵、湘等地吃辣的习惯会让很多外地学生难以接受，而来自这些地方的学生也难以接受江、浙、沪等地区的清淡口味。

（3）思乡情绪。绝大多数的同学都在父母身边长大，从小到大都有父母与亲人的陪伴。而在外求学则使得他们第一次远离亲人、远离家乡。在异地生活，与父母的联系也不再那样频繁和方便，产生思乡情绪在所难免。这种想家的情绪往往会延续很长时间，甚至在一段时间内还会让人寝食难安。

3. 保护自我安全

校园生活，安全尤为重要。生活中的不适应，有时间去慢慢调节，而倘若在安全上出了问题，则可能造成难以挽回的损失。作为大学新生，没有了父母的监管和提醒，在相对自由的生活空间里，更应牢固树立自我保护意识与安全意识。大学生们虽然已经成年，但部分同学的心智并没有完全成熟。整体而言，当前我国大学生群体的自我安全防护意识还不够强，很容易成为某些犯罪分子的攻击目标。大学校园里的安全问题常常发生在以下几个方面。

（1）寝室与实验室的消防安全。消防安全是大学校园里安全问题的重中之重。在寝室内，由于有些同学的消防意识淡薄，私拉电线、使用违章电器、存放易燃易爆物品等行为，都埋下了极大的消防安全隐患。在实验室里，不合规范的操作也极易引发火灾等事故。

（2）入室盗窃。盗窃现象也会不时地发生在大学生宿舍中。一方面，很多盗窃手段确实让人防不胜防；另一方面，有些同学没有养成好的生活习惯，如常把贵重物品放在寝室内显眼的地方、出门时没有及时关门上锁等，这些都给了小偷可乘之机。

（3）诈骗。大学生涉世未深、社会经验不足，常常会落入诈骗分子的圈套里。近年来，针对大学生的各种骗局层出不穷，骗人的手段也越发“高明”，尤其是很多不法分子往往选择现代化通信工具实施诈骗。一些大学生不能经受住金钱的诱惑，或因同情心而成为被骗的对象，造成惨痛的财产损失。

☑ 案例分析

案例：小陈是某大学的一名大一新生，在一次使用电热毯后忘记关闭电源，导致宿舍起火。虽然未造成人员伤亡，但舍友的笔记本电脑、床铺等都被大火烧毁。

案例点评：在高校里，几乎每年都有学生宿舍发生火灾的事故，原因无外乎是：违章使用大功率违禁电器，使用电器方法不当，随意乱丢烟头，违规使用蜡烛等。同学们在宿舍使用电器时，务必要遵守学校相关规定，多一份谨慎，就是对自己和他人负责。如果遇到火灾，同学们千万不要慌张，应第一时间拨打火警电话，披上浸湿的衣物或被单，用湿毛巾捂住口鼻，冷静地选择安全路线及时撤离火灾现场。

阅读小贴士 常见的诈骗方式

1. 补助金、救助金、助学金诈骗

犯罪分子冒充民政、残联等单位工作人员，向残疾人员、困难学生、学生家长打电话、发短信，谎称可以领取补助金、救助金、助学金，要其提供银行卡号，然后以资金到账查询为由，指令其在自助取款机上进行操作，随后将钱转走。

防范方法：补助金、救助金均由高校、当地民政等部门和社区发放，请先向相关单位咨询。不听从陌生人的指令、不执行不熟悉的网上银行和自助取款机操作。

2. 冒充熟人诈骗

犯罪分子获取受害人的电话号码和姓名后，打电话给受害人，让其“猜猜我是谁”，根据受害者所述冒充其熟人，并声称要来看望受害人。随后，编造“被治安拘留”“交通事故”等理由，向受害者借钱。

防范方法：请通过电话、朋友等向其所称的熟人本人进一步核实。如果不能核实，请见到本人后再决定。

3. 票务诈骗

犯罪分子冒充航空公司客服人员以“航班取消、提供退票、改签服务”为由，诱骗购票人员多次进行汇款操作，实施连环诈骗。

防范方法：接到电话、收到短信后，请通过航空公司公布的服务电话进行核实，最好到正规服务网点查询办理，以免造成损失。

4. 破财消灾诈骗

犯罪分子事先获取事主的身份、手机号等资料，拨打电话自称黑社会人员，受人雇用要加以伤害，但事主可以破财消灾，随即提供账号要求受害人汇款。

防范方法：遇到此类事情，请不要相信，并第一时间向公安机关报案。

5. 提供考题诈骗

犯罪分子针对即将参加考试的考生，打电话、发短信，称能提供考题或答案，不少考生心存侥幸心理，将首付款转入指定账户，然后发现被骗。

防范方法：非法出售、提供、购买国家规定考试考题和答案的，均涉嫌犯罪。请遵守法律，不要参与，并及时报警。

6. 中奖诈骗

犯罪分子以“我要上春晚”等热播栏目或知名企业的名义群发短信，或通过互联网发送中奖邮件，谎称受害人将获得巨额奖品，受害人一旦与犯罪分子联系兑奖，对方即以“个人所得税”“公证费”“转账手续费”等各种理由要求受害人汇钱，实施连环诈骗。

防范方法：对中奖、返利等信息，应高度警惕并认真核实，做到不贪心、不轻信、不汇款。

7. 高薪招聘诈骗

犯罪分子通过群发信息，以月工资数万元的高薪招聘某类专业人士为幌子，要求事主到指定地点面试，随后以培训费、服装费、保证金等名义实施诈骗。

防范方法：遇到类似事件，请先通过“全国企业信用信息公示系统”查询该企业的合法性，防止上当受骗。

8. 钓鱼网站诈骗

犯罪分子以银行网银升级、低价抛售为由，要求事主登录钓鱼网站，进而获取事主的银行账户、网银密码、交易验证码等信息，实施犯罪。

防范方法：要认准官网，钓鱼网站的网址与官网网址往往只有很小的差别，请认真识别比对。如果不能确定，可通过银行等的客服电话咨询核实。

9. 网购诈骗

犯罪分子开设虚假购物网站或网店，一旦事主下单购买商品，就称系统故障，订单出现问题，需要重新激活。随后，通过QQ发送虚假激活网址，受害人填写好账号、银行卡号、密码及验证码后，卡上金额便不翼而飞。

防范方法：尽量上有知名度、信用度和安全保障的网站购物，并认真核对网站网址；在购物过程中不要点击通过网站专用聊天工具以外的方式（包括：QQ、微信等）发过来的链接。

10. 订票诈骗

犯罪分子制作虚假的网上订票公司网页，发布订购机票、火车票等虚假信息，以较低票价引诱受害人上当。随后，再以“身份信息不全”“账号被冻结”“订票不成功”等理由要求事主再次汇款，从而实施诈骗。

防范方法：网上订票尽量到官方网站、大型知名网站、熟悉的订票公司办理，以免上当受骗、耽误行程。

（资料来源：中国法治，http://www.zhongguofazhi.org/content_3219529.html）

◎适应大学新生活

1. 尽快熟悉并融入校园

在外求学生活，需要尽快融入大学校园的新环境。对大学新生而言，只有充分了解校园，才能更好地融入校园，适应校园生活。了解校园通常从以下两个方面入手。

（1）熟悉校园“地形”。来到大学，首先要熟悉校园环境，比如，同学们需要尽快熟悉教室、食堂、澡堂、超市、打印复印店等的具体位置和路线，了解图书馆的开放时间和图书借阅的流程，知晓学校计算机房和实验室的开放时间等。熟悉校园的方式有很多，最简单的就是约上刚刚认识的新朋友，多在校园里转转，或选择“骑游”的方式，也可以多向学长请教。此外，在信息技术日益发达的今天，通过电子地图也能很快地熟悉校园。

（2）了解职能部门。熟悉校园环境是很多大学新生都会主动去做的事情，但是有很多同学缺乏主动了解学校职能部门的意识。熟悉职能部门及其工作流程，可以帮助同学们在办理具体事务时更加顺畅。例如：想对食堂的饭菜提意见或建议，可以在留言簿上给后勤部门留言；如果在校园内“遇险”，可以寻求校园保卫部门的帮助；如果需要打印成绩单，可以去学院的教务科办理，等等。

目前，一些高校开设了一站式服务大厅，所有与学生相关的事务都可以在一站式服务大厅里办理。同时，随着“智能校园”的不断推进，很多高校的公共服务也可以通过网络完成。比如，一些高校推出微信公众服务平台，在手机上点一点，就可以享受宿舍电器报修、网费缴纳、预约成绩单打印等服务。

2. 主动结交朋友

正所谓“在家靠父母，在外靠朋友”，离家在外，没有了父母的关怀，就更需要朋友的帮助。朋友既是自己学习和生活的伙伴，也是离家在外的一种情感寄托。一些适应能力较强的同学还能给其他同学带来正面影响，很多困难也会迎刃而解。对于大学新生而言，可以通过下面的一些方式来结识新朋友。

（1）熟悉同班同学。同班同学是同学们在大学里最早接触的群体，也是几年大学生活中最常见到的一群人，与他们的交往是一件自然而然的事情。共同学习、共同生活也会让大家结下深厚的“革命友谊”，而在新生阶段与他们尽快熟悉，更能够帮助大家共同度过大学生活的适应期。

（2）加入社团。在“举目无亲”的异地，能够与一群兴趣相投的小伙伴聚在一起是一件幸福的事情。在组织和参与各种社团活动的过程中，同学们不仅能结交更多的朋友，还能感受到大学生活的精彩。

（3）参加同乡会。初上大学，与老乡聚会是寄托思乡之情的最佳方式，与一群能用方言交流的小伙伴们在一起，自然会有家的感觉。在大学里，通常各地都会有同乡会，老乡见老乡，大家很容易就会成为朋友。

在结识新朋友的过程中，还要提醒同学们：与人交往，一定要学会一些交往的小技巧，使自己的性格尽量变得开朗一点，尝试主动与人交流，学会接触陌生人，学着主动寻找话题。大学校园也是一个小型社会，因此从大学时代开始，我们就应该学着锻炼社交能力。

3. 学会自我心理调适

初入大学，不仅要从行动上适应崭新的环境，还要从心理上适应生活的变化。要学会摆脱各种紧张、焦虑的情绪，去尝试接纳自己身边发生的新变化。大家可以通过一些小技巧来帮助自己进行心理调适。

（1）给自己积极的心理暗示。心理暗示往往会使人不自觉地按照一定的方式行动，而积极的心理暗示则有助于精神状态朝着积极的方向发展。面对大学的独立生活，可以不断给自己注入一些正能量：“我能行”“我能适应这里的生活”“我能照顾好自己”“我有点想家，但这是正常的，随着时间的推移我能慢慢克服”，一些简单的积极暗示或许会有意想不到的效果。

（2）学会自我情绪调节。要尽量避免处于沮丧、焦虑的情绪中，可以通过一些技巧转移注意力，从内心明确自己来上大学的目的，明白自己是为学习而来，将注意力更多地放在学习上。多去想想自己每天收获了什么、有多少进步，自然也就无暇去思索那些生活里的不如意，从而摆脱消极情绪的影响。

（3）向他人寻求帮助。若遇到自己难以解决的困难，可以寻求辅导员和学校心理咨询中心的帮助，心理咨询老师会运用专业的方法，帮助同学们克服困难。有一部分同学对于心理咨询有误解，认为有心理疾病才需要去做心理咨询。其实，在每个人的成长过程中都会伴随着各种心理冲突，绝大部分都是可以通过自我调整来排解的，但有一部分问题是自己不容易处理的，需要借助专业人士的帮助。如果同学们平时有了困惑和烦恼，都可以通过专业心理咨询师的帮助来排解。

☑ 案例分析

案例：小王是家中的独生女，在父母的关爱与呵护中长大。中学时期她一直在父母身边，家中的生活琐事均由父母料理，父母只要求她努力学习，她不需要承担任何家务劳动，甚至连衣服鞋袜也不用自己洗。进入大学后，她非常想家，无法安心学习，甚至后悔来上大学，还产生了转学回家乡的想法。她总觉得自己是被抛弃到异地的外乡人，总感觉学校是别人的地方，好不自在，孤独极了，觉得学校处处都不如家乡。每天晚上熄灯后她都会躲在被窝里哭。周末，看见寝室的本地同学回家了，她就会更伤心、更难过。对新环境的严重不适应和强烈的思乡情绪，严重影响了小王在学校里的学习和生活。

案例点评：小王的情况是大学新生对生活不适应的一种反映。大学新生的生活适应问题是一个普遍存在的问题。有的新生随着对大学环境的了解、熟悉以及自我调节，经过一两个月的时间便能基本适应。但是有的同学，独立性相对较差，对亲人的情感依赖强烈，适应起来就相对比较困难。想要扭转这种消极不适的状态，同学们一方面可以尝试学习处理生活琐事，提高独立生活的能力，从洗衣服、打扫寝室、整理内务等小事开始；另一方面，可以多去参加一些社团或集体活动，试着结识新朋友。如果自己实在无法适应新环境，应及时与老师沟通交流，或向心理咨询中心寻求帮助，切忌任由自己沉浸在消极的情绪中无法自拔。

阅读小贴士　关于心理咨询的谎言，你曾经相信了几个？

关于心理咨询，社会上流传着一些不准确的说法，它误导普通大众，也误导心理咨询师。下面是最为典型的关于心理咨询的6大谎言，且看著名认知疗法专家郭召良博士对此是怎么给你分析的。

1. 有病的人才去心理咨询

寻求心理咨询的人绝大部分都是心理健康的正常人。他们在生活中遇到了自己无法解决的问题，如学习问题、人际交往问题、恋爱问题、婚姻问题、家庭关系问题、子女教育问题、职业选择问题等。这些问题都是我们正常人生活中的一部分，寻求专业人士的帮助是他们寻求心理咨询的主要动机。

那些极少数的有心理问题的患者，如有强迫症、恐惧症、性心理障碍的患者，则需要寻求专业的心理治疗，这些疾病往往由对心理咨询和治疗有相当研究和实践经验的专家在精神病医院进行治疗。因此，寻求心理咨询的人是正常人，而需要心理治疗的人才是心理有问题的人。

需要注意的是，那些有严重心理问题的人往往不认为自己有心理问题，也不会主动去寻求心理咨询或治疗。他们可能会认为是其他方面有问题，如人格障碍患者，他们可能因为具有幻觉、妄想等精神病性症状把幻想当成现实，对自己的症状缺乏自制力。精神病患者都不认为自己有问题。

2. 心理咨询就是聊天

谈话是心理咨询的主要形式，但并不是一般意义的聊天。心理咨询的谈话可以分为以诊断求助者心理问题为目的的摄入性谈话和以纠正求助者错误认知观念为目的的咨询性谈话。它和漫无目的的聊天有本质上的不同。

除了谈话以外，心理咨询还有其他方法和手段，如心理测验、音乐干预、绘画干预、角色扮演、团体活动等。

可见，聊天既不是心理咨询的表象，也不是心理咨询的本质。

3. 心理咨询就是给人建议

心理咨询工作的基本理念是“助人自助”。

通过心理咨询过程，纠正求助者错误的认识观念和提高求助者的认识能力，通过求助者自身的认识和观念的改变来协助求助者解决问题。心理咨询工作者的一个信条是“每个人都是解决自己问题的专家”，求助者的问题只有求助者有能力、有资源来解决，而求助者的能力和资源只有求助者自己最了解，因此，解决问题的方法主要靠求助者自己发现。

心理咨询的目的并不是给求助者提建议，而是让求助者看到自己的问题，认识到自己具有解决问题的能力，找到解决问题的方法和途径，咨询师的任务是引导求助者找到解决问题的办法。

4. 心理咨询可以一次性解决问题

心理问题无法通过一次心理咨询就得到解决。

这是因为解决心理问题有一个自然的过程。不能期望一次咨询就可以完成，如心理错误观念的转变、不健康行为方式的消除、童年不幸经历的创伤都不可能在一夜之间就得到解决。因此，对于解决心理问题，具有一定程度的耐心是必要的。

解决心理问题需要多长的时间，一般而言取决于两个方面的因素：①求助者的配合程度：如果求助者没有解决问题的意愿，或对咨询师的要求不积极配合，这就会拖延心理问题解决的时间；②病程和泛化程度：心理问题形成的时间越长，解决起来需要的时间就越长，心理问题对工作、学习、生活、家庭等方面的影响越大，解决起来需要的时间就越长。

5. 读心理咨询书籍可以解决自己的问题

解决心理问题首先需要正确诊断。求助者由于缺乏专业知识和能力，对自己的心理问题的性质、类型和病因缺乏正确判断，往往导致求助者夸大或错误诊断自己的心理问题，结果是自己的问题没有得到解决，反而增加了新的烦恼。许多求助者就是因为对症状的不了解而随意给自己诊断为强迫症、恐惧症等，从而带来更大的烦恼。

其实，心理自助书籍往往只是对心理问题提出一般性的解决方案和策略，这种策略对读者缺乏针对性。每一个人问题的形成原因、性格和能力、解决问题的资源都是不同的，因此不能照搬书上的解决方案。

正因如此，寻求心理咨询才能解决求助者的心理问题，而不是去阅读心理自助书籍。

6. 有心理问题不要紧

心理问题的治疗不如生理疾病那样迫在眉睫。生理疾病由于有比较明显的症状，使得患者无法或不愿意忍受，从而产生强烈的求治动机。心理疾病则由于没有那么明显的症状表现，患者往往会因为各种原因而拖延治疗。

其实，心理问题对患者的生活、工作和家庭的影响大大地超过生理疾病，严重地影响患者的生活质量。比如，一个有抑郁症状的丈夫可能导致夫妻关系不和睦、同事关系不好、工作效率低，凡是和他有关的人都可能受到他的心理问题的影响。而如果丈夫因生理问题生病住院，则夫妻关系、同事关系等方面往往不会受到影响。显而易见，心理问题比生理问题更应该受到重视。

（资料来源：心理圈）

第二节　大学生时间管理

◎认识大学生的时间管理

“一寸光阴一寸金”，时间的宝贵不言而喻。但有多少大学生能够做到高效地利用时间呢？我们总能看到一些同学整日蜗居于寝室，无所事事，又或是看似整日忙碌却效率低下。光阴似箭，日月如梭，大学四年时光若白驹过隙，如不加以珍惜，一定会后悔不已。如何高效地利用时间是一门学问，让我们通过下面这个测试，来看看你的时间观念怎么样。

练习题

回答以下9个问题，每个问题都有4个选项：“从不”“有时”“经常”“总是”，请如实选择。

（1）我在每学期、每周开始之前，都会为学习计划中的工作做些准备。

（2）凡是能交给别人去做的，我都交给别人去做。

（3）我利用学习或工作进度表来书面规定工作任务与目标。

（4）我尽量一次性处理完每一次的作业、阅读。

（5）我每天列出一个应办事项清单，按重要顺序来排列，依次办理这些事情。

（6）我在学习期间尽量回避干扰电话、不速之客的来访，以及突然的约会。

（7）我试着按照生理节奏变动规律曲线来安排我的学习和工作。

（8）我的日程表留有回旋余地，以便应对突发事件。

（9）当其他人想占用我的时间，而我又必须处理更重要的事情时，我会说“不”。

计分规则：选择“从不”记0分，选择“有时”记1分，选择“经常”记2分，选择“总是”记3分。

如果得分在12分（含）以下，那就说明你没有时间规划，总是让别人牵着鼻子走。如果得分在13～17分，则表明你试图掌握和利用好自己的时间，却不能持之以恒。如果你得到18～22分，说明你的时间利用状况良好。如果你的得分在23分（含）以上，那么恭喜你，你已经能够高效地掌控和利用好自己的时间。

时间管理，是指通过事先规划，并运用一定的技巧、方法与工具，实现对时间的灵活及有效利用，从而实现个人或组织的既定目标。时间管理强调的是对时间的有效利用，以此来最大限度地提高效率。

◎大学生时间管理的技巧

1. 合理规划

不知道同学们有没有这样的经历，有时候找不到事情做，觉得无所事事，但有时候却又事情扎堆，做也做不完。事实上，这就是很多同学在大学里的状态，其原因就在于没有规划好自己的时间。在大学里除了课堂学习，一般我们在课后还会去自习、听讲座、参加社团活动、参加班级活动、运动锻炼，还会去校外逛街购物、参加聚会等。大学生活是多姿多彩的，各种事情林林总总，为使时间过得充实而有意义，同学们可以尝试制作一张时间计划表。这张表可以以课程表为基础，因为上课时间是固定的，然后把自己准备做的事情填在表上，这样就可以参照计划去安排和执行了。

在这里给同学们介绍一个经典的时间管理方法—— “四象限”法。这是由美国著名的管理学家科维提出来的。科维把个人所需要做的工作划分为了“重要”和“紧急”两个维度。分别以这两个维度为横纵坐标，形成四个象限，分别为既重要又紧急（第一象限）的事情、重要但不紧急（第二象限）的事情、紧急但不重要（第三象限）的事情、既不重要又不紧急（第四象限）的事情。如图4-1所示。

图4-1　时间管理“四象限”图

我们要先把事情进行分类，再按照四个象限决定做事的先后顺序。正确的处理顺序应该是：既重要又紧急（第一象限），重要但不紧急（第二象限），紧急但不重要（第三象限），既不重要又不紧急（第四象限）。通常情况下，第一象限的事情必须要尽快完成，如果我们能够做好第二象限的事情，就不需要常常救火似的去忙第一象限的事情。我们80%的时间都应该用在第一象限和第二象限的事情上，控制第三象限的事情，尽量杜绝第四象限的事情。

☑ 案例分析

案例：学生小李以优异的高考成绩进入一所重点大学。一进校他就被多姿多彩的校园生活所吸引，参加了很多学生会和社团活动。慢慢地，他发现自己在上课时精力无法集中，老师讲课也听不进去，总想着学生活动的事情。课后他总是忙着筹备或参加各类学生活动，很少有时间自习，学业逐渐掉队。小李知道问题所在，但他又不舍得放弃精彩的校园活动，总是抱怨每天的时间不够用，感到很苦恼。

案例点评：大家可以按照上文的时间“四象限”法来帮助小李合理规划时间，解决困惑。学习是大学期间最重要的事情，属于第一和第二象限的内容。要想不总是在期末前“临时抱佛脚”，就应该在第二象限的学习任务上多花点时间。大学的校园活动对于提升个人综合素质很有帮助，但要分清主次，不能因为学生活动而荒废了学业，在两者的时间平衡上要学会取舍。小李可以把学习和生活中的各件事情逐一归类到四个象限里，再针对分类情况，理清要避免和舍弃哪些事情，制订时间计划。同一时间专注于一件事，上课时排除干扰，集中精力听讲，适当放弃一些校园活动，安排足够的时间自习，而参加课余活动时也要全力以赴投入其中。

练习题

现在你不妨回顾一下上周的生活与学习，你在哪个象限花的时间最多？请注意，在划分第一和第三象限时要特别小心，急迫的事很容易被误认为重要的事。其实两者的区别就在于这件事是否有助于完成某个重要的目标，如果答案是否定的，就应归入第三象限。

你知道如果在哪一方面持续有优异的表现，对个人生活或工作会有积极的意义？

阅读小贴士　时间“四象限”法则的案例——华为时间管理的精华

根据四象限原则建立起时间块如图4-2所示。

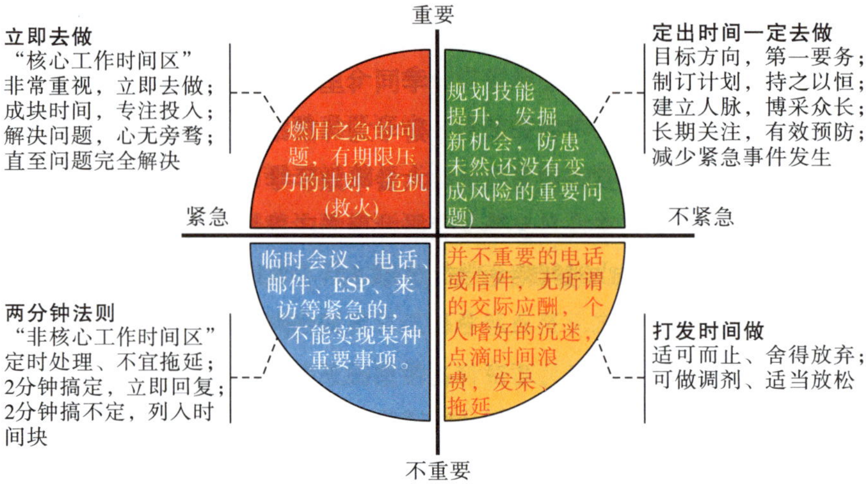

图4-2 时间块

如何应对干扰，如表4-1所示。

表4-1 如何应对干扰

做	不能做
集中处理邮件	以邮件为工作的中心
主动与人预约时间	说“随时都可以”
专注于一项工作	在短时间内频繁切换不同的工作内容
从座位上起立完成短时间的交流	轻易“请坐”
加强日常的沟通	凡事都“会上说”“你到座位上找我”
主动将他人的合作纳入计划	被动的响应
主动建立信息共享平台	让他人来找“你”，而不是找“平台”
主动规划自己重要的工作并专注于它	“来一件处理一件”

2. 克服拖延

很多同学面对即将要做或者规划好的事情总是拖拖拉拉，不肯行动，在犹豫和纠结中就把时间一分一秒地浪费了，从而使很多重要但不紧急的事情转换成既重要又紧急的事。据相关调查统计，大约有75%的大学生认为自己有时拖延，有50%的大学生认为自己一直在拖延。当然任何人或多或少都会有一定的懒惰情绪，而心理学家认为这种拖延行为是一种面对任务时受情绪主导的处事方式，试图用逃避来解决情绪问题，而其中大部分的情绪问题是自己意识不到的。所以当面对这些情况时，我们总是倾向于做一些让自己感觉愉快的事情。

克服拖延最好的办法就是立即去做！这也是时间管理的一条重要原则。对于我们决定要去做的事情，或面对那些不得不做的事情，一定要立即行动，试图给自己最强的心理暗示——虽然我可能并不喜欢做这件事，但是我必须要完成它。

3. 学会拒绝

他人的邀约有时也会打乱自己的计划。答应邀约一方面是出于维系朋友关系的需要，另一方面也可能成为我们松懈的借口。频繁地赴约有时会让自己忙于社交活动，导致应该着重完成和做好的事情被耽误。

同学们在各种邀约面前，一定要分清轻重缓急，尽量遵从已经制订好的计划和安排，集中精力去做最重要的事情。对有些不必要的邀约要明确说“NO！”，要真诚、恰当地表达自己的态度，让对方明白和理解自己的处境。

4. 善于利用零散时间

零散时间看似不起眼，但如果善加利用，就会化零为整、积少成多，大大提高时间的使用效率。很多事业有成的人都是善于利用零散时间的高手。欧阳修就在他的《归田录》中提到，“余平生所做文章，多在‘三上’，乃马上、枕上、厕上也。”

在日常生活中，我们可以在排队等候时去记一些英文单词，在完成某件事后无所事事时思考下一件要做的事情，或做一些类似整理资料、打扫卫生等不太重要但又不得不做的事情……不要嫌零散的时间微不足道，只要利用起来并坚持下去，就会收到意想不到的效果。

5. 保持时间的弹性和灵活性

再周密的计划也会遇到一些突发或紧急的事情，如果你总是把时间表安排得满满当当，那么在遇到这些事情时就会手足无措。因此在时间安排上要给自己预留一定的弹性，使事情尽在自己的掌握之中，以便可以随时抽身去应对那些突发的事件。

阅读小贴士　那些经典的时间管理方法

番茄时间管理法

番茄时间管理法是弗朗西斯科·西里洛于1992年创立的一种微观的时间管理方法。如果你是第一次听说“番茄时间管理法”，你可能会奇怪它为什么叫这个名字。这是因为弗朗西斯科当时使用的是一个形状像番茄的定时钟，由此而得名。

实施方法：

（1）确定你想要做什么。

（2）设定一个25分钟的定时器。

（3）工作，直到定时器时间到。这就是一个“番茄钟”。

（4）休息5分钟，继续下一个“番茄钟”。

（5）每4个“番茄钟”做一次长时间的休息。

因此，根据每个人的实际情况，合理设置一个工作日内的番茄时间段，可以帮助我们提高专注力，在一个时间段内集中于一件事情上。在番茄时间管理法中一个个短短的25分钟内，收获的不仅仅是效率，还有意想不到的成就感。

34枚金币时间管理法

34枚金币时间管理法由努尔艾力·阿不利孜提出，他认为，把虚幻的时间用实在的表格记录下来，能帮助人们更高效地管理时间，给人们带来实实在在的改变，而这一种改变累积起来就是成功。

实施方法：

早上7点起床，晚上12点睡觉，一共17个小时，把它按每半个小时分开，分成34块，就有了34枚金币。开心玩乐，是绿色；高效工作，是黄色；无限制地刷微博、刷朋友圈，就把它标成红色。这么一来，你就会发现，一天的时间，红红绿绿，高效与不高效，一目了然。

因此，只有记录时间才开始意识到自己有多么会浪费时间。若表格大多数都是无效拖延的红色，便能意识到自己浪费了多少时间却什么都没得到。于是在抱着想要一张完美表格的情况下逼着自己做好手头上的事情，多填满高效工作的黄色和开心玩乐的绿色，时刻提醒自己时间的宝贵，切勿拖延。

（资料来源：少年月刊杂志社）

第三节　大学生的财务管理

◎认识大学生的财务管理

踏入大学校门，就意味着你将有机会独立自主地处理和安排个人资金，掌管属于自己的那一部分“财富”。尽管作为大学生，个人收入更多来源于家庭，数额相对有限，但在远离父母监管的情况下，如何合理有效地利用好个人的资金，就成为大学生活中的一个重要问题。常有一些大学新生缺乏个人理财经验，用钱缺乏计划，稀里糊涂地就很快把钱花完了，最终落入“月初花销无节制，月末生活无保障”的境地。

因此，大学生应该掌握一些财务管理技巧，学会精打细算、量力而行，把有限的钱花在最需要的地方，这样做主要有以下几个方面的意义。

1. 有利于增强个人的规划性

学会财务管理不仅仅是个人金钱使用的问题，更重要的是对个人规划能力的培养。有的同学在上大学之前，几乎没有独立生活的经历，通常每天都往返于家庭和学校之间，对金钱的使用完全依赖于父母的控制，从而没能养成合理规划的习惯。合理地管理自身财务，也是对自我规划能力的一种锻炼。

2. 有利于树立正确的金钱观

市场经济时代不可避免地会在社会上出现一种以物质利益为主的导向，造成很多人过度追求物质享受。对于初上大学的新生而言，在没有父母监管的情况下，一旦过度追求物质享受，就会在金钱使用上缺乏个人约束，把钱花在很多不该用的地方。进行个人财务管理是大学生锻炼自我约束能力的有效途径，有利于树立正确的金钱观。

3. 有利于避免由金钱引起的人际纠纷

大学生之间的很多矛盾都是源于金钱上的纠纷，特别是有些同学对自己的生活费随意乱花，在挥霍一空之后又四处借钱。虽然同学之间理应互相帮助，但借钱金额过大、长期不还也会成为同学之间口角纠纷的导火索。

◎大学生财务管理的方法

1. 对个人财务进行规划和预算

同学们在财务上的困境，很多时候都源于对金钱没有规划和预算。有计划性是大学生进行个人财务管理的基本要求，可以通过以下几步来进行。

1）了解并分类自己的常用开支

首先必须要了解常用的开支项目，同时能对其进行分类。在通常情况下，大学生的日常开支分为如下几类。

基本生活开支：衣食住行的必要消费，主要包括一日三餐、日用品以及必要的衣服购置等满足日常生活的开支。

学习拓展开支：为满足学习的需要而产生的费用，如购买书籍和学习用品、报名考证、参加各种类型的培训班等费用，这种消费主要是为自己的学习助力，提升自身的价值。

交际娱乐开支：主要是个人对生活质量追求的一种消费，包括同学聚餐、参加娱乐活动等方面的消费。

2）根据分类制定预算

对自己的消费进行分门别类后，就需要采取预算的方式，对每个月的各项支出大致给出预算，再根据预算去执行。此外，还要预留一定的灵活资金，以备不时之需。比如，每个月可以事先大致规划出食堂伙食开支、生活用品开支等基本生活必备开支，然后余下的钱再分配给可能产生的学习拓展开支以及聚餐费用、购物费用，再预留一定的数额进行灵活开支处理，尽量做到预算开支不超过个人的资金使用额度。

2. 合理控制自己的消费

俗话说，“好钢用在刀刃上”，这句话同样适用于大学生个人的资金财务管理。同学们在管理个人财务时，应做到理性消费，不铺张浪费、不随意花销，保持良好的消费习惯，尽量将自己的钱花在最需要的地方。有一部分同学总有攀比心理，盲目从众，追求一些所谓的潮流与奢侈品，过多地进行“面子消费”，这是绝对不可取的。

个人管理财务开销的最基本要求是，在保证自己正常生活和学习的基础上，再进行交际娱乐性消费。同学们可以花费适量的钱用于更换生活用品，或与同学们共同组织一些活动。同学之间的活动是和谐人际关系的重要方式，但并不意味着要在这些活动上投入过多的金钱，对于此类消费要适可而止。在参加各种交际活动时要考虑自身的实际情况，不可为了所谓的“面子”而进行超出自己承受能力的消费，以至于出现个人“经济危机”。

我们提倡节约，节约是一种美德，但节约并不等于吝啬，对个人消费的合理控制并不意味着需要将花销控制到最小，过于吝惜金钱往往难以融入集体，也容易与同学产生摩擦，进而被集体活动所抛弃。

为了优化支出结构，同学们应该养成记账的好习惯，在月末总结时对各项开支进行分析，明确把钱都用在了哪些具体的花销上。只有这样做，才能在下个月有效地控制那些不必要的开支，优化自己的支出结构。

3. 尝试增加个人收入

科学的理财方式无外乎“开源”与“节流”，如果说控制消费是“节流”，那么“开源”就是要增加个人收入。对于初上大学的新生而言，资金几乎都来源于家庭。事实上，大学也会为同学们提供很多增加收入的机会，如果能利用好这些机会，就可以让自己在财务管理方面做到“游刃有余”。

1）努力学习，争取奖学金

争取奖学金是大学里既能兼顾学业，又能增加收入的两全其美的方式。特别是对于优秀的同学来说，能够争取的奖学金数额是相当可观的。仅国家奖学金一项（本、专科国家奖学金的奖励标准为每人每年8000元），就能基本满足大多数大学生一年的学费。不过，国家奖学金的获取难度较大，全国高校在校生大约有2600万人，每年只能有5万人获此殊荣。除了国家奖学金外，各高校也会设立学校层面的奖学金，通常会分为一、二、三等，覆盖比例也有所差异，如果你学业成绩靠前，各方面发展都不错，每年拿到上千元的奖学金也是很有可能的。除此之外，一些企业或个人也会在高校里设立冠名式的奖学金，奖励方式、奖励金额，不同高校覆盖范围差异较大，同学们可以自行了解所在高校的企业或个人设立的奖学金信息。

2）参与勤工助学

在大学里，另一种增加收入的方式就是参与勤工助学，一边学习一边通过兼职赚取一定的收入。勤工助学不仅能够使同学们获取一定的收入，还能积累社会经验，锻炼实践能力。但是参与勤工助学要付出一定的时间和精力，在这里需要提醒同学们，千万不要让其影响到自己的学业。

其实，在大学校园里就有很多勤工助学的岗位。比如，在辅导员办公室做学生助理，在后勤或保卫部门帮助维持校园秩序等，这些都是锻炼个人沟通交际能力、提高个人综合素质的重要方式。除此之外，学校或学院的很多机关部门也会提供一定数量的学生助理岗位，甚至某些部门还需要一些具备一定专业技能的学生助理。如学校的宣传部通常需要一些写作和摄影能力出色的学生记者，国际交流处需要一些英语能力出色的助理等。如果你正好有一技之长，不妨去参加这些部门的勤工助学，一展才华。同学们也可以在学有余力的情况下，走出校门，参加一些社会上的勤工助学。由于种类繁多，在这里我们就不一一介绍了。需要提醒同学们的是，参加社会的勤工助学，一定要以不影响学业和生命财产安全为第一原则。总体而言，在校园内参与勤工助学相对比较安全，而且时间较为灵活，对自身学业的影响较小。

3）学会理财

在大学期间，同学们就要树立理财意识，可以适当尝试理财，这也是顺应时代的发展趋势。事实上，当前很多同学也有意识地运用了一些理财工具，很多互联网金融产品都得到了同学们的追捧。最常用的就是余额宝，很多大学生都将自己的钱存储在余额宝里，除了支付较为方便外，还能够获得一定的利息收入，这实际上也是一种投资理财行为。

当然，理财并不等于投资，理财重在稳健，而投资是有一定风险的。大学生理财，不是为了聚集财富或保值增值，而是为了锻炼理财能力，有效地控制学费、生活费等方面的开销，从而为完成学业提供经济方面的保障。因此，大学生不宜参与具有风险性的投资。但是有一些大学生就混淆了投资和理财，缺乏风险管理意识，盲目参与一些风险性的投资。如炒股，一些大学生往往只根据一些“小道消息”就盲目参与股票投资，一旦出现风险，就将自己的生活费亏于其中。甚至曾有个别大学生将学费用于炒股，以致于在学费清算时无力还清，影响自己正常毕业。对于一些零花钱较多的同学，可以尝试购买一些稳健的理财产品，适当地参与理财。

阅读小贴士　常用的理财APP

1. 支付宝

支付宝算是推出时间最长、知名度最高的手机理财软件了，不仅可以进行手机充值、信用卡还款、购物、转账，还可以购买理财产品——余额宝，是集理财、投资、消费于一体的手机理财软件。

2. 盈盈理财

盈盈理财手机客户端可以对盈盈理财平台上所有的货币基金、保险理财和稳盈贷产品进行申购、赎回、查看、管理等功能，而目前盈盈理财网页版只能对稳盈贷理财产品进行交易，对货币基金和保险理财产品仅提供查看已申购产品的功能。

3. 51信用卡管家

51信用卡管家是一款具有管理信用卡功能的APP。它通过智能解析信用卡电子账单，来实现持卡人用卡信息管理和个人财务的智能化应用。包含了一键绑定邮箱功能，用户不用录入任何信息，就可以使用信用卡账务管理服务，查阅账单余额、消费明细、免息日计算、各种消费报表等，及时获得还款提醒，操作简单快捷。同时，51信用卡管家还增加了信贷与理财业务，让用户可以更高效地实现个人财务智能化管理。

（资料来源：希财网）

☑ 案例分析

案例：上大学之前，小徐的父母每天都会给他一些零花钱。上大学后，父母考虑到频繁打钱不方便，于是按月给他拨生活费。第一个月，小徐感觉零花钱比以前一下子多了很多，就“大手大脚”起来，结果才过了一周就把钱花得所剩无几，后面几周只能拮据度日。到了月底，小徐实在没有钱了，他又不好意思找父母要，于是不得已就向同学借钱。可到了下个月，小徐还是没有吸取教训，刚开始时仍然“大手大脚”，不仅没有还同学的钱，还又把这个月的生活费很快地花完了，只好硬着头皮再次去借。同学很不乐意，虽然小徐借到了钱，但是他与同学的关系也产生了隔阂。

案例点评：小徐的境况很大程度上来源于长期以来没有个人财务管理的经验。父母对小徐财务的长期管理使其缺乏管理个人财务的能力。因此，同学们进入大学后一定要做好充分的准备，尽早掌握未来独立生活的必备技能之一——理财能力。可以按照前面教给大家的方法，对个人财务进行规划和预算，这样既能保证自己的财务独立，也不会因此给人际交往带来负面影响。

第四节　大学生的网络生活

◎认识网络的“两面性”

如今网络已非常普及，并不断改变着我们的生活方式。特别是大学生群体，对网络的使用率已基本达到了100%。但网络是一把“双刃剑”，它既能从正面引导我们的生活，也会造成一定的负面影响。

从正面来讲，网络为用户提供了大量的资源，便于大学生方便快捷地获取自己所需的信息，这对丰富大学生的学习方式有着重要的帮助。网络不仅为大学生提供了丰富的课程资源，还为其提供了利益表达平台，便于高校管理者准确便捷地了解同学们的心声。此外，网络还能丰富大学生的社会交往方式，使一些平时内向的同学敢于在网络上表达真情实感，帮助自己更好地与人沟通，这对于提高自身人际交往能力是非常有帮助的。

当然，作为“双刃剑”的网络，除了带来这些正面的好处，也会给同学们的日常生活造成一定的负面影响。

1. 网络易对大学生的价值观造成冲击

作为青年学生，其人生观、价值观都还处于形成阶段，很容易受到网络思潮的影响。而网络正如一个“大染缸”，里面的信息繁杂，处于成长期的大学生很容易受到诸如享乐主义、拜金主义、自由主义等思潮的影响，造成自我价值观的混乱。

此外，因为网络的虚拟性，用户在使用网络的过程中很多时候都是以匿名的身份出现。网络的这种特性也让很多同学抱有一种侥幸心理，因为没有强制性约束，以致于在网络上传播不实信息，甚至个别同学还发表一些不负责任的言论。因此，网络的这种特性对于大学生的精神世界的影响是非常具有冲击性的，一旦没有利用好网络，就很容易造成自身的人生观与价值观的混乱。

2. 网络易使大学生沉迷进而影响学业

网络使用虽然便利，但同学们也极易沉迷其中。“网络成瘾”已成为当前影响大学生学习的最重要的因素，很多未能正常毕业的大学生都是因为网瘾而荒废了学业。有一些同学沉迷于网络社交，几乎每时每刻都在刷微博、微信，严重影响了其正常的学习和生活；还有一些同学沉迷于网络游戏，在网络这个虚拟的空间里寻求“快感”，将现实中的不如意发泄于网络游戏中，情况严重者甚至扭曲了虚拟与现实，导致心理层面出现问题。

☑ 案例分析

案例：小江在大一时，因为学校规定不能带计算机，因此他习惯于在课余时间去图书馆看书自习，成绩也不错。到了大二，小江也像身边的很多同学一样，买了一台笔记本电脑。于是他渐渐经受不住诱惑，课余时间常常沉浸在网络上，与同学一起玩游戏。结果大二上学期期末考试，小江的成绩一落千丈，所有课程都不及格。

案例点评：沉迷网络已经成为影响大学生学业成绩的重要因素之一。根据相关调查统计，每天的上网时间与学业平均成绩之间的相关系数为−0.754，表现为高度负相关。为了避免像小江一样留下遗憾，希望同学们养成良好的网络学习习惯，学会自我控制，合理安排上网和玩游戏的时间。在利用网络的过程中，一定要多发挥网络的积极作用，时刻警醒自己，不能只利用网络去娱乐，更不能沉迷于其中。

3. 网络陷阱易给大学生造成经济和人身伤害

网络的隐蔽性和虚拟性致使很多不法分子利用网络行骗。通常这些网络陷阱极具迷惑性，令人难以分辨。网上最常见的陷阱容易出现在网络招聘、网络兼职、网络购物、网络交友等方面。同学们稍不留神，就会被这些网络上的骗局所误导，不仅可能造成个人财产损失，甚至还会带来精神伤害。

◎大学生管理网络生活的方法

1. 明确上网目的，增强上网自控力

大学生需要明确上网目的，自觉利用网络获取信息与资源，通过网络拓展知识。在网络使用过程中要增强个人的自控能力，自觉排除网上干扰。空闲时间可以适当玩玩游戏，放松身心，但切记不可沉迷其中，更不能因为网络游戏而废寝忘食，甚至逃课。

2. 合理利用网络，提高资源获取效率

大学生在使用网络时，要注重提高网络的使用效率，充分发挥互联网的工具性作用。在使用网络的过程中，应当掌握一定的计算机基础知识，掌握基本操作技能，熟练使用各种常用软件。同时，还应利用网络获取各类信息，扩宽视野，利用好网络上的各种数据库资源，提高学习效率。

3. 提高自身修养，坚持规范使用网络

由于网络的隐蔽性与匿名性，个别大学生会在网上出现一些过激行为。如在一些贴吧或网络公共平台上发表过激言论，夸张表达、过度渲染，甚至为达目的胡编乱造，缺乏必要的网络行为规范，突破道德底线地大肆抱怨或谩骂。更有甚者，个别计算机应用能力较强的同学，还通过黑客技术，破坏学校的网站系统，导致服务器无法运行，严重影响到学校的教学与管理秩序。

同学们在上网时一定要遵循网络行为规范，树立正确的行为准则。要对自己在网络上的所有行为负责，任何网络行为都应确保是在法律许可的范围之内，都不能触及道德底线。要时刻保持积极向上的心态，遇事要沉着冷静、理性思考，做到不信谣、不造谣、不传谣，在大是大非面前坚定自己的立场，不随意在网络上过激地宣泄个人情绪。在上网时要保持个人修养，使用文明用语，传递正能量，做到文明上网、和谐上网。

☑ 案例分析

案例：小玲是某大学的一名学生。有一天她听朋友讲，某地有两名女生遇害。小玲在没有辨别真伪的情况下，就将这一消息发到了自己的微博上，想以此赚取点击量。结果这条微博消息传播很快，造成了非常恶劣的社会影响。最终经公安机关查实，是小玲道听途说，不辨真伪地在网络上发布了不实信息。根据《治安管理处罚法》规定，公安机关最终做出对其罚款500元的处罚。

案例点评：小玲的本意仅仅是想获得关注，并没有意识到这样做会产生什么后果。究其原因，是她没有养成良好的上网习惯，法律意识淡薄。大学生应该具备明辨是非的能力，同学们也需要了解一定的法律常识，不能因希望求得关注而去传播未经证实的消息，要自觉抵制网络谣言。同时在一些敏感话题上一定要坚守住底线，既不盲目从众也不哗众取宠。

4. 适度上网，多参加校园活动

在信息时代，人们对网络的依赖性日益增强，这在大学生群体中尤为突出。一些大学生把课余时间几乎都用在了网络上，甚至有个别同学不惜逃课去上网。根据共青团北京市委联合课题组的调查数据：有74.67%的大学生的闲暇时间主要用于上网，有70.3%的大学生平均每天用于上网的时间超过两个小时。事实上，长时间上网对身体健康有很大损害，也会造成做事精力不集中，作息时间混乱，严重影响学习效率。特别是对于缺乏自控力的大学生来讲，长期上网会使其沉迷于虚拟世界而无法自拔。

因此，同学们应适度使用网络，在空余时间多参加校园活动，多与人交往以锻炼交际能力，多参加各类比赛以提高综合素质，而不是在网络世界中虚度时光。

阅读小贴士　全国大学生网络文明倡议书

全国大学生朋友们：

当今时代，信息化和经济全球化相互促进，互联网已经成为我们共同的生活空间和精神家园。中国有6亿网民，其中近3亿是青少年。作为互联网的主要使用者，让我们学习、生活、工作、娱乐的网络空间，真正成为真实便捷的信息网、青年榜样的会客厅、向上向善的故事会、文明理性的舆论场，是时代赋予我们的青春使命。开展“网络文明进校园”主题教育活动，倡导文明健康的网络生活方式，培育崇德明礼的网络行为规范，提高校园网络文明素养，营造清朗的网络空间，意义重大，刻不容缓。

在此，我们向全国大学生朋友们发出倡议：

（1）守好青春底线，做守法的好网民。“无规矩则无方圆，无秩序则无自由”，网络空间从不是“法外之地”，我们要同力共举，树立法治思维，恪守法律精神，守好法律底线，用实际行动为建设法治网络和法治国家贡献力量。

（2）筑牢思想防火墙，做明辨的好网民。锤炼“火眼金睛”，保持清醒头脑，不盲目信谣、不肆意传谣、不恶意造谣，拒绝片面极端的思潮、别有用心的言论，在情理兼修、笃行践履中锻造理性思维，培养和践行社会主义核心价值观。

（3）传播校园正能量，做文明的好网民。面对纷繁复杂的网络环境，我们不能做旁若无人的老好人、置若罔闻的局外人，要主动发声、勇敢担责，用青春的热情弘扬真善美，用青春的“侠气”涤荡假恶丑，让网络成为提振国家信心、凝聚民族信仰、维护社会和谐、促进青年健康成长的能量环。

全国大学生朋友们，互联网影响和塑造着我们，我们也影响和塑造着互联网。作为传播网络正能量的生力军，我们要用行动捍卫国家的精神不被矮化、民族的共识不被丢弃、社会的道德不被遗忘。让我们肩负起青年的责任，从自身做起，从影响身边的人做起，用实际行动争做有高度安全意识、有文明网络素养、有守法行为习惯、有必备防护技能的校园“四有”好网民！

（资料来源：中国网信网）

☑ 案例分析

案例： 小张的作息时间是这样的：13：00，起床、吃午饭；14：00，去网吧玩游戏；17：00，在网吧叫外卖吃晚饭，通宵“练级”；次日9：00，回宿舍睡觉。他几乎把所有的空余时间都用来打游戏，并开始拒绝参加校园活动。大约两个月后，小张发现自己的思维已经跟不上同学们的节奏，脑子里想的都是游戏里发生的事情，遇到事情首先会用游戏中的规则来考虑。他开始感到不适应现实生活，陷入了深深的焦虑中。

案例点评： 小张同学的问题源于他沉迷于网络游戏。根据相关研究显示：长期沉迷网络会造成个人的心理障碍，产生一些心理疾病，如抑郁症、焦虑症、强迫症等。在网瘾面前，同学们首先要学会克制，通过将更多精力投入到学习或锻炼身体等方面来转移注意力；其次要主动寻找一些生活中有意义的事情，不让自己因为无聊而沉溺于游戏世界；最后要用心发现真实生活中的乐趣，如与同学一起参加集体活动、坚持体育锻炼等，不要让网络成为阻碍我们成才的桎梏。面对网瘾，如果无法有效地自我调整，应及时寻求家庭和学校的帮助。

☑ 章节回顾

本章介绍了大学生适应独立生活、时间管理、财务管理和网络生活管理的相关知识。大学生活丰富多彩，常常伴随着新的机遇与挑战。“一寸光阴一寸金”，大学生的时间与财务管理更是价值无限；网络为大学生的发展提供了便捷，但同时也应警惕其中的危害。通过对本章的学习，希望同学们在大学期间学会时间规划，能够科学管理财务并合理利用网络，让自己的大学生活更加绚丽多彩。

☑ 延伸阅读

[1] 高杰. 别让大学毁了你[M]. 北京: 中国友谊出版公司, 2012.

[1] 牛皮糖. 大学生活那点事[M]. 上海: 上海人民美术出版社, 2011.

[2] 张志, 陈进勇. 给大学新生的108个忠告[M]. 北京: 机械工业出版社, 2010.

[4] 宋宝萍, 程霞. 90后大学生活导航[M]. 西安: 西安电子科技大学出版社, 2011.

第五章　协调关系“锦囊妙计”

☑ 本章导读

面对室友，面对朋友，面对老师，面对陌生人，面对……来到大学，告别了中学时代的“小圈子”，太多的人际关系，是否让你应接不暇？想要拥有一辈子的友情，想要感受友情的温暖，想要在疲惫时有一个坚实的肩膀依靠……本章赠你一个“锦囊妙计”，让你学会协调人际关系，并从中感受到它所带来的安全和温暖，在良好的人际关系中受益。

☑ 典型案例

案例1：小静在中学时学习成绩一直都很好，从来都是老师们关注的对象，她也以优异的成绩考入某重点大学。可是上大学后，小静却总是不开心，因为她看到辅导员有时候会叫一些同学去聊天谈心，但是辅导员从来没有主动与自己交流过。她觉得辅导员并不关心自己，于是产生了“既然老师不找我，那我也不去见他”的想法。

案例2：小丽在外地上大学，每年只能利用寒暑假回家。刚上大学时，她常与父母通电话，但久而久之，小丽总觉得父母唠唠叨叨的，有时候会把亲戚朋友的事情反复地讲，而小丽讲的大学里的事情也很难引起他们的共鸣。于是小丽在与父母的通话中越来越表现得不耐烦，主动给家里打电话的次数也越来越少，有时甚至故意不接听父母的电话。

人际关系是大学新生要面临的又一道难题。离开家乡来到大学校园，同学们需要学会独立自主地与他人交往，认识新老师、结识新朋友。而一旦人际关系处理得不好，大家就有可能遇到以上两位同学的困境。因此，学习和掌握基本的人际交往技巧就显得很有必要了。

第一节　大学师生关系

◎大学师生关系概述

在中学时期，很多同学都会有这样的感触：老师总会给我们一种高高在上的感觉，与老师的交流总是“胆战心惊”的。即便在提倡和谐平等的新型师生关系的今天，很多同学与老师相处时也总是“诚惶诚恐”。在大学里，伴随同学们生理上的成长、心理上的成熟，再加上大学相对宽松的管理模式，师生关系呈现出与中学完全不同的特点。其主要表现为师生在地位上日趋平等，师生关系更显轻松和谐，而大学老师也常常成为同学们的良师益友。

在大学里，同学们最常接触的就是辅导员与任课老师，除此之外，也会接触一些从事行政管理工作的老师。我们将大学师生关系大致划分为以下几个层面。

1. 大学生同辅导员的关系

辅导员在高校中扮演着重要的角色，他们是大学生健康成长的指导者和引路人。辅导员具有双重身份，他们既是大学里负责学生管理工作的行政人员，又是开展思想政治教育的人民教师。作为行政人员，辅导员全面负责大学生的日常管理、奖勤助贷、就业指导、心理健康及学生党团建设等方面的工作；作为高校教师，辅导员承担着大学生的思想政治教育工作，既要组织集体活动凝心聚力，又要开展个别谈心思想引导，还要为同学们讲形势政策、职业生涯规划等课程。可以说，辅导员是与大学生接触最为密切的教师群体，也是连接大学生与学校的桥梁纽带。

2. 大学生同任课老师的关系

除了辅导员，同学们还会经常接触到任课老师。大学里的每一门课程通常都会在一个学期内结课，因此同学们在大学四年里会遇到很多任课老师。他们除了教书育人之外，通常还会承担科学研究的任务。因此，大学里的任课老师可能不会像中学老师那样时刻关注着每一位同学的学习。除了课堂，同学们还有可能会在实验室、办公室看到他们的身影。

3. 大学师生关系的其他层面

除了辅导员和任课老师，同学们在大学里还会接触到行政管理人员、教学辅助人员和工勤人员三类教师人群。

（1）行政管理人员。是指在学校或学院机关中从事行政管理工作的人员。

（2）教学辅助人员。是指从事教学实验和图书、电教、计算机维护等教学辅助工作的人员。

（3）工勤人员。是指为保障校园日常教学、科研等工作的正常运行和开展，从事后勤服务的人员。

◎大学师生关系的主要问题

师生关系是大学生活中重要的人际关系之一，在大学校园里，师生关系仍然存在一些问题。

1. 对大学老师缺乏足够的尊重

不得不承认，目前大学校园里还存在一些师生关系的困境，很多都是缘于一些同学对老师缺乏足够的尊重。在日常接触中，有的同学见到老师不打招呼，找老师问问题缺乏礼貌，行为举止过于随意等。在课堂上睡觉、玩手机，或私下聊天，这些行为不仅是对老师的辛勤劳动不尊重，还会打击老师在课堂上教学的积极性，从而造成师生关系的紧张。

2. 与老师缺乏沟通交流

大学的教学特点决定了大学老师相对于中学老师，会面对更多的学生，他们不可能熟悉每一位同学。在前面的章节也曾介绍过，在大学，学生的学习是以自学为主，老师讲授为辅。部分缺乏主动的同学不善于、不乐于、不敢于与老师沟通交流，以致于到毕业时都还可能与老师“形同陌路”，更不要提与老师建立起深厚的感情了。有些同学在遇到事情时不愿向老师求助，不愿与老师沟通，从而错过了很多被帮助或展示自我的机会。

3. 师生交往的功利化

有些同学主动与老师亲近，是抱着明确的功利性目的的，比如，让老师记住自己好给一个不错的平时成绩，在考前方便向老师打听考试题目，或寻求评奖评优时的照顾……从短期看，自己的“小算盘”也许能实现；但从长期效果看，这肯定不利于自己累积真才实学，可能还会误导自己的人生观。

◎大学生如何处理师生关系

1. 尊重大学老师

作为大学老师，他们自身的专业素质都是过硬的。当今高校的任课教师，绝大多数都具有博士学位，甚至很多还是“海归”博士，在学术研究上都有很深的造诣。对于每一次课堂讲授，老师们也都会花很多时间和精力去备课。因此同学们要尊重他们的劳动成果，在行动上表现出来就是课上专心听课，不干扰正常的教学秩序，更不要玩手机或做其他与听课无关的事情，课下认真完成老师布置的作业，态度端正地应对每一次考试。

对待辅导员，同样要尊重他们的辛勤付出，聆听其指导与教诲，服从其安排，主动敞开心扉与他们沟通交流，真正将他们作为自己成长路上的领航者。

2. 理解大学老师

无论是大学任课教师还是辅导员，他们的工作都非常繁忙。任课老师除了基本教学任务以外，还会承担大量的科研工作，研究生导师还需要指导硕士和博士研究生，很多老师因为工作太繁忙，在节假日甚至寒暑假都不休息。目前国内高校的本科生辅导员一般按照生师比200：1配置，也就是说1名辅导员要负责200名本科生的日常管理，工作内容琐碎、繁杂，工作量巨大。虽然辅导员们常常加班，全心全意为同学们服务，但是仍然很难周全地顾及每一位同学。所以，同学们要将心比心，多理解老师们，积极配合、支持他们的工作。

☑ 案例分析

案例：小刘的数学基础不是很好。上大学后，他发现老师在高等数学课上的讲授速度非常快，自己完全跟不上节奏，很多知识点都不能被消化理解。每次下课小刘都想去请教，但是任课老师因为马上还要为其他班级上课，很快就离开了教室。小刘觉得这位老师不负责任，于是对他充满了抱怨。

案例点评：小刘遇到的问题可能也发生在很多同学身上。大学里的任课老师通常会同时承担几个班级的授课任务，在短暂的课间休息时间里需要转换教室，同学们要理解他们的苦衷。像小刘这样积极主动地向老师请教的做法，是值得鼓励的，但也要根据老师的实际情况寻找合适的时机向老师请教问题。如果课间时间不够，可以通过电子邮件或单独预约合适的时间向老师请教。在大学里很多课程都会安排助教，同学们也可以请助教答疑解惑。此外，如果有同学希望能更加深入地学习专业知识、参与科研项目，可以主动联系老师申请加入其科研团队，这样也会增加与老师接触的机会。只有充分理解与尊重，才能收获美好的师生情。

3.主动与老师交流

同学们在尊重和理解大学老师的基础上，还应该积极主动地与他们交流。《致加西亚的信》中写道：“世界会给你以厚报，既有金钱也有荣誉，只要你具备这样一种品质，那就是主动。”积极主动的态度，无论是对于同学们与老师的交流，还是对于大家今后的职场发展，都是大有裨益的。一方面，大学的学习需要同学们积极主动地与任课老师沟通交流。大学课堂时间有限，老师课上只能以点带面地讲重点，如果同学们不主动提出问题，老师会认为大家都已经理解了，这也是大学的教学特点所决定的。因此，同学们可以在课后将关于学习的疑惑通过当面交流、邮件等方式主动向任课老师请教。同时，老师们的丰富阅历和经验会给予同学们包括专业发展、生涯规划等更全面的帮助与指导。另一方面，同学们在学习和生活中遇到自己无法解决的问题时，也应该主动寻求辅导员的帮助。如果同学们遇到困难，自己解决不了，又不选择求助，就很难把问题解决在萌芽阶段，待问题严重到被家人或辅导员发现时，可能就已经错过了被帮助的最佳时期。

☑ **案例分析**

案例：小静在中学时学习成绩一直都很好，从来都是老师们关注的对象，她也以优异的成绩考入某重点大学。可是上大学后，小静却总是不开心，因为她看到辅导员有时候会叫一些同学去聊天谈心，但是辅导员从来没有主动与自己交流过。她觉得辅导员并不关心自己，于是产生了“既然老师不找我，那我也不去见他”的想法。

案例点评：可能很多大学新生都会有与小静相同的感受，习惯了中学老师的重点关注，到大学后似乎感觉受到了冷落。究其原因，一是大学的环境较中学更自由开放，辅导员不可能像中学老师那样进行管理；二是大学辅导员面对的学生群体数量庞大，不可能对每一位同学都特别关注，辅导员的关注点往往集中于那些特别需要帮助的同学。因此，在大学里需要自己主动去与老师沟通，多向老师汇报和交流自己的想法，这样老师才会更了解你、关注你。

第二节　大学生家庭关系

◎大学生家庭关系概述

同学们进入大学，就意味着离开了曾经朝夕相伴的父母，与家庭的关系也将进入新阶段。尽管父母仍然会对你关怀备至，你也时常会想念他们，但由于空间的距离以及自己对大学生活的逐步适应，你对父母的情感依赖也将逐渐降低。由于所处环境和价值观的不同，有些同学可能不愿再把周围发生的事情一一告诉父母，有烦恼也许更愿意向身边的好朋友倾诉。

此外，同学们与父母的沟通方式也会逐渐发生变化。你也许会慢慢发现，自己在父母面前撒娇的机会少了，平等对话的时候多了；在家庭中的“分量”比以前更足了；父母不会再像过去一样对你从严管教，他们会心平气和地跟你交流；家庭里的重要决策也会开始与你商量，而不是由父母完全做主；很多事情，你可以自己拿主意了。虽然同学们在经济上仍然需要依赖父母，但是父母也会更多地将你视为平等的家庭成员。此时的父母可能已不再具有传统意义上的“权威”，不会也很难再将他们的想法强加于你身上。他们可能仍会对你提出期望，但是他们更愿意和你共同规划你的未来。

◎大学生家庭关系的主要问题

新的环境带来家庭关系的新变化，但是这种新变化往往也会给很多大学生的家庭关系带来一定的困境。

1. 与父母缺少共同语言

离开家庭来到大学，意味着你和父母将经历两种截然不同的生活。在大学里，你可能每一天都在感受着不一样的新鲜，经历着不一样的故事，而父母则会继续原有的生活轨迹。你会发现与父母交流的话题越来越少，甚至可能会抱怨父母“土里土气”“什么都不懂”，渐渐地，因为生活圈子的差异，你与父母的沟通交流会变得越来越少。根据《都市时报》对云南90后大学生的抽样调查统计，大约有22%的大学生每次与父母的通话时间只有5分钟左右。你也许会更加适应校园里的生活，更乐于与同学交往，与朋友分享生活中的喜怒哀乐，而父母给你讲的家里的新鲜事、家乡的新变化可能并不会引起你的兴趣。

正是因为这样的差异，很多同学和父母的共同话题变得越来越少，双方的沟通也变得越来越少，这也使部分同学陷入无法处理好家庭关系的困境。

2. 迫切独立的意愿引发家庭矛盾

有些同学初入大学，就迫不及待地希望完全独立，不愿意再听父母的唠叨，不愿意遵从父母的建议，导致家庭矛盾爆发。这部分同学一方面可能由于父母从小管教严格，长期受到父母的约束，离开家庭后非常迫切地希望摆脱父母的束缚；另一方面他们急于在父母面前证明自己有独立生活的能力，但是由于沟通方式不恰当，常常造成与父母之间的误会。大学生拥有独立意识无可厚非，但意识过强容易导致不愿意与父母沟通，不愿意听从父母的教导，甚至有些同学还会与父母发生争执，造成家庭关系恶化。

◎大学生如何处理家庭关系

1. 学会换位思考，理解父母

正所谓“可怜天下父母心”“儿行千里母担忧”，尽管同学们已经是成年人了，但是在父母眼里，你可能永远是一个长不大的孩子。他们可能习惯对你唠唠叨叨，习惯对你嘘寒问暖，习惯给你安排好生活中的一切。为人父母，往往都希望最大限度地为你的成长、发展创造条件。父母的爱是无私的、伟大的，我们只是渐渐不习惯他们对爱的表达方式而已。

虽然说“养儿方知父母恩”，但往往是“树欲静而风不止，子欲养而亲不待”，同学们应该从现在就开始学着体谅父母、理解父母。你可以有自己的想法，也可以表达自己的意见，但是一定要体谅父母的良苦用心，学会换位思考，多站在父母的角度去考虑问题，珍惜父母的爱。

☑ 案例分析

案例：小王以优秀的成绩考入某重点高校，在外地求学，每年只能利用寒暑假回家。父母一直以他为骄傲。刚上大学时，小王还常常与父母通电话。有一次他告诉父母自己在期中考试中，微积分没有及格。父母非常生气，对小王进行了严肃的批评，他很不高兴，在电话里跟父母争吵起来。此后他一直赌气不跟父母联系，父母的电话他也不接。

案例点评：在上大学后，父母或许还习惯于用中学时的方式与你沟通，而这与同学们希望独立、成长的要求形成了矛盾。其实，到了大学，我们每个人都能感受到来自家庭的爱，只不过需要时间去接受父母或亲人表达爱的方式。一旦遇到小王这种情况，同学们最重要的就是要学会换位思考，学会体谅父母，理解他们望子成龙的心情。另外，要学会与父母沟通，对于不能接受的沟通方式，要委婉地告诉父母，寻求与他们快乐相处的方式。

2. 学会与父母沟通

离家在外，儿女永远是父母心中的牵挂。来到大学，同学们会经历想家的阶段，但随着时间的推移，这种思乡的情绪会渐渐淡化，而父母对我们的思念却日益增长。我们应该与父母常交流、多沟通，要常给他们打电话，告诉他们身边发生的新鲜事，汇报自己的学习、生活情况。每逢佳节或父母生日，还应主动送去祝福，有时候一条简单的短信，就足以让他们感动。

此外，还要学会和父母更好地沟通。要学会倾听，保持耐心，听听他们的教诲。也许有些观点你并不认同，也许有的事情你并不感兴趣，但父母的倾诉是他们情感的表达方式，需要同学们保持心平气和的态度，不要与他们争执、赌气，更不能意气用事地说一些冷嘲热讽的话。要多向父母表达自己的想法，相信父母也会理解你、包容你。

3. 用实际行动回馈父母

除了学会沟通，还可以用更多的实际行动感恩父母、回馈父母。比如，利用假期的机会，尽可能地帮他们分担家务；适时地给父母赠送一些小礼物，他们其实并不在乎其价值，而是看重那份心意。

当然，回馈父母最好的行动就是在大学里努力学习，好好表现，全方位地锻炼自己，让自己尽快成长。很多大学生与家庭关系的恶化，正是源于其在大学里的糟糕表现。离开父母的监管，一些同学往往管不住自己，松懈的情绪导致学业成绩一落千丈，令父母无比痛心。因此，优异的成绩不仅是对自己的前途负责，也是对父母最好的回报。

阅读小贴士　大学生如何与父母沟通？

电话篇

给父母打个电话，并没有想象的那样浪费时间

其实父母希望的沟通频率大多在一周2～3次，假设每次10分钟，也就是每周最多不会超过30分钟，而你平时刷微信的时间却远远不止30分钟。

用零碎的时间给父母打电话

也许你会发现，每当你想起要打电话时，已经过了晚上11点，父母已经睡了。不妨抽取一些零碎的时间，如饭后的一小段时间，或刚回寝室还没有开始学习的时候，给父母打个电话。

父母也是你分享快乐的对象

在你向好友分享一天的经历时，别忘了父母才是和你最亲近的人。比如，你在今天的实验课上完成了一件科创作品，回到寝室，你会向室友“炫耀”一番。这时，不妨也告诉父母。很多事情不是不能和父母说，只是你忘了和他们分享。

打电话时聊什么

当你觉得在电话里无话可说时，想一想最近身边发生了什么有趣的、新鲜的事。可以是今天去打球了，也可以是看了什么电影，甚至是室友的八卦也可以拿出来聊聊。总之，你的生活中有许多有趣的话题，而且你的父母愿意认真地听你讲，不用担心他们没有兴趣。

微信篇

尽量不要屏蔽父母

如果你担心父母看到你的状态会反应过激，不妨先和他们解释一下，告诉他们年轻人的微信使用习惯。如果父母还是不能理解，那可以给他们只看一部分的状态。毕竟微信是为数不多的他们了解你的途径。

与父母建一个微信群

建群有许多好处。首先，一件事不需要和父母分别讲两遍；其次，大多数同学主要和母亲沟通得比较多，而和父亲沟通得比较少，建群可以解决沟通不平衡的尴尬局面；最后，当你与父母互动时，三个人可以更为随性地聊天，而不再是一问一答的刻板形式。

（资料来源：学习啦）

第三节　大学同学关系

◎大学同学关系概述

与同学的交往，通常会占据大学生人际交往的大部分时间。大家学习、生活的圈子也主要由身边的同学组成，他们可能是你的室友、同班同学、同年级同学，以及学院的学长、学姐、学弟、学妹，甚至是其他学院的同学。同学关系会贯穿你大学生活的始终。你们在大学校园里相识，既是学习上的伙伴，又是生活中的密友，甚至会成为终生的挚友。

有别于家庭伦理中的长幼尊卑，有别于社会上不同工作职位的高低差别，大学里的同学关系是建立在平等基础上的互助友爱的关系。相比于社会关系，大学同学之间的关系纯洁而真诚、简单而稳定，是值得我们每一个人珍惜、珍视、珍藏的。

阅读小贴士　大学同学能成为终生朋友的19个理由

（1）你们见过对方最糟糕的一面。

（2）在你们最好的岁月里曾为彼此欢呼。

（3）你们习惯同睡一张床。

（4）你们的友情不存在界限。

（5）在考试的压力下，你们努力维持彼此之间的友谊。

（6）你们参加彼此的“家庭剧”。

（7）你们讨厌同样的人。

（8）你们了解彼此的约会史，如同了解自己的一样。

（9）你们不必在对方面前掩饰任何事情。

（10）你们是说枕边话最好的伙伴。

（11）你们不会害怕承认对方对自己有多重要。

（12）你们曾生活在一起。

（13）你们是彼此的死忠粉。

（14）他们愿意陪你，即使你们什么都不做。

（15）你们不必隐藏那个性格怪异而真实的自己。

（16）没什么能比你们在食堂相互陪伴的时光更重要。

（17）你们见证了彼此最糟糕的决定。

（18）他们从不评价你。

（19）在这四年里，你们一起成长。

◎大学生处理同学关系的主要问题

虽然大学里的同学关系是纯洁而又简单的，但因为同学们的性格、生活习惯等各方面的差异，在实际的相处过程中也难免会产生一些问题。

1. 习惯差异引发的同学关系紧张

大学生离开家庭住进校园，就将开始集体生活。同学之间有时候会因为一些行为习惯的差异而产生摩擦。特别是住在同一间宿舍的同学，有人喜欢早睡早起，也有人习惯熬夜；有人习惯干净整洁，也有人比较邋遢；有人喜欢在宿舍大声唱歌、聊天嬉戏，也有人性格内敛，喜欢安静沉思。不同民族的同学，还会有不同的风俗习惯。正是因为这些差异，很容易使同学之间产生矛盾，造成关系紧张。

2. 不合理认知产生的人际关系失谐

在校园里，同学之间的不和谐往往源于部分同学在人际交往中的不合理认知。一些同学在与人交往中过分以自我为中心，只关注自我需求，而忽略他人的需求和存在，不接受他人的观点和意见，导致难以融入集体生活。一些同学极度追求完美，用自己的标准要求别人，难以容忍别人的缺点，在与同学交往过程中缺乏宽容和理解，导致与同学摩擦不断。还有些同学在与好朋友交往过程中自我边界不清，希望好朋友将他（她）的任何事情都告诉自己，认为好朋友之间应该无话不谈，不应该有所保留，导致人际关系失谐。

3. 不善沟通引起的同学矛盾

不善于沟通、不懂得沟通，极易引发同学之间的矛盾。有些同学不注重沟通方式，在拒绝、劝说他人时不讲究艺术；有些同学不懂得沟通原则，在开玩笑时不注重场合，不懂得给人留面子，或出言不逊伤害到他人；还有些同学遇到问题不沟通，习惯以简单粗暴的方式解决问题。

4. 网络社交媒体导致的同学交往虚化

信息网络的发展深刻地改变着当代大学生的交流方式。大家越来越热衷于“织围脖”“晒生活”等网络社交方式，虽然这拓宽了同学之间的交往渠道，但同时也使得同学之间的交流越来越依赖网络。有些同学虽住在同一间寝室，但却不喜欢当面交流，基本全靠QQ、微信等方式进行沟通。有些同学整天对着电脑、手机，在与同学相处时不愿说上一句话。可见，网络社交媒体在一定程度上减少了同学们在现实生活中的交往时间，使得人机关系好了，但人际关系差了。

◎大学生如何处理同学关系

1. 理解和包容他人

大学同学往往来自全国各地，有着不一样的家庭背景、学习经历、成长故事，也有不同的生活习惯。而大学校园本身就是一个多元化的小社会，是一个讲求自由开放的世界。因此，在与人交往时，每一位同学都应该持有宽容接纳的态度，对待身边的一切都要有一颗理解、包容的心。尝试站在对方的角度和立场思考问题，去理解对方的行为。在集体生活中，更是需要大家的相互理解和包容，才能和谐共处。

另外，在宽容待人的同时也要严格要求自己，多多反省自己的行为习惯是不是有所不妥，会不会对他人造成影响。正所谓“己所不欲，勿施于人”，不能以自己所谓的习惯而侵害了其他同学的利益，只有严格要求自己，才能得到同学的尊重和理解，也才能更容易被他人所包容。

☑ 案例分析

案例：大一时，小魏和小李被分在了同一间寝室，可是两人常常产生摩擦。小魏爱干净，喜欢整洁、安静，宿舍里的东西总是摆放得整整齐齐的；小李爱运动，不拘小节，踢球回来时总是把球鞋随地乱丢，袜子也不及时洗，宿舍常常弥漫着一股浓浓的臭味。两人经常为此吵架，关系一直都处不好。

案例点评：小魏和小李之间的不愉快，是典型的因为生活习惯差异引发的矛盾，这在大学集体生活中十分常见。宿舍关系是大学阶段空间距离最近的人际关系，也是纠纷、矛盾相对集中的关系。处理好这一关系，需要寝室同学的相互理解与包容。室友相处，重点在于沟通，要尊重差异，换位思考，多去发现对方的优点，学会求大同存小异，化解隔阂，和谐共处。另外，建议同学们可以在充分尊重大家共同意愿的前提下，商量制定寝室“公约”，达成共识并形成生活行为规范，自觉遵守执行，尽可能地避免类似小魏和小李这样的问题发生。

2. 消除人际交往中的不合理认知

同学交往中的不和谐因素往往来自某些同学在人际交往中的不合理认知。过分以自我为中心、追求完美、总以个人标准要求别人、在人际交往过程中，个人界限不清、“我对别人好，别人也必须对我好”等人际交往中的不合理认知，往往会引发同学之间的矛盾。秉持某种不合理认知的同学，就像一个“刺头”，经常会伤害别人，也容易伤害自己，很难与他人和睦相处。这类同学需要客观地认识并逐步消除自己的不合理认知，努力构建健康和谐的同学关系。

☑ 案例分析

案例：小刘是一个典型的完美主义者。她从不迟到，非常爱整洁，总是把寝室整理得干干净净。她认为做人就应该这样，于是把这种要求带到了人际交往中，对她的同学也是高标准、严要求，与人约会时，若对方迟到几分钟，她就会数落别人不守信用；寝室同学打扫卫生时稍微有哪里没有打扫干净，她就会冷嘲热讽……久而久之，小刘成了一朵带刺的玫瑰，班上的同学都纷纷远离她。

案例点评：小刘的人际交往困惑来源于她的不合理信念。自己认为应该做的事，别人也必须做到，总使用自己的标准去要求别人，导致同学不敢与她接触。小刘要想重建和谐的同学关系，认识并逐步消除其不合理的信念是关键。

阅读小贴士　合理情绪疗法及不合理信念

合理情绪治疗（rational-emotive therapy，RET），也称理性情绪疗法，是帮助求助者解决因不合理信念产生的情绪困扰的一种心理治疗方法。20世纪50年代由阿尔伯特·艾利斯（A. ElliS）在美国发明，合理情绪治疗是认知心理治疗中的一种疗法，因它也采用行为疗法的一些方法，故被称为一种认知——行为疗法。

其理论认为引起人们情绪困扰的并不是外界发生的事件，而是人们对事件的态度、看法、评价等认知信念，因此要改变情绪困扰不是致力于改变外界事件，而是应该改变认知信念，通过改变认知信念，进而改变情绪。他认为外界事件为A，人们的信念为B，情绪和行为反应为C，因此其核心理论又称为ABC理论。

合理的信念会引起人们对事物适当的、适度的情绪反应；而不合理的信念则相反，会导致不适当的情绪和行为反应。当人们坚持某些不合理的信念，长期处于不良的情绪状态之中时，很容易导致情绪障碍的产生。

艾利斯总结的11类不合理信念及相应的分析：

（1）**每个人都绝对要获得周围环境尤其是生活中每一位重要人物的喜爱和赞许。**这个观念实际上是一个假象，是不可能实现的事。因为在人的一生中，不可能得到所有人的认同，即便是父母、老师等对自己很重要的人，也不可能永远对自己持一种绝对喜爱和赞许的态度。因此，如果他坚持这种信念，就可能千辛万苦、委曲求全，以取悦他人，以获得每个人的欣赏，但结果必定会使他感到失望、沮丧和受挫。

（2）**个人是否有价值，完全在于他是否是一个全能的人，即能在人生中的每一个环节和方面都能有所成就。**这也是一个永远无法达到的目标，因为世界上根本没有十全十美、永远成功的人。一个人可能在某方面较他人有优势，但在其他方面却可能不如别人。虽然他以前有过许多成功的境遇，但无法保证在每一件事上都能成功。因此，若某人坚持这种信念，他就会为自己永远无法实现的目标而徒自伤悲。

（3）**世界上有些人很邪恶、很可憎，所以应该对他们做严厉的谴责和惩罚。**世界上既然没有完人，也就没有绝对地区分对与错、好与坏的标准。每个人都可能会犯错误，但仅凭责备和惩罚则于事无补。人偶然犯错误是不可避免的。因此，不应因一时的错误就将他们视为“坏人”，以致对他们产生极端排斥和歧视。

（4）**如果事情非己所愿，那将是一件可怕的事情。**人不可能永远成功，生活和事业上的挫折是很自然的，如果一遇挫折便感到可怕，就会导致情绪困扰，也可能使事情更加恶化。

（5）**不愉快的事总是外在环境的因素所致，不是自己所能控制和支配的，因此人对自身的痛苦和困扰也无法控制和改变。**外在因素会对个人有一定影响，但实际上并不是像自己想象的那样可怕和严重。如果能认识到情绪困扰之中包含了自己对外在事件的知觉、评价及内部言语的作用等因素，那么外在的力量便可能得以控制和改变。

（6）**面对现实中的困难和自我所承担的责任是件不容易的事情，倒不如逃避它们。**逃避问题虽然可以暂时缓和矛盾，但问题却始终存在而得不到解决，时间一长，问题便会恶化或连锁性地产生其他问题和困难，从而更加难以解决，最终会导致更为严重的情绪困扰。

（7）**人们要对危险和可怕的事随时随地加以警惕，应该非常关心并不断注意其发生的可能性。**对危险和可怕的事物有一定的心理准备是正确的，但过分的忧虑则是非理性的。因为坚持这种信念只会夸大危险发生的可能性，使人不能对之加以客观评价和有效地去面对。这种杞人忧天式的信念只会使生活变得沉重和没有生气，导致整日忧心忡忡，焦虑不已。

（8）**人必须依赖别人，特别是某些与自己相比强而有力的人，只有这样，才能生活得好一些。**虽然人在生活中的某些方面要依赖于别人，但过分夸大这种依赖的必要性则可能使自己失去独立性，导致更大的依赖，从而失去学习能力，产生不安全感。

（9）**一个人以往的经历和事件常常决定了他目前的行为，而且这种影响是难以改变的。**已经发生了的事实是个人的历史，这的确是无法改变的，但是不能说这些事就会决定一个人的现在和将来。因为事实虽不可改变，但对事件的看法却是可以改变的，因此，人们仍然可以控制、改变自己以后的生活。

（10）**一个人应该关心他人的问题，并为他人的问题而悲伤、难过。**关心他人，富于同情，这是有爱心的表现。但如果过分投入他人的事情，就可能忽视自己的问题，并因此使自己的情绪失去平衡，最终导致没有能力去帮助别人解决问题，却使自己的问题更糟。

（11）**对人生中的每一个问题，都应有一个唯一正确的答案。**如果人找不到这个答案，就会痛苦一生。人生是一个复杂的历程，对任何问题都要寻求完美的解决办法是不可能的事。如果人们坚持要寻求某种完美的答案，那就会使自己感到失望和沮丧。

（资料来源：节选自百度百科）

3. 学会沟通

正所谓“沟通是架起心灵的桥梁”。只有在沟通中，同学们之间才能分享自己的想法，了解对方的处境，才能相互理解、支持。沟通没有对与错，只有有效和无效之分。在沟通过程中，不管自己说得多么正确都没有意义，达到你所希望的沟通效果才最重要。有意识地培养和掌握一些沟通技巧，可以帮助同学们提升沟通效果。有效的沟通技巧包括：寻找共同话题，主动交往；学会积极倾听；善用赞美与感谢；学会批评与道歉等。

4. 将问题解决在萌芽状态

同学之间相处，难免会出现分歧和小矛盾。面对矛盾，需要积极面对，有效沟通，切不可选择逃避的态度。否则，日积月累，当小矛盾慢慢积累成大问题时，同学之间的隔阂或许已经很难消除。当出现分歧时，待双方都相对冷静后，坐下来尽量平静地沟通，大家可以开诚布公地将各自的观点说出来，这样才能使争执的焦点更加清晰，大家一起商量解决问题的方法，尽可能将问题解决在萌芽状态。

☑ 案例分析

案例：小程是一个大大咧咧的女生，常常生活用品用完了忘了买，就直接使用寝室其他同学的物品。她认为牙膏、卫生纸、洗衣粉等都是一些不值钱的小东西，所以使用时也没有经过寝室同学的同意。寝室里小陈是一个非常细心的同学，她总发现程丽不经过自己同意就使用自己的物品，非常不能接受这种做法，但是觉得为那么小的物品说程会显得自己太抠门，就一直忍着。时间一长，小陈总觉得各种看不惯程丽，开始借其他事情发难程丽，两人冲突与争执不断。最后导致虽然同在一间寝室，两人却没有任何交流。

案例点评：小程和小陈的矛盾起源于一些鸡毛蒜皮的小事，由于小陈没有及时主动地与小程沟通，发展到最后两人产生不可调和的矛盾。如果小陈能及早地将自己的不满开诚布公地与程丽沟通，或许后面的很多冲突都可以避免。

5. 走出人机关系

信息网络所产生的人机关系，无法产生真正的人际互动，部分同学对于网络社交媒体的过分依赖，使得他们在现实中的交往能力减弱，进而导致在现实中的同学关系疏远。同学们应该合理、适度地使用网络社交媒体，放下手机、计算机，回归现实，在与同学日常交流中享受集体生活带来的温暖。

练习题

反映人际沟通风格的PDP性格测试

PDP是行为风格测试的一项工具，其英文全称为professional dynamitic program，行为风格是指一个人天赋中最擅长的做事风格，根据不同的人风格特性的不同，分别用5种动物来代表，分别是老虎型、孔雀型、考拉型、猫头鹰型和变色龙型。以下为该工具的使用方法。

回答下列问题，每个问题有以下5个选项：非常同意，比较同意，差不多，有一点同意，不同意。（注意：回答问题时不是依据别人眼中的你，而是依据你认为你本质上是不是这样来判断的。）

（1）你做事是一个值得信赖的人吗？

（2）你个性温和吗？

（3）你有活力吗？

（4）你善解人意吗？

（5）你独立吗？

（6）你受人爱戴吗？

（7）你做事认真且正直吗？

（8）你富有同情心吗？

（9）你有说服力吗？

（10）你大胆吗？

（11）你精确吗？

（12）你适应能力强吗？

（13）你组织能力好吗？

（14）你是否积极主动？

（15）你害羞吗？

（16）你强势吗？

（17）你镇定吗？

（18）你勇于学习吗？

（19）你反应快吗？

（20）你外向吗？

（21）你注意细节吗？

（22）你爱说话吗？

（23）你的协调能力好吗？

（24）你勤劳吗？

（25）你慷慨吗？

（26）你小心翼翼吗？

（27）你令人愉快吗？

（28）你传统吗？

（29）你亲切吗？

（30）你工作足够有效率吗？

计算得分：

非常同意，5分；

比较同意，4分；

差不多，3分；

有一点同意，2分；

不同意，1分。

把第5、第10、第14、第18、第24、第30题的分加起来就是你的“老虎”分数；

把第3、第6、第13、第20、第22、第29题的分加起来就是你的“孔雀”分数；

把第2、第8、第15、第17、第25、第28题的分加起来就是你的“考拉”分数；

把第1、第7、第11、第16、第21、第26题的分加起来就是你的“猫头鹰”分数；

把第4、第9、第12、第19、第23、第27题的分加起来就是你的“变色龙”分数。

假若你有某一项分数远远高于其他4项，你就是典型的这种属性；假若你有某两项分数大大超过其他三项，你是这两种动物的综合；假若你各项分数都比较接近，恭喜你，你是一个面面俱到近似完美性格的人；假若你有某一项分数特别偏低的话，想提高自己就需要在那一种动物属性的加强上下工夫了。

下面来分析一下5种类型的不同特点：

老虎型（支配型）

“老虎”一般企图心强烈，喜欢冒险，个性积极，竞争力强，凡事喜欢掌控全局、发号施令，不喜欢维持现状，但行动力强，目标一经确立就会全力以赴。它的缺点是在决策上较易流于专断，不易妥协，故较容易与人发生争执摩擦。

个性特点：有自信，够权威，决断力高，竞争性强，胸怀大志，喜欢评估，企图心强烈，喜欢冒险，个性积极，竞争力强，有对抗性。

优点：善于控制局面并能果断地做出决定，这一类型工作方式的人成就非凡。

缺点：当感到压力时，太重视迅速地完成工作，容易忽视细节，他们可能不顾自己和别人的情感。由于他们要求过高，加之好胜的天性，有时会成为工作狂。

孔雀型（表达型）

“孔雀”热情洋溢，好交朋友，口才流畅，重视形象，擅于人际关系的建立，富有同情心，最适合人际导向的工作。缺点是容易过于乐观，往往无法估计细节，在执行力度上需要高专业的技术精英来配合。

个性特点：很热心，够乐观，口才流畅，好交朋友，风度翩翩，诚恳热心。

优点：此类型的人生性活泼，能够使人兴奋。他们高效地工作，善于建立同盟或搞好关系来实现目标。他们很适合需要当众表现、引人注目、态度公开的工作。

缺点：因其跳跃性的思考模式，常无法顾及细节，缺乏对事情完成的执着度。

考拉型（耐心型）

“考拉”行事稳健，不会夸张和强调平实，他们性情平和，不喜欢制造麻烦，不兴风作浪，温和善良。常让人误以为是懒散不积极，但只要决心投入，绝对是“路遥知马力”的最佳典型。

个性特点：很稳定，够敦厚，温和规律，不好冲突。

优点：他们对其他人的感情很敏感，这使他们在集体环境中左右逢源。

缺点：很难坚持自己的观点和迅速做出决定，一般来说，他们不喜欢面对与同事意见不合的局面，不愿处理争执。

猫头鹰型（精确型）

“猫头鹰”传统而保守，分析力强，精确度高，是最佳的品质保证者，喜欢把细节条例化，个性拘谨含蓄，谨守分寸而忠于职责，但会让人觉得“吹毛求疵”。“猫头鹰”清晰分析道理说服别人很有一套，处事客观合理，只是有时会钻进牛角尖里拔不出来。

个性特点：很传统，注重细节，条理分明，责任感强，重视纪律。

优点：天生就有爱找出事情真相的习性，因为他们有耐心仔细考察所有的细节并想出合乎逻辑的解决办法。

缺点：把事实和精确度置于感情之前，这会被认为是感情冷漠。在压力下，有时为了避免做出结论，他们会分析过度。

变色龙型（整合型）

“变色龙”中庸而不极端，凡事不执着，韧性极强，擅于沟通，是天生的谈判家。他们能充分融入各种新环境、新文化且适应性良好，在他人眼中可能是“没有个性”，故“没有原则就是最高原则”，他们懂得凡事看情况、看场合。

优点：善于在工作中调整自己的角色去适应环境，具有很好的沟通能力。

缺点：别人眼中的变色龙族群，可能是较无个性及原则。

（资料来源：豆瓣）

阅读小贴士 卡耐基人际交往的基本技巧

1. 要想采蜂蜜，就不要打翻蜂巢

批评是危险的，因为它常常伤害一个人宝贵的自尊，伤害他的自重感，并激起他的反抗。批评所引起的嫉恨，只会降低他人的士气和情感，同时指责的事情也不会有任何改善。

2. 真心诚意地赞赏别人

天底下只有一种方法可以促使他人去做任何事——给他想要的东西。在你每天的生活之旅中，别忘了为人间留下一点赞美的温馨，这一点小火花会燃起友谊的火焰。那么一个人到底想要什么呢？其中一点就是弗洛伊德所说的“渴望伟大”，或是杜威所说的“希望具有重要性”。林肯曾在写信时提到，“人人都喜欢受人称赞”。威廉•詹姆士也说过：“人类本质里最殷切的需求是渴望被人肯定。”

3. 想钓到鱼，鱼饵必须适合鱼的口味

能够设身处地为别人着想、洞察别人心理的人，永远不必担心自己的前途。首先要把握对方心中最迫切的欲求。如果能做到这点，就可以如鱼得水，否则就办不成任何事情。

（资料来源：腾讯网）

第四节　大学生恋爱关系

◎大学生恋爱概述

爱情是古往今来一个亘古不变的话题，人人都渴望得到一份真挚的感情。大学的爱情因为没有过多地掺杂物质、利益等功利的因素，纯真且弥足珍贵，也成为很多大学生内心的向往。在大学生中流传着这样一句话，“没有谈过恋爱的大学是不完整的”。据麦可思的调查研究显示，被调查的大学生中，近70%有过恋爱经历，大学生恋情已经是大学校园里一道亮丽的风景。

◎大学生恋爱的主要问题

恋爱是美好的，但对于正值青春期的大学生，他们的恋爱也难免存在一些问题。

1. 不成熟的恋爱观念

进入大学，面对突然“解禁”的校园恋情，很多同学并没有做好心理准备，再加上学校教育中相对比较缺乏有关社会交往、心理健康方面的内容，因而很多大学生缺乏正确的恋爱观，这主要表现在恋爱动机不单纯与恋爱行为不恰当。

很多同学追求恋爱的动机只是“玩玩而已”，希望通过恋情来消磨自己的课余时间，缺乏严肃认真的态度。甚至还有同学把恋爱作为自己炫耀的资本，更有些同学在恋爱中夹杂一些物质性与功利化的色彩。此外，还会有一些情侣做出不恰当的恋爱行为，比如，在公共场合表现得过于亲昵，甚至有同学因过早同居，导致怀孕、堕胎，这对恋爱双方及家庭都会造成巨大的伤害。

2. 因恋爱而耽误学习

校园爱情不可避免地会占用同学们的学习时间，尽管很多同学主观上希望将爱情当作学习的动力，但客观上被“丘比特之箭”射中的他们想控制自己内心的激情是很困难的。年轻的恋人们往往会被甜蜜的爱情冲昏了头脑，以至于在别人认真上课时，他们忙着短信“谈情说爱”；在别人自习时，他们匆匆外出赴约；在该熄灯就寝时，他们仍然迟迟未归。通常这样的恋情会挤占大量的学习时间，学习成绩下降和同学之间的关系疏远便随之而来。

3. 恋爱中的非理性现象

在大学谈恋爱，青春的激情被释放，难免会随之带来一些非理性的行为，对恋爱双方造成一定的影响，这些现象主要包括以下几个方面。

（1）攻击倾向：这是在恋爱过程中当感情受到挫折时产生的一种比较极端的负面情绪，包括愤怒、嫉妒、敌意、占有、报复、精神与躯体虐待等。

（2）猜疑：指的是对对方恋爱态度持有的一种怀疑，其产生的原因往往在于个人自卑和缺乏安全感，猜疑很容易造成恋爱双方关系的破裂。

（3）完美主义：有些同学要求自己每一件事情都要做到完美，同时也以同样的标准要求对方，一旦对方没有做到，就会伤心和失望。

（4）过度依赖：产生对对方的过度依赖，并不代表感情亲密，而是一种人格不健全的表现，并非正常的心理需求，这会对双方的情绪产生很大影响。

4. 难以正视情感挫折

大学生处于青春期阶段，心理尚未成熟，遇事容易冲动。因此，很多同学在遭受“情感危机”时，没有选择正确的处理方式。恋人之间因为一些小事发生矛盾，本是很平常的，但往往有人会因此赌气或一时想不开，做出一些伤人伤己的事情。特别是在一段恋情刚刚结束时，失恋的挫折常常会给一些心理比较脆弱的同学带来严重的情绪问题，他们可能会由于一时冲动而做出一些不合时宜的举动。

阅读小贴士 爱情三元素理论

爱情三元素理论是由美国心理学家斯腾伯格提出的。该理论认为爱情存在的三个要素分别是激情、亲密和承诺，并把这三个要素形象地比作三角形的三个边。

亲密（Intimacy）：两人之间感觉亲近、温馨的一种体验。简单来说，就是能够给人带来一种温暖的感觉体验。

激情（passion）：激情是一种“强烈地渴望跟对方结合的状态”。性的需要、身体上的吸引是产生激情的主导形式。

承诺（commitment）：承诺由短期和长期两方面组成。短期方面就是要做出爱不爱一个人的决定。长期方面则是做出维护这一爱情关系的承诺，包括对爱情的忠诚、责任心。两者不一定同时具备。

根据这爱情三要素，斯腾伯格给出了爱情的各种组合：

同伴的爱情=亲密+承诺

这种爱情空洞平淡，没有遭遇激情时那种如坐云霄飞车般的感觉，也缺乏对其他激情的免疫力。

浪漫的爱情=亲密+激情

伴侣双方在生理上、情感上相互吸引却没有承诺，如一场夏日的邂逅，浪漫却又感伤。缺乏承诺的爱情会让人缺乏安全感。

愚昧的爱情=激情+承诺

这种爱情以魅力的吸引和激情为前提，忽视了双方是否真的合适，也没有时间发展亲密的关系，如同一场旋风般的追求，激烈却漂浮。

完美的爱情=亲密+激情+承诺

三种元素完备，双方在享受爱情的过程中不断成长和完善自己，努力为爱情加入新鲜的元素。这样的爱情是完美的，但是非常稀缺，它需要相爱的两个人拥有完善的人格。通过对生活的热爱、对爱情的正确解读和持续的努力培育而最终实现。

（资料来源：节选自百度百科）

◎大学生如何处理恋爱关系

1. 树立正确的恋爱观念

大学生心理状态虽然不太成熟，但这并不意味着对待校园恋情就可以不认真、不负责。不可把校园恋情当作一种情感消费，更不可把恋爱当作一种游戏。恋爱关系的确立一定要建立在双方互相了解的基础之上，并且是在慎重考虑之后做出的决定，带有任何物质性、功利性的目的都是不可取的。不能把恋爱作为一种炫耀的工具，更不能只是追求感官上的刺激，要尊重恋爱对象，同时也是对自己负责。

在恋爱行为中，任何举动都要符合法律规定和道德规范。恋爱举止要文明，在公共场合的行为一定要顾及公众的感受。同时还要正确处理好爱情与性之间的关系，规范自己的恋爱行为。

2. 平衡恋爱与学习生活

在大学里，良好的恋爱关系应该是能帮助两个人互相促进、共同进步。爱情可以作为努力学习的催化剂，激励、监督双方朝着共同的理想目标携手前进。在恋爱过程中，要把握好恋爱与学习生活的平衡，既不影响个人的学业，也不能打乱自己的正常生活节奏。

3. 提升爱的能力

爱是一种能力，是大学生成长中的核心问题之一，校园恋情需要同学们学会去爱。爱的能力包括表达爱的能力、接受爱的能力、拒绝爱的能力以及鉴别爱的能力。同学们要学会如何通过恰当的方式去表达自己的爱意，适当表达自己的情感又不能使对方难堪，更不能“情感绑架”；面对中意的人，自信地去接受他人的爱意，不能因多疑而错失真爱；面对不喜欢的人，伤害不可避免，但一定要艺术地拒绝对方；同时还要清楚地辨别什么是好感、什么是喜欢、什么是爱情，理性地分辨自己情感的类别以及处在哪一个阶段，把握情感发展的方向，这样既不会因为懵懂而失去真爱，也不会因为莽撞而误入情感纠葛。

☑ 案例分析

案例：小金对班上的女生小丽倾心已久，但数次表白都遭拒绝。小金始终不死心，经常在夜里给小丽打电话、发短信，小丽的生活因此备受干扰。辅导员虽然多次劝导小金，但他仍然不肯放弃。久而久之，小金的性格变得孤僻，并开始逃课跟踪小丽，这使得小丽不堪其扰。

案例点评：小金在感情方面是一个非常执着的人，但是他的执着却并不恰当。恋爱应该本着双方自由、自愿的原则，在任何情况下都不应该强迫对方，更不能“情感绑架”。小金因为感情问题，已经严重影响到自己和对方的正常学习和生活。当小金无法正视自己存在的问题，辅导员的劝说也无效时，他应该尽快寻求学校心理健康中心的专业帮助。

4. 学会应对情感挫折

恋爱中的情感挫折往往难以避免，恋人之间的冲突与争吵，或许是家常便饭。但是，当发生争执时，请一定要坚持对事不对人的原则。切忌因为某件小事，全盘否定对方，甚至进行人身和情感攻击；相反，要学会包容与沟通，懂得肯定与赞赏对方，明确你只是不能认同对这件事情的看法，而不是否定他本人。恋爱中的冲突是我们不喜欢的，但也是感情成长过程中不可避免的，如果可以理性地处理好，反而能够促进恋爱双方感情的进一步发展。

失恋是人生中较难承受的一种心理创伤。当面对失恋这样重大的情感挫折时，同学们更要保持一颗平常心。据统计，初恋的成功率仅为3%，也就是说97%的人都必须面对失恋。面对失恋，我们要学会积极地进行自我暗示，将消极的心理暗示“被动地被人抛弃”转化为积极的心理暗示“主动地选择分开”，告诉自己失恋还会给人再恋爱的机会。此外，寻求适当的途径去倾吐和宣泄，可以减少失恋对我们的伤害。通过多运动、饮食调整、多参加集体活动等方式转移注意力，也可以帮助我们尽快调整好状态。当自我调整手段不起作用时，寻求专业咨询人员的帮助也是非常必要的。

☑ 案例分析

案例：小吴是某高校大三的学生，因相恋一年的女友提出分手而郁郁寡欢，于是独自跑到学校附近的一家烧烤店喝闷酒。碰巧，坐在邻桌的是一对大学生情侣，举止亲昵，频频“秀恩爱”，这让小吴越发难受。喝过头了的小吴将一个酒瓶砸向这对情侣，造成其中一人头部受伤。小吴很快就被带到了派出所，酒醒后的他对自己的行为懊悔不已。

案例点评：小吴的行为不能只是归结于一时冲动，而是他在失恋后没能学会如何面对，只好借酒消愁，反而引发了更大的麻烦。爱情不是生活的全部，除了恋人，我们身边还有父母、朋友、同学。面对失恋，每一个人都需要保持平常心，如果想要宣泄，就要选择合适的途径，通过正常的方式转移注意力，做自己平时喜欢的让自己舒服、放松的事，如和好朋友聊聊天、吃顿美食、大哭一场、运动、唱歌等。切不可做出伤害他人的举动，触犯了法律法规，遗憾终生。此外，这个案例的另一方，作为大学生情侣，在公共场合也应当注意自己的言行，举止文明，顾及公众的感受。

第五节　大学生主要社会关系

◎大学生社会关系概述

同学们进入大学，意味着一只脚已经迈入社会，除了在校园内的人际交往，还会涉及与校外人员的交往。大学生的社会人际交往通常包括以下几种形式。

1. 同乡会

参加同乡会是大学生社会交往的一种常见形式。大学生参加的同乡会通常是由在读大学生或已毕业的大学生组成。一般在校园里都会有小型的同乡会，在同一个城市里也会有各高校的同乡学子共同组建的同乡会。相对而言，在同乡会中，同学们的交往对象比较单一，交际内容也较为单纯，通常都是交流大学学习和校园生活的各个方面。

参加同乡会能够让同学们认识更多的同乡，扩大交际范围，找到异地的归属感。同时，同乡会里的高年级同学也会分享学习和生活的经验，有利于新生更快地适应大学里的学习和当地的生活。另外，通过参与同乡会组织的各种活动，还能够丰富课余生活。不过要提醒同学们的是，不能因为参加同乡会，而限制了自己的交际范围，影响了与其他同学的相处。

2. 兴趣组

所谓兴趣组，是源于共同的兴趣而组成的一个群体，有正式的也有非正式的。在社会上存在的这种组织类似于校园内的社团，只是人员组成相对更广泛、更复杂。正式的兴趣组组织相对比较严密，有固定的管理规范和制度，会定期组织活动，如一个地区的球迷协会、健身俱乐部等。而非正式的兴趣组相对比较松散，偶尔会组织一些活动。

通常情况下大学生会通过校园社团的方式拓展自己的兴趣，但还是有一些同学在校园内很难找到志同道合的朋友，如果他们在某个方面的特长比较突出，就可以考虑选择参加社会上的兴趣组来丰富自己的大学生活，扩展自己的兴趣。

需要提醒同学们注意的是，社会兴趣组的成员来源混杂，在与他们的交往中一般都要面对比较复杂的人际关系。因此，同学们参加这些社会兴趣组时，一定要树立自我保护意识和提高鉴别能力，不要落入非法地下组织、传销组织、宗教组织和邪教组织的陷阱。

3. 社会兼职

社会兼职是大学生勤工助学的一种方式。校外的兼职项目一般都会给予报酬，对时间的要求也比较灵活，因此会吸引很多大学生参加。大学生最多选择的社会兼职类型包括家教、销售、翻译、礼仪等。参加兼职工作的过程是大学生提前感受社会、体验社会工作的一种方式。

因为兼职工作社会化的缘故，大学生会接触到更多的人，包括同事、客户等，也会在这个过程中形成一个新的交际网络，对于一些兼职比较多的同学，在社会交往中形成的交际网络已经超过其在校园内的交际范围。而在这类人际交往中，同学们可能会面临社会上各种更为复杂的群体，当然，这在客观上有利于锻炼大学生的社会交际能力，甚至能帮助同学们积累一定的人脉资源。

◎大学生社会交往的主要问题

参与社会交往是大学生走出校园融入社会的重要方式，但在社会交往过程中也不免存在一些问题。

1. 过度参与社会交往，影响学业

同学们参与社会交往本身是锻炼个人交往能力、丰富课余生活的一种方式，但是绝不能以牺牲学业为代价。一些同学在社会交往过程中没有分清主次，将主要精力都用在了社会交往上，占用了大量正常的上课时间和课余时间，严重影响了自己正常的学习和生活，甚至影响了自己顺利完成学业。

2. 缺乏辨识能力，沾染社会不良习气

大学校园环境相对单纯，同学们在学校内的交往也很简单稳定，而校园外的环境复杂得多。作为大学生，心智发育并未完全成熟，缺乏社会经验，又比较容易接受新鲜事物。在社会交往中，有个别同学交友不慎，可能会结识一些社会上的“三教九流”，沾染不良习气，甚至走上违法犯罪的道路，个人前途毁于一旦。

3. 交往方式不恰当，影响人际关系

大学生在社会交往过程中，如何选择合适的交往方式，是大学生社会交往的一大困境，也是很多大学生存在的问题。社会上的人际交往复杂多变，不同的场合需要不同的交往方式，也需要有特定的交往礼仪。一些同学习惯于校园里同学之间率真随性的交往方式，而对社会交往不甚了解，表现得过于随意，忽视了交往礼仪，或选择了不恰当的交往方式，从而影响社会人际关系。

◎大学生如何处理社会关系

1. 适度参加校外社会交往

虽然大学生有社会交往的自由，也有必要通过社会交往来锻炼自己的交际能力，但是大学生毕竟还是在校学生，学习依然是其主要任务，积极投身校园生活才更符合身份特征。

因此，同学们在社会交往过程中一定要坚持适度原则，在校外适当拓展交往范围，选择合适的交往对象，但不宜深陷于复杂的社会关系中，更不能长期混迹于校园外。

2. 注意社交礼仪

社交礼仪是一门学问，是每个人走入社会必须遵守的“游戏”规则。同学们在与社会人士的交往过程中，要懂得尊重对方，使用相应的尊称和礼貌用语，保持一定的修养，举止端庄、行为得体，时刻控制好自己的情绪。特别是在与他人意见相悖时，一定要充分尊重对方的意见，不能固执地以自我为中心。在交往中，只有充分尊重对方，才能得到对方的尊重，也才能让自己在处理各种社会关系时游刃有余。

阅读小贴士　社交礼仪的基本原则

（1）**真诚尊重的原则**：真诚是对人对事的一种实事求是的态度，是待人真心真意的友善表现。真诚和尊重首先表现为对人不说谎、不虚伪、不骗人、不侮辱人；其次表现为对他人的正确认识，相信他人、尊重他人，所谓“心底无私天地宽”，真诚的奉献，才有丰硕的收获，只有真诚尊重，才能使双方心心相印，友谊地久天长。

（2）**平等适度的原则**：平等在交往中，表现为不骄狂，不我行我素，不自以为是，不厚此薄彼，不要傲视一切、目空无人，更不要以貌取人，或以职业、地位、权势压人，而是应该时刻平等谦虚待人，唯有此，才能结交更多的朋友。适度的原则是在交往中把握分寸，根据具体情况、具体情境而行使相应的礼仪，如在与人交往时，既要彬彬有礼，又不能低三下四；既要热情大方，又不能轻浮谄谀。要自尊不要自负，要坦诚但不能粗鲁，要信人但不要轻信，要活泼但不能轻浮。

（3）**自信自律的原则**：自信是社交场合的一份很可贵的心理素质，只有一个有充分自信心的人，才能在交往中不卑不亢、落落大方，遇到强者不自惭，遇到艰难不气馁，遇到侮辱敢于挺身反击，遇到弱者会伸出援助之手。

（4）**信用宽容的原则**：信用即讲信誉的原则，孔子说：“民无信不立，与朋友交，言而有信”。在社交场合，尤其要讲究守时和守约。①守时，与人约定时间的约会、会见、会谈、会议等，决不应拖延迟到；②守约，即与人签订的协议、约定和口头答应的事，要说到做到，“言必信，行必果”。故在社交场合，如果没有十分的把握就不要轻易许诺他人，许诺而做不到，反落了一个不守信的恶名，从此会永远失信于人。宽容是一种较高的境界，允许别人有行动与见解自由，不同于自己和传统观点的见解要耐心公正地容忍。站在对方的立场去考虑一切，是你争取朋友最好的方法。

（资料来源：法晚网）

3. 学会转换角色

每个人在社会中都扮演着多种角色，每个角色都有其特定的规范和模式，是不能彼此替代和置换的。根据不同的角色要求，要适时调整自己的状态以适应角色变换，这就是角色转换。同学们不仅应该接受自己需要扮演多种不同角色的事实，更重要的是，还应做好角色转换。大学生在校园内是学生的角色，而在社会交往中就要根据不同的场合转换不同的角色。

☑ 案例分析

案例：小林是某大学大二的学生，课余时间她选择外出实习来提升自己的实践能力。但小林在实习时，总是用对待同学的方式去对待自己实习单位的上司，不仅直呼其名，还经常开一些不合时宜的玩笑，使其上司对她的表现非常不满而终止了她的实习。

案例点评：小林的行为是一种角色固着的表现。事实上，她混淆了自己的角色，没能将自己在同学中的角色与在职场中的角色区分开。人生其实就是一个大舞台，你在这个舞台上要扮演各种角色。在老师面前你是学生，在父母面前你是子女，在同学面前你是朋友或同学……每种角色都有一定的行为模式。因此，不仅是小林，我们每个人在任何场合都要选择适合这个场合的行为模式，一旦出现角色混乱，就很容易造成人际关系的障碍。

☑ 章节回顾

本章介绍了大学里同学们主要面对的5种人际关系：师生关系、家庭关系、同学关系、恋爱关系、社会关系。大学生活离不开良师益友的陪伴，离不开家庭的支持，离不开同学之间的相互帮助……通过对本章的学习，希望同学们能学会如何在大学里处理好各种人际关系，维系良好人脉，从而使自己的大学生活更加绚丽多彩。

☑ 延伸阅读

[1] 卡耐基. 卡耐基人际关系学[M]. 靳西，译. 北京: 北京燕山出版社, 2007.
[2] 曾仕强, 刘君政. 人际关系与沟通[M]. 北京: 清华大学出版社, 2004.
[3] 桂世权. 大学生人际交往指导[M]. 成都: 西南交通大学出版社, 2007.
[4] 龙妮妮, 郭凌辉. 大学生的情感世界——亲情 · 友情 · 爱情[M]. 武汉: 武汉大学出版社, 2006.

Part3

提升篇　大学之旅技能必修

◆ 学好专业“看家本领”

◆ 拓展素质“锦上添花”

第六章　学好专业“看家本领”

☑ 本章导读

1923年，美国福特公司有一台大型发电机不能正常运转，公司里的几位工程技术人员百般努力都无济于事。公司创始人亨利·福特焦急万分，只好请来德国籍科学家斯特罗斯。

斯特罗斯来到福特公司后，爬上爬下地在发电机的各个地方静听空转的声音，然后用粉笔在发电机的左边一个长条地方画了一条线。“毛病就出在这儿，拆掉多余的线圈就行了。”斯特罗斯说。

技术员照此一试，发电机果然奇迹般运转了。大家对斯特罗斯表示非常地感谢。“不用谢了，给我1万美元就行了！”斯特罗斯说。

“天哪！画一条线就要1万美元？”技术人员大吃一惊。

“是的！”斯特罗斯傲慢地说，“粉笔画一条线不值1美元，但知道该在哪里画线的技术超过9999美元！”

每个人都会画线，但知道在哪里画线就是专业素质。大学是我们为专业素质学习打下坚实基础的地方。什么是大学生专业素质？如何才能提升大学生的专业素质？专业学习和专业创新有何不同？就让我们一起在本章寻找答案吧。

☑ 典型案例

案例1：小李是一名数学专业的学生，因调剂志愿而进入该专业学习。入学后他始终认为，数学专业就是每天对着无聊的数据演算，没有任何的实际价值。这样的认识，让他对专业的学习完全没有兴趣，学习成绩一直不佳。

案例2：小张是一名大二的学生，学业成绩优秀，他看到学校有创新项目支持计划，有意愿申请，但是却不知道如何着手去做，不知道在哪里查阅资料，也不知道如何去找到合适的老师指导，最终放弃了申请。

案例3：小王从高中开始就一直对科技非常感兴趣，在升入大学之前一直有一个做一套污水处理系统的愿望。进入大学后，他选择了环境工程专业，想实现理想却又不知如何着手。

以上三位同学遇到的问题都涉及专业素质。在这里，专业素质可以理解为大学生掌握专业理论知识，运用这些知识解决实际问题的能力，并将获得的专业知识和专业技能内化，形成一种相对稳定的能较为出色地从事专业工作的品质①。本章将从专业知识、专业技能、专业创新能力三个方面对专业素质进行阐述。

第一节　专业知识

◎专业知识的含义

专业知识是指一定范围内相对稳定的系统化的知识②。对于不同专业的同学来说，所需要熟悉和掌握的专业知识体系自然也不同。例如，计算机专业的同学需要学习和掌握计算机系统、计算机网络的体系结构、计算机网络维护及管理、计算机网络安全等方面的专业知识；而金融专业的同学则必须要掌握国家金融政策法规、国内外金融发展前沿和金融发展动态、基本的金融理财业务分析理论等基本专业知识。

专业知识对于大学生而言就像建造房子的地基，没有坚固的基础，房子就会有随时坍塌的危险。大学阶段是学习专业知识的黄金时期，只有掌握了牢固的专业知识，才能修建你所期望的“豪宅”。从实际情况看，当今大学生就业有一个明显的现象，就是很多用人单位在招聘时，会特别关注求职大学生在校期间的学业成绩。而学业成绩也在一定程度上反映了学生对专业知识的掌握程度，这从侧面也印证了专业知识的重要性。拥有良好的专业知识基础，也更有利于同学们毕业后在职场上的发展。

◎当代大学生学习专业知识的现状及不足

几乎每一所高校都非常重视在校学生的专业学习，大学生也将很多时间和精力用在了掌握专业知识上。然而，同学们在学习专业知识的过程中，仍然存在着一些亟待改进的地方。

---

① 郭平. 大学生专业素质与拓展[J]. 求实, 2006(s2): 229-231.
② 陈晓艳. 提高大学生专业课程关注度的研究[J]. 文教资料, 2015(10): 145-146.

1. 对专业知识缺乏兴趣

正如爱因斯坦所说，“兴趣是最好的老师”。如果一个人对自己所学的知识感兴趣，那么他就会表现得非常主动，学习热情也会得到很大提升。即使在遇到问题或感到疲劳时，他也总是乐此不疲、百折不挠地克服困难。但是从大学生专业学习状况调查来看，有一部分同学对专业学习兴趣不高，经常出现逃课、上课、睡觉、课后抄袭作业等现象。

究其原因，一方面是这些同学缺乏对专业的深入了解。正如前文所提到的，有的同学在高考选择专业时很盲目，或完全听由父母，或长辈帮助拿主意；还有的同学因为调剂志愿，认为自己所学的专业是“冷门”，对专业前景比较悲观。在这样的入门状态下，这些同学很难建立起对专业学习的兴趣，于是产生自暴自弃的心理。

另一方面，有些同学缺乏对未来的规划。他们每天的学习都只是随波逐流，被动地接受知识，逃避思考个人未来的发展问题，缺乏主动学习、刻苦钻研的动力，导致学习成绩不理想。长此以往，他们的学习热情就会更低，不知道也不想知道自己要做什么、能做什么，进而形成恶性循环。

2. 专业知识面太窄

在当前这样一个知识经济时代，专业的内涵得到了极大的丰富和发展，专业之间的交叉成为专业发展的动力源。这也意味着越来越多的专业问题，会涉及与之相关的多个专业领域，需要人们综合运用多种学科知识去解决。为适应这种发展变化，大学生应该尽可能地扩大自己的专业知识面，但是有一部分同学却只局限于自己的专业领域。造成此种情况的原因有以下几个方面。

（1）缺乏深入学习或成体系的学习。虽然大学里的课程是分散的，但是知识架构却应该是成体系的。很多时候同学们在学习过程中只是单纯地、孤立地学习某一门课程，而没有认真梳理课程之间的联系，缺乏课程之间的融会贯通，从而导致知识碎片化，不能将所学知识形成体系。

（2）部分同学将知识的学习过分局限于课堂上老师的讲解和教材上的内容，或把知识的学习局限在考试范围内，单纯为了应付作业和考试。等一门课程考完，就把所学的知识忘得一干二净，因而无法构建起个人的专业知识体系。

◎提升专业知识的途径

提升专业知识需要同学们端正学习态度，多途径提升专业知识储备。针对如何提升专业知识，我们有以下几点建议。

1. 全面深入了解专业

大学生应该全面且深入地认识自己所学的专业，这是对专业产生兴趣的基础。如哲学，在很多人的眼里它枯燥无味，对学习、生活没有什么作用。所以每年高考选报专业时，只有极少数的同学第一志愿报考哲学。但其实哲学是世界观，是方法论，是人类对世界本质、发展规律、人的思维与存在的根本关系的思考，是人类认识世界的根本方法。哲学极大地推动着人类社会的发展。所以，大学生要摒弃自己对专业的既定印象，摒弃对专业的偏见，真正了解专业，感受其魅力。只有真正对专业认可了，才会在思想上重视学习，才可能会对学习产生兴趣。

对于如何了解专业，我们给出以下三点建议。

（1）主动与任课老师交流。向老师请教是我们最直接地了解专业的方式之一。除了与任课老师进行知识本身内容的交流探讨外，我们还可以听听老师对专业的认识和研究心得，这有利于我们更准确地把握专业的内涵与发展。

（2）参加学术讲座。讲座是大学校园里独具特色的优势资源，结合大学的平台优势以及高校的育人功能，高校往往能够邀请到很多“学术大牛”前来开讲。但有一些同学总有这样的误区，认为听讲座对自己的学习并没有什么直接的帮助。其实，这种观点是非常片面的。学术讲座不会仅仅以传递基础性的理论知识为目的，而是会涉及深层次的知识以及学术前沿。这些讲座可以帮助同学们了解本专业的“大牛”们在研究哪些领域和方向，从而帮助同学们了解到本专业领域前沿的知识。

（3）利用假期时间去相关单位参观实习。想要了解一个事物的本质，就需要亲自去尝试，前往专业应用的一线，去切身体验专业在实际中的应用，把对专业的认识从感性升华为直观的感受。这也是全面了解专业的有效途径之一。

其实了解专业的渠道还有很多，如网络媒体、学生社团、师兄学长等。通过这些多元渠道，我们就可以加深对专业的了解，进而能客观地、理性地评估自己与专业之间的适合程度。

☑ 案例分析

案例：小李是一名数学专业的学生，因调剂志愿而进入该专业学习。入学后他始终认为，数学专业就是每天对着无聊的数据演算，没有任何的实际价值。这样的认识，让他对专业的学习完全没有兴趣，学习成绩一直不佳。

案例点评：小李是一个典型的由于对专业存在偏见而导致学习兴趣不足的例子。要帮助小李消除对专业的偏见，激发其学习数学的兴趣，可以尝试以下方法：鼓励其阅读学校官方网站的专业及课程设置介绍，参加相关的兴趣俱乐部，与身边的师兄、师姐交流经验，利用假期到相关单位实地了解数学专业在经济、计算机等领域的广泛应用等。

2. 把握学习资源

当今各个高校都为同学们提供了越来越多的学习资源，充分利用好这些资源，我们的专业知识水平就会得到显著提升。除了第三章讲到的部分学习资源，各高校的图书馆也是同学们获取学习资源的有效渠道之一。根据某自媒体发布的“2016中国高校藏书榜”，西南科技大学以1000多万册藏书位居第一，而藏书在500万册以上的高校有24所。这个榜单反映了高校图书馆馆藏资源的丰富。在校期间，同学们应该充分利用图书馆，增加自己的知识储备。另外，不仅是学校图书馆，还有一些公立或私人图书馆，也是值得同学们经常光顾的。以成都市21家公立图书馆为例，读者只需要出示身份证，即可在这些图书馆借阅图书。

3. 加强跨学科知识的学习

提升专业知识水平，既需要学习本专业的相关知识，又需要学习与本专业相关的其他知识。当代很多专业性的问题，都会牵扯到其他学科领域的专业知识，所以这就要求当代大学生要以专业知识为核心，不断地扩展自己的知识面，增加知识储备，有意识地将数学、自然科学、人文科学、哲学等多元知识整合到自己的知识框架中。理工科的学生可以增加一点人文修养，文科的学生也可以提升一些逻辑思维能力，以此促进本专业的学习。

自然世界、人类社会复杂、多样，仅从一个视角研究事物，必然存在局限性，往往不容易揭示事物的本质，也不可能深刻地认识其全部规律。因此，需要同学们从多视角，采取交叉思维的方式，进行跨学科研究，进而形成相对全面的认识。

阅读小贴士 STEM教育方法[①]

STEM，由美国国家科学基金会发起，是科学（science）、技术（technology）、工程（engineering）和数学（mathematics）4门学科的简称，强调多学科的交叉融合。STEM教育并不是科学、技术、工程和数学教育的简单叠加，而是要将4门学科内容组合形成有机整体（图6-1），以更好地培养学生的创新精神与实践能力。

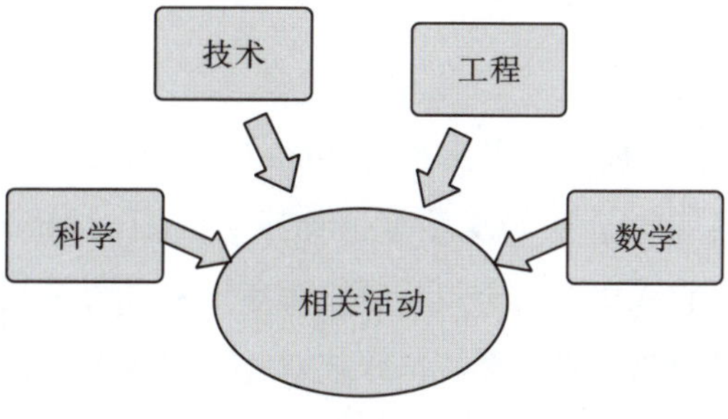

图6-1 基于活动的课程整合模式

① 资料来源：余胜泉，胡翔. STEM教育理念与跨学科整合模式[J]. 开放教育研究, 2015(4): 13-22.

跨专业选修课、图书馆资源、网络资源等丰富的平台，也都为我们接触跨学科的专业知识提供了条件。此外，同学们还可以通过参加一些知识竞赛，巩固和提高个人的专业知识水平。总之，同学们要充分利用好学校、社会、网络等资源与渠道，充实自己的知识锦囊。

阅读小贴士　部分大学生专业知识类竞赛

1. 全国大学生英语竞赛

大赛简介：全国大学生英语竞赛（National English Competition for College Students，NECCS）是经教育部批准而举办的全国唯一的大学生英语综合能力竞赛活动。本竞赛旨在配合教育部高等教育教学水平评估工作，贯彻落实教育部关于大学英语教学改革和考试改革精神，激发广大学生学习英语的积极性，促进大学生英语水平的全面提高，选拔并奖励大学英语学习成绩优秀的大学生。

参赛指南：该比赛分A、B、C、D、E 5个类别，全国各高校的研究生及本、专科所有年级的大学生均可自愿报名参赛。比赛分初赛和决赛。初赛定于每年的4月中旬（4月的第二个星期日）在全国各地同时举行。决赛定于每年5月中旬（5月的第二个星期日）在全国各地同时举行。

2. 全国大学生数学竞赛

大赛简介：全国大学生数学竞赛（The Chinese Mathematics Competitions，CMC）始于2009年，每年由各大高校承办。目的是激励大学生学习数学的兴趣，进一步推动高等学校数学课程的改革和建设，提高大学数学课程的教学水平，发现和选拔数学创新人才。

参赛指南：CMC预赛在每年的10月份举行，决赛在次年的3月份举行，面向的对象为大学本科二年级或二年级以上的在校大学生，竞赛分为非数学专业组和数学专业组。

3. 中国大学生物理学术竞赛

大赛简介：中国大学生物理学术竞赛（China Undergraduate Physics Tournament，CUPT），是中国借鉴国际青年物理学家锦标赛（International Young Physicists' Tournament，IYPT）的模式创办的全国赛事，该项活动得到了教育部的支持，并被列入中国物理学会物理教学指导委员会的工作计划，是实践国家创新驱动发展战略纲要和国家教育中长期发展规划纲要的重要大学生创新竞赛活动之一。

参赛指南：CUPT决赛一般在每年7～8月举行，参赛以团队为单位报名，不接受个人报名，全国各高校均可组织队伍参赛，原则上每所高校派出1支参赛队。每支队伍由5名本科生（不限年级，但在竞赛过程中不能更换）和1名领队组成，领队可以是学生或教师。

（资料来源：我爱竞赛网，http://www.52jingsai.com/portal.php）

第二节　专业技能

◎专业技能的含义

专业技能是指在教育者的指导下，通过学习和训练，日渐形成的操作技巧和思维活动能力①。在大学生毕业求职过程中，很多招聘单位最关注的就是求职者是否具备胜任岗位工作的专业技能，因此大学生的专业技能水平直接影响其在职场上的竞争能力。与专业知识相比，专业技能更侧重于动手实践能力。不同行业对专业技能的要求也不尽相同。例如，从事杂志编辑工作需要有较强的阅读能力和文字表达能力，律师应具有很强的逻辑推理能力，建筑师应具有一定的空间想象能力。

◎当代大学生掌握专业技能的现状及不足

目前，尽管高校都非常重视提高大学生的专业技能，但是同学们在掌握专业技能方面仍存在以下两点不足。

1. 不能充分利用学校的宝贵资源

为了提高学生的专业技能，各个高校都推出了很多举措，如金工实习、暑期社会实践、主题调研、企业参观、毕业设计等，但仍有一部分同学存在提高专业技能主动性不够的问题。这部分同学还处于走好“正步”的低层次阶段，即过分重视学业成绩的高低，对理论知识竭尽全力，却不能很好地将掌握理论知识与解决实际问题结合起来，缺乏专业实践的信心和动力，对学校提供的宝贵资源不能充分利用。

2. 专业技能仍是大学生就业的短板

虽然很多高校每年就业季都会涌现出不少因为专业技能突出而被知名企业高薪聘用的优秀毕业生，但就整体而言，专业技能仍是很多大学生就业的短板。有些同学看似在校期

① 李强. 旅游专业学生即时技能训练的实现路径探析[J]. 职教论坛, 2012(27): 80-83.

间参与过很多提高专业技能的项目，但其动手能力不强的问题仍很突出。很多在校期间成绩优异的学生，在走上工作岗位后出现了适应能力差、适应时间长、解决实际问题能力不足等现象。显然，这些校园内优等生的专业技能水平难以满足社会的实际要求。

☑ 案例分析

案例：小徐是一名刚刚步入职场的应届毕业生，他在大学读的是市场营销专业，专业成绩优异，每年都能获得一等奖学金。在校期间该同学不仅重视专业知识的学习，还加入了学生会的外联部和创新俱乐部，积极参加社团活动，并利用周末时间尝试和专业相关的兼职工作。暑期他还参加了某公司的实习，独立完成用户体验的社会调研并形成研究报告。大四就业季，在很多同学找工作屡屡碰壁时，经过多轮笔试、面试，他顺利地被心仪的某世界500强公司录用。

案例点评：小徐同学能够在竞争激烈、就业相对困难的市场营销专业实现成功就业：一方面得益于其扎实的专业学习；另一方面在于其通过丰富的校内外实践活动锻炼出来的专业技能。与市场营销类似，很多专业的学习不应只局限于书本，而应结合专业要求和特点，大胆地将书本知识应用于具体实践，在实践中发现自己专业素质的不足，再回到书本中提升自己。说不定这也是小徐同学每年都能拿一等奖学金的秘密哦！

◎提升专业技能的途径

有道是“纸上得来终觉浅，绝知此事要躬行”。专业技能的提升离不开实践的锻炼，积极参加专业相关实践，把专业知识转化为专业技能，是提升专业技能的有效途径。

1. 参加各类大学生学科竞赛

同学们可以根据所学专业，选择参加某一项或几项学科竞赛，这是培养锻炼专业技能的一种非常有效的方式。通过学科竞赛牵引，同学们不仅可以了解学科前沿，还可以主动获取专业知识，提高学习的主动性和针对性。通过学科竞赛，同学们除了专业技能得到提升外，还会有不少意外收获——创新精神、协作精神、综合素质等的全面提升。

阅读小贴士

表6-1罗列了大部分全国大学生学科竞赛。

表6-1 部分全国大学生学科竞赛

全国大学生电子设计竞赛	全国大学生高等数学竞赛	全国大学生信息安全大赛
全国大学生数学建模竞赛	全国大学生英语竞赛	全国文科计算机大赛
全国大学生智能汽车竞赛	嵌入式系统专题邀请赛	全国数控技术大赛
全国大学生结构设计竞赛	全国周培源大学生力学竞赛	中国机器人大赛
全国航模科技实践锦标赛	全国计算机仿真大奖赛	全国工业设计大赛

2. 参加专业性学生社团

专业学术型和科技创新型社团都属于专业性学生社团①。社团成员会为共同的兴趣爱好和目标任务，围绕某一专业领域开展学习、交流和探索。这类社团往往会营造出一种集体学习的氛围，形成一个自觉的"学习型组织"。在专业性学生社团里，你不仅可以将所学的专业知识付诸实践，还可以结交到一批志同道合的朋友，在互相激励中提升专业技能。如参加创新创业中心、科协等社团，可以大大锻炼动手实践的能力。

阅读小贴士 部分全球专业性组织

许多全球著名的专业性组织都设有学生分会，旨在促进在校学生与行业专家、监管机构及学术人员的交流，并通过组织一系列的活动或比赛，在实践中提升学生的专业素质。表6-2罗列了部分全球专业性组织。

表6-2 部分全球专业性组织

组织名称	组织简介
IEEE	电气和电子工程师协会（Institute of Electrical and Electronics Engineers, IEEE）是一个国际性的电子技术与信息科学工程师的协会，致力于电气、电子、计算机工程和与科学有关的领域的开发和研究，是目前全球最大的非营利性专业技术学会，其会员人数超过40万人，遍布160多个国家

① 李宣庆. 高校专业性学生社团实践对本科教学的启示[J]. 佳木斯大学社会科学学报, 2009(2): 116-118.

组织名称	组织简介
AAPG	美国石油地质学家协会（American Association of Petroleum Geologists, AAPG）是一个国际地质学家组织，成立于1917年，其宗旨是推进地质学，尤其是石油、天然气以及其他地下流体和矿产资源的研究。作为一个国际性组织，AAPG目前拥有来自116个国家和地区的31000多名会员
IAHR	国际水利工程与研究协会（International Association for Hydraulic Engineering and Research, IAHR）是1935年成立的一个由水利学专家、学者、教授等以个人名义参加的群众性组织，是一个非政府性的学术团体。其目的主要是进行学术交流，为水利工程建设、科学研究及人才培养服务
CMAA	国际注册管理会计师协会（International Certified Management Accountant Association, CMAA）于2013年在香港注册成立。致力于为财务及管理领域的人才提供最前沿的理论方法，提高其管理会计相关专业素质，促进财务人才转型，推动管理会计专业发展
ISPE	国际制药工程协会（International Society for Pharma Ceutical Engineering, ISPE）是致力于培训制药领域专家并提升制药行业水准的世界上最大的非营利性组织之一。在全球拥有25000名会员，成为提供行业信息、法规走势和生产技术等各方面的交流平台，在全球的制药行业发挥着越来越重要的作用
IET	英国工程技术学会（The Institution of Engineering and Technology, IET）成立于1871年，是工程技术领域的全球顶级专业学术学会，专业分类包括能源电力、交通运输、信息与通信、设计与制造、建筑环境5大行业的40多个专业领域

（资料来源：节选自百度百科）

3. 参加专业相关的科研或实践项目

参加一些专业技术含量较高的科研或实践项目，也是提升专业技能的有效手段。举个例子，如果你所学的专业是外语，那么你就可以利用课余时间做一些公司的产品翻译，在实际的项目中提升自己的专业水平。假如你所学的专业是电子信息工程，那么就可以利用课余时间做几个电子设计的“小玩意儿”，变乏味的学习为趣味的探索，设计制作的过程会让你有科学研究的“初体验”，作品完成会让你有强烈的满足感。当然，参加学校专门资助的学生科研项目，也不失为一种简单可行的锻炼专业技能的方法。

阅读小贴士

表6-3罗列了大学生参与科研项目的参考流程。

表6-3　大学生参与科研项目的参考流程

项目阶段	参考步骤	进程建议
初期准备	初期设想，联系指导老师	设计一个基本的课题方向，并寻找相关研究方向的老师，与老师进行沟通
	确定课题，申请立项	确定课题方向，进行资料收集整理，了解学校科研项目平台，准备申请立项
中期开展	项目研究	开展项目研究，制定详细的研究进度表，定期与指导老师进行沟通，按计划推进研究
	项目完善	发现不足，进一步将项目完善
末期结题	项目结项	梳理项目内容，撰写结题报告，如需要结题答辩，还要根据项目内容制作PPT
	项目升华	将自己的研究项目成果进一步拓展，可以以论文的形式将项目研究成果展示，同时可以查找是否有将项目成果转化为实际生产力的可能

阅读小贴士　部分大学生专业技能类竞赛

1. 全国大学生电子设计竞赛

大赛简介：全国大学生电子设计竞赛由教育部倡导，面向全国大学生开展。目的在于推动高等学校促进电子信息类学科课程体系和课程内容的改革，有助于高等学校实施素质教育，培养大学生的实践创新意识与基本能力、团队协作的人文精神和理论联系实际的学风；有助于学生工程实践素质的培养，提高学生针对实际问题进行电子设计、制作的能力；有助于吸引、鼓励广大青年学生踊跃参加课外科技活动，为优秀人才的脱颖而出创造条件。

参赛指南：比赛时间一般是9月末至10月初，赛期四天三夜。该比赛自由组队，每队参赛人员为3名，可设指导教师1名。竞赛采用全国统一命题、分赛区组织的方式，以及"半封闭、相对集中"的组织方式进行。在竞赛期间，学生可以查阅有关纸介或网络技术资料，队内学生可以集体商讨设计思想，确定设计方案，分工负责、团结协作，以队为基本单位独立完成竞赛任务；不允许任何教师或其他人员进行任何形式的指导或引导；参赛队员不得与队外任何人员讨论商量。参赛学校应将参赛学生相对集中在实验室内进行竞赛，便于组织人员巡查。

2. 国际企业管理挑战赛

大赛简介：国际企业管理挑战赛（Global Management Challenge，GMC）是一项获得欧洲管理发展基金会官方认证的横跨全球五大洲的模拟企业管理比赛。它于30多年前起源于欧洲，为一年一度的国际级赛事。它的宗旨是通过仿真模拟的现代化培训手段，在全球范围内提高企业管理及高校商科模拟教学水平，促进各国企业管理技术的规范化。从1980年首届比赛开始，累计超过9万支参赛队、40万人次参赛。该项赛事自1995年引入中国以来，已经连续成功地举办了17届，在全国已颇具规模，由最初的70多支参赛队发展到2012年的全国超过150所高校，近200家企事业单位的近2000支队伍，参赛者累计超过8万人次。GMC已经成为目前中国工商管理模拟商战覆盖面最广、影响力最大的国际级赛事。

参赛指南：该比赛由5人组成的参赛队经营一家虚拟的企业，队员分别扮演总经理、生产、营销、人力资源、财务、研发等部门经理。各公司的决策由GMC核心模拟软件系统处理后，形成公司的《管理报告》，反映该公司决策所产生的市场效果，并以公司股票市场价格作为综合指标，衡量企业的经营效果。

3. 全国大学生数学建模竞赛

大赛简介：全国大学生数学建模竞赛是全国高校大规模的课外活动之一。2015年，来自全国33个省/市/自治区（包括香港和澳门特区）及新加坡和美国的1326所院校、28665支队（其中本科组25646支队伍、专科组3019支队伍）、近86000名大学生报名参加本项竞赛。本竞赛的目的在于激励学生学习数学的积极性，提高学生建立数学模型和运用计算机技术解决实际问题的综合能力，鼓励广大学生踊跃参加课外科技活动，开拓知识面，培养创新精神及合作意识，推动大学数学教学体系、教学内容和方法的改革。

参赛指南：该竞赛以队为单位参赛，每队3人（须属于同一所学校），专业不限。竞赛分本科组和专科组进行，本科生只能参加本科组竞赛，专科生一般参加专科组竞赛（也可以参加本科组竞赛），研究生不得参加。每队可设1名指导教师（或教师组），从事赛前辅导和参赛的组织工作。竞赛开始后，赛题将公布在指定的网址上供参赛队下载，参赛队在规定的时间内完成答卷，并准时交卷。

（资料来源：我爱竞赛网，http://www.52jingsai.com/portal.php）

第三节　专业创新能力

◎专业创新能力的含义

创新具有三个层次的内涵，一是对现实事物当前状况的更新，二是对现实事物当前状况的改变，三是创造新事物代替现实事物。创新的本质是突破，目的是发展①。推陈出新，是人类社会发展的规律，在各个学科专业的发展中也发挥着至关重要的推动作用。尤其是在如今的信息时代，很多领域的专业知识更新换代速度极快，专业知识新陈代谢的周期不断缩短，这对当代大学生提出了很高的要求。同学们不能仅仅被动地接受专业知识，更要学会主动地将专业知识进行"构建"和"再创造"，这个过程即专业创新。同学们掌握专业创新能力，不仅是自我专业素质的提升，对于推动所在学科的发展也有不容小觑的作用。

◎当代大学生掌握专业创新能力的现状及不足

在国家大力推动高校人才培养工作的形势下，我国科技水平显著提升，有很多在校大学生在专业创新中取得了不错的成绩。例如，华中科技大学的大四学生张哲野于一年之内在*Nature*旗下的期刊*Scientific Reports*和美国化学学会旗下的期刊*ACS Applied Materials & Interfaces*上各发表了论文一篇，同时还申请了8项国家专利；南京大学2012级本科生程宇豪在*Nature Communications*上以第一作者发表了学术论文。不仅如此，在国际性专业竞赛中，也越来越多地出现中国学生的身影。西北工业大学代表队在2016年ASC世界大学生超级计算机竞赛（ASC16）中荣获国际一等奖；哈尔滨工业大学的两支代表队在2016联合国人居署组织的国际建筑设计竞赛中分获一、二等奖；清华大学美术学院染织服装设计系学生安达设计的服装作品"踏古"荣获第三届"红衣坊"杯世界华服设计大赛金奖。

通过以上例子可以看出，当代大学生的专业创新能力确实有了一定的进步。但是从整体上看，大学生的专业创新能力仍存在着不足之处，主要表现在以下几个方面。

1. 追求答案的唯一正确性

部分同学在面对问题时总有"非此即彼"的思维倾向。而创新则恰恰相反，不追求答案的唯一正确性，需要推陈出新，产生新的思维火花。如果有"非此即彼"的"思维惯性"，将极大地限制同学们思维的延伸，从而难以创造出新的想法，也就失去了创新的机会。

---

① 林健. 卓越工程师创新能力的培养[J]. 高等工程教育研究, 2012(5): 1-7.

2. 将知识积累拘泥于专业范围

创新的一种重要形式，就是跨专业创新。即不同专业之间相互碰撞，擦出火花，专业与专业之间产生新生事物、新生思路。有些同学受专业知识的限制，总习惯在本专业范围内“闭门造车”。跨专业创新需要同学们具备不同专业领域的知识储备。因此，把自己局限在某一个专业范围内的同学，往往很难实现创新。

3. 为争取学分和获得证书而创新

学分和奖状对于大学生而言，意味着获得奖学金、获得保送研究生的资格等，所以，部分同学把学分和奖状当作自己参加创新实践活动的唯一目标。这些同学在创新过程中的功利倾向，很难让创新行动持久，一旦得到了想要的荣誉，就丧失了继续创新的动力。

◎加强大学生专业创新能力的途径

大学生正处于创造力最活跃的黄金时期。国家、学校为大学生创新创业提供了广阔的平台和丰富的资源。同学们要充分认识到专业创新能力的重要性，才能利用好这些平台和资源，真正做到物尽其用。关于提高专业创新能力，建议同学们从以下几个方面准备。

1. 树立创新观念

同学们要充分认识到创新是个人成长成才的必备能力，也是当代社会对职场“新人类”提出的必然要求。同学们要有意识地去观察、去思考，要有质疑精神，敢于打破对权威、对教师、对课本的迷信。

人类历史发展的过程离不开创新。如牛顿力学在发表后的几百年里一直被人们奉为真理，甚至有科学家断言，“物理学基本是一门已经完成了的科学”。但是普朗克的量子理论、爱因斯坦的相对论为科学开启了另一扇大门；古老的昆曲对于当代年轻人来说显得有些格格不入，但是白先勇先生推陈出新的青春版《牡丹亭》，用精美和青春为古老的艺术注入了新鲜的活力，让沉寂已久的昆曲在年轻人中又焕发了新的生机。

没有亘古不变的真理，任何领域都有可以创新的机会，即使是课本上的结论，也可以去质疑它的正确性，探索比它更好的解决方案。这种批判意识的形成，是走上创新之路的第一步。

2. 开展创新实践

在国家的大力支持和推动下，创新创业相关教育在全国高校均开展得如火如荼。国家、省市、学校，乃至具体到学院、系，都会设立专门的经费，支持在校大学生进行创新创业。2015年，教育部印发了《关于做好2016届全国普通高等学校毕业生就业创业工作的通知》（以下简称《通知》），要求高校要通过合作、转让、许可等方式，向高校毕业生创设的小微企业优先转移科技成果。《通知》明确提出，从2016年起，所有高校都要设置创新创业教育课程，对全体学生开设创新创业教育必修课和选修课，纳入学分管理[①]。教育部此通知的出台，给高校的创新创业教育在政策上提供了有力支持，推动了高校创新创业教育的进一步发展。

在这样的有利环境下，如果同学们能够把握现有机会，开展创新实践，对于提升自己的创新能力，实现个人的突破和飞跃，都将有极大的促进作用。

3. 有效利用学校创新平台

学校是同学们学习专业知识的主要阵地，也是进行专业创新的重要场所。目前，越来越多的高校设立创新创业中心，全方位、立体式支持，在学校层面上为同学们提供创新创业的指导和扶持。例如，东北大学举办"大一创意节、大二科普节、大三科技节、大四创业节"，设立创业先锋班；湖南大学开设网上"虚拟创业学院"，提供线上、线下精品创业课程；上海交通大学开展"本科生研究计划"，让本科生参与到科学研究中，在科研一线提升创新能力。同学们应该充分利用学校搭建的平台和提供的资源，做到在熟练掌握专业知识的基础上，灵活地进行再创造，从而实现"学以活用"。

阅读小贴士　清华大学创新创业平台

为了让学生在动手和实践中培养首创精神和企业家精神，以及领导力、商业技巧和社会责任，清华大学开设了X-Lab、创客空间等，搭建了学生创意创新创业教育的高水平平台，开展了创客日、创意咖啡、创新课程、创业讲座、创客竞赛以及校友导师等丰富多彩的活动。通过举办这些层次分明且循序渐进的创新创业实践活动，清华大学打破了第一课堂和第二课堂的壁垒，实现了课堂教学、科普活动、项目训练、课外竞赛、创业实践的有机融合，为学生的成长搭建了广阔的实践平台和"试飞跑道"。

☑ 案例分析

案例：小张是一名大二的学生，学业成绩优秀，他看到学校有创新项目支持计划，有意愿申请，但是却不知道如何着手去做，不知道在哪里查阅资料，也不知道如何去找到合适的老师指导，最终放弃了申请。

案例点评：小张同学的遭遇对于在校大学生来说并不罕见，很多同学都有积极参与科技创新的意愿，却因为不知道如何着手而没能将想法付诸实践。针对这种情况，有意愿申请创新项目的同学可以先向周围的同学、师兄师姐以及科技社团的同学们请

① 教育部. 高校毕业生就业创业政策百问(五)(2015年版)[J]. 中国大学生就业, 2015(18): 6-9.

教，听取他们的意见和建议；也可以向辅导员老师求助，或向发布创新项目信息的部门老师咨询；同时应该积极关注学校发布的相关政策通知，及时申报。另外，找到志同道合的同学，也是一个项目从构想到最终实现必不可少的条件。与具有同样意向的同学组成科研团队，明确分工、通力合作，往往能产生“1+1>2”的效果。

4. 投身科技创新项目

在高校，专业教师往往是创新创业的主力军。同学们可以有意识地向专业教师“靠拢”，主动了解老师及其团队的信息，根据自己的需求选择加入适合的导师科研团队，在实际课题训练中，提升自己的专业创新能力，或多向导师请教，在导师的指导下开展学习和创新。

☑ 案例分析

案例：小王从高中开始就一直对科技非常感兴趣，在升入大学之前一直有一个做一套污水处理系统的愿望。进入大学后，他选择了环境工程专业，想实现理想却又不知如何着手。

案例点评：兴趣是最好的老师，梦想是努力的动力。很幸运，小王伟同学选择的是和实现自己理想直接相关的环境工程专业。为了实现理想，小王同学首先需要认真学习本专业的知识和技术，还需要拓展该领域的其他知识，如化学、电气、自动化控制、土建等。然后可以前往学院办公室或辅导员处进行咨询，了解学院老师所从事的科研方向，寻找能给予自己帮助的导师。在找到合适的导师后，小王还需要经常主动地联系老师，寻求进入老师的科研团队进行学习的机会，一步步接近自己的理想。

5. 参加科技创新竞赛

为了鼓励大学生进行创新，很多高校每年都会举办各类科技创新竞赛或活动。这不仅丰富了同学们的课余生活，还为大学生提高专业的创新能力创造了条件。将课本上的知识转变成手中解决实际问题的工具，这对同学们来说是一件多么值得期待的事啊！

据研究统计，在科技竞赛中取得优异成绩的学生，在未来就业、创业和出国深造等方面，相对于其他学生都会有非常明显的优势。这种优势已经成为一种可持续发展的人才效应。在科技竞赛中取得优异成绩的同学，很快就会成为就业市场上的“香饽饽”，也很容易成为今后职场上的佼佼者。

阅读小贴士　部分大学生专业创新能力类竞赛

1.“创青春”全国大学生创业大赛（原“挑战杯”）

大赛简介：“创青春”全国大学生创业大赛，简称“创青春”，是“挑战杯”中国大学生创业计划竞赛的改革提升。该赛事旨在将激发创业与促进就业有机结合，打造整合资源服务大学生创业就业的工作体系和特色阵地；将创业引导与立德树人有机结合，打造增强大学生社会责任感、创新精神、实践能力的有形工作平台。在原有“挑战杯”中国大学生创业计划竞赛的基础上，自2014年起开展“创青春”全国大学生创业大赛，每两年举办一次。

参赛指南：“创青春”全国大学生创业大赛下设三项主体赛事，包括“挑战杯”大学生创业计划竞赛、创业实践挑战赛、公益创业赛。其中，大学生创业计划竞赛面向高等学校在校学生，以商业计划书评审、现场答辩等作为参赛项目的主要评价内容；创业实践挑战赛面向高等学校在校学生或毕业未满5年的高校毕业生，且已投入实际创业3个月以上，以经营状况、发展前景等作为参赛项目的主要评价内容；公益创业赛面向高等学校在校学生，以创办非营利性质社会组织的计划和实践等作为参赛项目的主要评价内容。

2.“互联网+”大学生创新创业大赛

大赛简介：“互联网+”大学生创新创业大赛始于2015年，由教育部牵头主办，旨在深化高等教育综合改革，激发大学生的创造力，培养造就“大众创业、万众创新”的生力军；推动赛事成果转化，促进“互联网+”新业态形成，服务经济提质增效升级；以创新引领创业、创业带动就业，推动高校毕业生更高质量创业就业。

参赛指南：该比赛以团队形式开展，每个团队人数为3～5人，指导教师1～2人。比赛分为创意组初创组、成长组、就业型创业组。比赛分为校级初赛、省级初赛和全国总决赛三个赛段。3～5月为比赛报名阶段，6～9月进行初、复赛，10月左右进行全国总决赛。

（资料来源：我爱竞赛网，http://www.52jingsai.com/portal.php）

阅读小贴士　科技创业

宁波工程学院的何金挺同学在大学时参加了“浙江省大学生结构设计大赛”并获得一等奖，在准备专业竞赛时，他较多地接触了智能家居系统，便萌生了依托专业创业的想法。毕业不久他就创建了“智轩物联”智能家居公司，创业4年来，现已拥有自主专利4项，全国各地的ThinkHome品牌智能家居体验厅达到110多家，年营业额超3000万元。

练习题

创新能力小测验

- 请列出15种杯子的用途。
- 如果有一个人在看报纸，但是他的报纸是拿倒了的，请列出5种可能的原因。
- 一分钟词语联想：

葡萄——（　）——（　）——（　）——（　）——（　）——（　）——（　）——（　）——（　）——（　）——（　）——（　）——（　）——（　）——（　）

选择分析题

（1）你总是很难对各种事物产生兴趣。

A. 是　　B. 否

（2）你不看好别人做一些没有把握的事情。

A. 是　　B. 否

（3）你喜欢那些埋头苦干的人。

A. 是　　B. 否

（4）你是否在面对事情时都极其理智，从不靠直觉行事。

A. 是　　B. 否

（5）在面对困难时，你是否习惯找别人帮忙，而不是自己想办法解决问题。

A. 是　　B. 否

（6）你是否认为老师、课本上的观点都是正确的，从未想过质疑。

A. 是　　B. 否

结果分析：如果你选择A选项较多，证明你的思维中理智成分较多，创新精神需要加强；如果你选择B选项较多，说明你具有创新精神。

☑ 本章节回顾

本章旨在帮助同学们对大学生专业素质有更加系统的认识，能够更加深刻地认识到大学专业知识学习、专业技能提升、专业创新能力培养的重要性，让同学们对大学阶段的专业学习有更加明确的目标和方向。“海阔凭鱼跃，天高任鸟飞”，希望同学们能够结合本章的内容，主动采取行动提升自己的专业素质。

☑ 延伸阅读

[1] 赵中建. 美国STEM教育政策进展[M]. 上海: 上海科技教育出版社, 2015.
[2] 高欣. 大学生科研训练理论与实践（人文社科类）[M]. 南京: 南京大学出版社, 2014.
[3] 陈叶海, 贾志永, 王彦. 大学生创新创业基础[M]. 成都: 西南交通大学出版社, 2016.
[4] 曹培强. 大学生创新教程[M]. 北京: 中国人事出版社, 2015.

第七章　拓展素质"锦上添花"

☑ 本章导读

在大学里，除了努力学习，同学们还要不断提升个人的综合素质。身处大学"象牙塔"里，你也许会认为这是一个"看脸"的社会，或是一个"拼爹"的时代。但是，当你走出校门面对激烈的社会竞争时，你会发现良好的综合素质才是你真正的"尚方宝剑"，它可以帮助你更好地立足于社会，迎接未知的挑战。那么，综合素质到底包括哪些方面？如何才能提升自己的综合素质？这些问题都将在本章找到答案。心动不如行动，快来开启你的探索之旅吧！

☑ 典型案例

案例1：在一次暴雨中，一位老人不慎摔倒。在人来人往的街上，有人停下来看一眼随后便走开，还有人直接熟视无睹，始终没有人将老人扶起。十多分钟后，终于有几个路人停下来，在其中一人录像拍摄的情况下，才将老人从地上扶起来，但此时老人已经没有了呼吸。

案例2：小张同学对电子设计非常感兴趣，在一次比赛中认识了几个志趣相投的朋友，共同加入了科技协会，时常在一起进行交流学习，不断锻炼提升自己的科学素质。之后他成功入选学校机器人队，代表学校参加国际机器人大赛并获得冠军。因为比赛成绩优异，小张获得保送研究生的资格。

案例3：部分大学生存在由于学业的压力过大而逃避体育锻炼的现象，清华大学的"眼镜飞人"胡凯则给出了一个漂亮的回击。曾获得2005年全国田径锦标赛百米冠军、2005年泰国田径公开赛百米冠军、2005年伊兹密尔大运会百米冠军、2005年11月东亚运动会百米冠军的"眼镜飞人"胡凯是清华大学经济管理学院的在读研究生，他入校前从未参加过任何专业运动队的训练，是清华大学一手培养起来的"飞人"。在优异的竞技成绩背后，胡凯的学业成绩并没有落后，他在研究生阶段各科成绩几乎都在80分以上。

以上三个案例都涉及大学生的综合素质。“扶老人”事件引发我们对公民素质的思考；小张同学的成功表明科学素质对于大学生的重要性；“眼镜飞人”胡凯则用自己的实际行动表明，锻炼身体与努力学习完全可以平衡兼顾。本章将从公民素质、科学素质、人文素质、身体素质、心理素质、领导力、政治素质等7个方面，探索大学生的综合素质。

第一节　公民素质

◎公民素质的含义

公民素质是公民在社会活动中体现出来的一种能力，包括思想道德素质、教育科学文化素质、法律素质等。对于大学生来说，公民素质主要体现在民主参与意识、环保及公益意识、社区意识及公德心等方面。例如，了解和关心学校的发展，积极参加学校或班级组织的各类活动属于民主参与意识；把自行车停放在规定的停车区域内，不为了抄近路而去踩草坪等则属于环保及公益意识。公民素质是个人综合素质的直观体现，从大学校园生活的点点滴滴去提升自己的公民素质，对个人未来的发展也是大有裨益的[①]。

◎大学生公民素质存在的问题

1. 缺乏一定的道德修养

追求高尚的道德修养是中华民族优秀的文化传统，也是公民素质的一部分。大学生所处的年龄段正是世界观形成的重要时期，也是良好的道德修养和健全人格形成的重要时期。从整体上看，当代大学生普遍具有较好的道德修养，不过在某些方面仍有薄弱环节，如道德信念不强、自我主义明显、缺乏诚信意识等。

☑ 案例分析

案例：在一次暴雨中，一位老人不慎摔倒。在人来人往的街上，有人停下来看一眼随后便走开，还有人直接熟视无睹，始终没有人将老人扶起。十多分钟后，终于有几个路人停下来，在其中一人录像拍摄的情况下，才将老人从地上扶起来，但此时老人已经没有了呼吸。

案例点评：案例中反映的情况，可以追溯到一个关于扶老人的新闻事件上——

① 温婧. 公民素质教育的意义、内容与途径[D]. 呼和浩特: 内蒙古师范大学, 2013.

南京徐老太事件。2006年11月20日上午，南京市民徐寿兰女士在某公交车站等车时摔倒。据徐老太称她是被正在下车的市民彭宇撞倒的，要求彭宇赔偿医疗费用；而彭宇则称他在下车时见老人摔倒后将老人扶起并在其亲属到来后一起送该老人到医院，还垫付了200元的医药费。由于双方对事件描述迥异，难以达成共识，徐老太将彭宇告上了法庭，判决的结果是彭宇应该赔偿40%的损失费共计45876.36元。

这个新闻报道的影响非常大，判决结果引起了社会广泛争议，也造成了民众对于扶老人后果的畏惧。作为当代大学生，我们也害怕被人无端讹诈，同时又不能坐视不理、见死不救，所以应该寻求两全其美的解决办法。在将老人扶起前，尝试寻找证人或拍照、拍视频取证等，或许都是解决大家后顾之忧的方式。希望同学们能学会用智慧和自己微薄的努力消除对扶老人后果的畏惧和担忧，让我们生活的社会更加温暖。

2. 法律意识较为薄弱

学习和运用法律，是大学生必不可少的素质要求。如今，法制教育已经走入了课堂，越来越多的同学通过学习，增强了法律意识，提高了法制观念。不过仍然有些同学对法律知识的了解程度还仅仅停留在课本上，或为了应付考试，法律意识相对还是比较薄弱。同学们不仅要“学法、懂法、守法”，还要学会“用法”，要在日常生活中学会运用法律的武器保护自己，维护校园和社会秩序。

3. 校园事务和公益活动参与度有待进一步提高

大学校园里有很多校园公共事务等待大家去积极参与、建言献策，这是锻炼大学生公民素质的宝贵机会。但是也有同学认为只要自己学习成绩好，其他的事情都是次要的。殊不知，对校园内发生的事情态度冷漠，缺乏参与，今后走入社会也很难成为一名合格的公民。积极参加学校的公益组织，可以潜移默化地增强我们的责任意识，提升个人的公民素质。与综合性大学相比，理工类高校的同学尤其需要提高参与公益活动的积极性。有的同学参加活动的目的过于功利，使得他们只热衷于各类立竿见影、成效显著、有实际利益的活动或事务，而对于公益类、服务类的社会活动鲜有问津。

☑ 案例分析

案例：某高校在成功申请到全国大学生某体育赛事的举办权后，紧锣密鼓地开展各项筹备工作。为做好组织工作，需要在各个院系招募一批志愿者。小王本来是学院推荐的候选人之一，但他觉得志愿者服务不仅辛苦，还要占用不少课余时间，担心会影响自己的学业，最终放弃了志愿者的选拔。

案例点评：小王同学因为志愿者服务辛苦、担心志愿者服务会影响学业而放弃志愿者选拔的机会，表现出他对大学生公益活动的错误认知。参与全国性赛事的志愿者服务活动，对于每一位在校大学生来说都是难得的机会，不仅可以开阔视野、丰富人生经验，还可以锻炼和增强参与社会事务和公共事务的能力。当然，同学们也应该学会合理安排学习、生活、活动的时间，在兼顾学业的情况下珍惜每一次提升自己综合素质的宝贵机会。

阅读小贴士　哈佛大学：关心他人和公益将成为学校的主要录取条件

近日，哈佛大学招生新议案揭示了未来美国大学录取的新动向，包括常春藤盟校、麻省理工学院、斯坦福大学等绝大多数美国名校，都表示支持“让关爱他人之心在年轻人心中普及”这一招生理念。

从今以后，美国大学的招生官将更加看重孩子在家庭以及自己生活的社区中做的义务服务。除此之外，招生官也会对学生做义工的时间长短有更苛刻的要求。学生除了在志愿者经历中体现关心他人和公益，还要对前辈们为社会所做的贡献表示感恩，并体现出为未来一代创造更美好的世界的责任心，这样的学生将尤其受到招生官的垂青。

（资料来源：搜狐教育）

◎提高大学生公民素质的途径

1. 树立公民意识，加强道德修养

提升个人公民意识首先需要同学们加强学习，了解国家基本的政治制度、法律法规，既要懂得争取和维护自己的合法权利，又要积极承担自己应尽的义务。同时，同学们还需要不断地加强个人道德修养，提高自己的职业道德和社会公德水平。

党的十八大提出了社会主义核心价值观，其中“爱国、敬业、诚信、友善”就是公民个人层面的价值准则，覆盖了社会道德生活的各个领域，是公民必须恪守的基本道德规范，也是评价公民道德行为的基本价值标准。

☑ 案例分析

案例：大学生小刘有一次因病就医。当时正值医院挂号高峰期，小刘只能和其他人一样，静静地排着十几米的长队。排了将近一个小时，眼看就要挂上号了，突然，他发现在自己前面不远处有一个小伙子恰好遇到熟人，就顺便插了队进来。小刘非常气愤，但是看到周围的人也没说什么，自己心想多一事不如少一事，便也对此置之不理。

案例点评：本例中小伙子插队的情况显然属于不文明行为，破坏了社会秩序，违背了社会公德。身为大学生的小刘，作为当事人，本该站出来阻止这一行为，但是他却抱着多一事不如少一事的心态，对此置之不理，任其发展。如果这种类似的事情在我们身边发生，大学生应该主动劝阻，避免此类行为的再次发生。

阅读小贴士 大学生道德楷模—江雨佳

江雨佳同学是南阳师范学院的一名普通学生。身为“卧龙学子”，江雨佳自进入南阳师范学院以来，就以“好事无大小，做了就是美”为做人做事准则。2013年寒假期间，江雨佳在豫浙两地自费发起“鞭炮换礼品”活动，她拿出700元压岁钱，购买了一些日常生活用品来交换居民家中的鞭炮，并倡议市民争做“弃炮族”，少放烟花爆竹，远离火患、远离雾霾。2014年暑假，她主动走上街头，开展香烟换巧克力“街头劝戒烟”活动，在3天时间里，共有250位市民同意了她的戒烟建议。2014年国庆长假期间，江雨佳同学自发走进温岭市坞根镇革命老区开展“爹娘的微笑”公益摄影活动，在7天时间里，她共为103位60岁以上的老人拍照，并将冲印出的照片赠送给他们。她先后发起“我陪孤寡老人过春节”“寻找关爱抗战老兵”“暑期独自赴老区支教”“寒冬深夜当‘更夫’，巡逻敲梆保民安”“第一个为修缮‘红色遗产’捐款”“露天爱心超市——爱心捐赠、物物交换”等一系列志愿服务和爱心活动。

江雨佳在平静中坚持付出爱心、在平凡中持续担当的感人事迹，激起广大青年学子的共鸣。她组建了爱心团队，带动身边的人一同奋进，用行动传递青年正能量。江雨佳同学的先进事迹，展现了新时期一名大学生的高尚品质。

江雨佳同学的先进事迹先后被中央人民广播电台、《中国教育报》《河南日报》《浙江教育报》等100多家媒体深度报道，被网友誉为“最美大学生”“最美文明学生”。这位朴实和直率的女孩，已经被誉为南阳师范院一张耀眼的“道德名片”。

（资料来源：大河网）

2. 培养法律意识，增强法制观念

增强法律意识，首先要积极学法，其次在懂法的基础上学会用法，当遇到问题时能够拿起法律武器维护集体和个人的正当权益。高校图书馆里都有丰富的法律类图书资源，借阅法律书籍可以有效地加强我们的法律意识，增强法制观念。此外，法律协会、法研社团也是不错的平台，同学们可以积极参与。同学们还可以通过参加模拟法庭、普法讲坛等活动，在实践中体会法律的魅力，强化法制观念。

3. 广泛参与校园事务，积极参加公益活动

对于即将步入社会的同学，在大学里得到的成长锻炼应该是全方位的。同学们不仅要学习书本上的知识，还要跳出课本，走入生活，广泛参与校园事务。大学生要主动从被管理者转变为学校事务的积极参与者，在教学、后勤、学生事务管理等方面积极建言献策，争取更多的发言权，树立主人翁意识，在不断参与的过程中明确自己的权利和义务，提升公民素质。

此外，同学们还可以参加丰富多彩的社区服务和公益活动，如到福利院、特殊学校做义工，到居委会实习锻炼等。在公益服务活动中，积极培养自己的社会责任感和爱心。

☑ 案例分析

案例：周末，小张和几名同学一起去某山区参加“驴友”俱乐部的户外活动，他们看到当地小学的孩子们学习条件十分艰苦，不少孩子的衣服、鞋子破旧，还有几个学生是每天走几里的山路赶到学校。虽然学校的教室是新修的，可孩子们没有足够的课外读物；课间休息时小朋友们就在教室外的空地上玩耍，也没有基本的体育用具。这一幕深深地触动了小张。回校后，作为学生会干部的他向学校申请，策划了一次爱心捐助活动，共募集善款1256元。张迪和同学们用这笔善款购买了书籍、文具、篮球、足球等，亲自送到孩子们手里，并和小学校长商量利用暑期时间再组织同学前来支教。看着小朋友们欢呼雀跃的样子，小张和同学们也是满满的感动和幸福。

案例点评：像小张这样的大学生不在少数，他们是我们学习的榜样。组织和参与类似的活动，不仅可以锻炼自己的社会活动能力，还有助于我们历练成为高素质的公民。心系国家，关心社会，关注身边的人和事，力所能及地帮助他人，是每一位有公民素质的大学生应该做到的。

练习题

请以5～10人为一个小组，列举生活中的不文明行为，并讨论当遇到这样的不文明行为时，应该采取怎样的做法？示例如下：

（1）每到毕业季，总有一些毕业生为了释放压力，采取撕书泄愤、损坏公物等不文明的行为，如果恰巧被你遇到，你会怎样劝说他们？

（2）在图书馆看书时，你发现邻桌的同学正在借来的书本扉页上打草稿，你会制止他吗？你又会说些什么？

第二节 科学素质

◎科学素质的含义

科学素质这一概念诞生于美国，教育改革家科南特于1952年第一次使用了“科学素质”一词。根据美国著名教育专家赫德的解释，科学素质可以理解为对科学的认识及其对社会经验的应用。目前，我国社会对于科学的认可和崇尚科学的氛围正逐渐提升。大学生是科学素质相对较高的一个群体，但仍然存在一些问题①。

◎大学生科学素质存在的问题

1. 主动学习科学知识的意识不强

当今社会正处于信息爆炸的时代，科学技术飞速发展，人们对科学知识的学习呈现出碎片化，缺乏系统性。大学生的科学素质虽然整体较好，但是仍有一部分同学主动学习的意识不强，习惯于被动接受，导致科学知识的掌握程度偏低。有些同学由于学业压力，只将学习注意力放在学业成绩和各种证书的考取上，忽视了知识面的拓展以及对未知领域的探索，科学知识相对缺乏。

2. 科学实践活动参与程度偏低

科学实践活动对科学素质的提高具有重要的推动作用，但目前有一部分大学生参加科学实践活动的积极性不高。有些同学虽然参加了学科竞赛和创新创业比赛，但对比赛结果过于看重，对与项目直接相关的科学知识努力探索，而对间接相关的科学知识却不闻不

① 彭利荣. 大学生科学素质的现状及对策研究[D]. 武汉: 武汉理工大学, 2008.

问，对自身科学素质的提升缺乏关注。

3. 科学素质存在个体差异

由于我国当前经济社会和教育事业发展不平衡，造成大学生的科学素质状况存在一定差异。普遍来看，对科学信息的掌握程度，城市学生总体优于农村学生，理科学生总体优于文科学生，男生总体优于女生。

练习题

判断题

（1）电子比原子小。（　　）

（2）1966年，我国数学家苏步青证明了哥德巴赫猜想“1+2”定理。（　　）

（3）最早的人类与恐龙生活在同一个年代。（　　）

（4）千百年来，地球上的陆地一直在缓慢地漂移。（　　）

（5）世界上最大规模的调水工程是南水北调工程。（　　）

（6）科学发展观的基本要求是全面协调可持续。（　　）

（7）激光因汇聚声波而产生。（　　）

（8）人类呼吸的氧气主要来源于植物。（　　）

（9）宇宙始于大爆炸。（　　）

（10）钻石是非金属材料。（　　）

（11）油炸的烹饪方式，在食物中最容易产生致癌物质。（　　）

（12）汽车尾气是全球范围内最严重的铅污染源。（　　）

正确答案：只有第2、第3、第7题是错误的，其他都是正确的，你答对了吗？

了解一下自己的科学素质，跟班级的同学或周围的人比一比，看看你的成绩如何。

◎提高大学生科学素质的途径

1. 对科学探索保持充分的兴趣

大学是“智力高地”，校园的环境和氛围非常适合同学们探索科学知识。大家可以找一些志趣相投的同学，在一起交流讨论，并肩作战，共同攻克科学难题；可以多参加一些科技类社团，提升对科学知识探索的兴趣；也可以阅读一些科技类书籍或文献，通过图书馆、网络等渠道主动了解某些科技领域的现状和发展前景。在这个过程中，同学们收获的不仅仅是结果，还能充分释放青春激情，在对兴趣的不断探索中，逐步寻找到个人梦想的方向。

阅读小贴士　中国内地首位诺贝尔自然科学奖得主屠呦呦的大学成长历程

2015年10月5日，瑞典卡罗琳医学院在斯德哥尔摩宣布，屠呦呦与另外两名科学家分享当年的诺贝尔生理学或医学奖。屠呦呦成为首位获此殊荣的中国科学家，同时也成为自新中国成立以来首位获得科学类诺贝尔奖的中国内地科学家。

屠呦呦从传统草药里找到了战胜疟疾的新疗法。她通过大量的实验锁定了青蒿这种植物，但效果并不理想。因此，屠呦呦翻阅了大量医书，最终成功地提取出了青蒿中的有效物质，之后把它命名为青蒿素。屠呦呦是第一个发现青蒿素对疟疾寄生虫有出色疗效的科学家。

让我们看看这位科学家的大学时光。

1951年，屠呦呦从宁波中学高中毕业，同年考入北京大学医学院（现为北京大学医学部），选择药物学系生药学专业为第一志愿。她认为生药学专业最有可能接近探索具有悠久历史的中医药领域，符合自己的志趣和理想。在大学4年期间，屠呦呦努力学习，取得了优异的成绩。在专业课程中，她对植物化学、本草学和植物分类学有着极大的兴趣。

据报道，屠呦呦有个特点，只要她喜欢的事情，就会努力去做。

1955年，屠呦呦大学毕业，被分配到卫生部直属的中医研究院（现中国中医研究院）工作。

据了解，由于屠呦呦的专业属于西医，中药所送她到中医学习班，用两年半的时间系统地学习中医药。

那时，屠呦呦自己也不曾想到，她的这种中西医相结合的学习背景，为她在数年后发现青蒿素打下了重要的基础。

在工作期间，屠呦呦不为名利所诱惑，甘愿坐冷板凳，对青蒿素进行了深入的药理、毒理研究。为确保用药安全，她还亲自试服，为传统药理效应提供了可靠的科学依据。她默默耕耘在科学探索的土壤上，最终开出了灿烂的花朵。

（资料来源：搜狐教育）

2. 积极参加科技讲座和论坛

我们会发现大学和中学的一个明显区别，就是大学校园里经常会有不同领域的名师名人、“学术大牛”开设讲座、论坛，在校园里转身便可遇见大师。通过科技讲座和论坛，我们能够认识到各个行业的领军人才和顶尖人物，能够接触到最新的科技前沿，这对于开阔同学们的视野、提升自身的科学素质有很大的帮助。

3. 积极参与科研项目和科技类竞赛

很多高校都为在校生提供了丰富的参与科研项目、参加科技类竞赛的机会。学有余力的同学可以通过参加更贴近实践操作的科研项目和科技类竞赛，进一步提升自身的科学素质。同时，有了实际操作的经验，同学们对探索科学的兴趣也会得到提升。第六章中已经列举了一些相关的比赛信息，供大家参考借鉴。

☑ 案例分析

案例：小张同学对电子设计非常感兴趣，在一次比赛中认识了几个志趣相投的朋友，共同加入了科技协会，时常在一起进行交流学习，不断锻炼提升自己的科学素质。之后他成功入选学校机器人队，代表学校参加国际机器人大赛并获得冠军。因为比赛成绩优异，小张获得保送研究生的资格。

案例点评：小张同学得到保送研究生的机会，得益于其在大学期间准确找到了自己的兴趣点，并在这个兴趣点上，不断地深入探索和学习。当然，科技探索的道路是艰辛的，国际大赛冠军的成绩背后肯定是无数的汗水和坚持的付出，是锲而不舍的精神，是牺牲了许多夜晚、周末和节假日的休息时间。我们只有不断挖掘自身的潜力，才能收获理想的成绩。

阅读小贴士　国内首档大型科学实验节目——《加油！向未来》

《加油！向未来》是中央电视台创作的国内首档大型科学实验节目。通过一个个或有趣、或惊险的科学实验来展现科学之奇、科学之美、科学之趣、科学之用，让观众感受到“好玩的、友善的科学”。该节目把科学实验搬上了综艺化的舞台，向全民普及科学知识（图7-1）。

图7-1　国内首档大型科学实验节目——《加油！向未来》

第三节　人文素质

◎人文素质的含义

人文素质是指通过人文科学的教育和环境的陶冶，在与外界的交往中获得自身内在的精神品质和价值观念①。人文素质主要由人文知识与技能、人文能力与方法、人文精神与品质这三个方面构成。提升人文素质不仅能够规范自我行为、维护身心健康，还能协调人际关系、提升社会文明程度。培养大学生的人文素质也是提高大学生综合素质的需要②。

◎大学生人文素质存在的问题

1. 人文知识相对匮乏

当前，有相当一部分大学生只关注专业知识的学习，而忽略了人文知识的学习。这部分同学对人文社会科学的理论知识缺乏应有的兴趣，对人文类课程学习的积极性不高，甚至轻视这些课程。特别是在一些理工类院校，这一现象更加明显，甚至图书馆的人文类书籍都鲜有人问津。这造成相当一部分同学的人文知识匮乏，人文底蕴肤浅。这些同学缺乏对中国优秀传统文化和思想的了解，对世界文明的了解也非常匮乏。人文知识的缺失不仅影响了这些同学人文素质的提高和良好道德品质的养成，也在很大程度上阻碍了他们对专业知识的深入学习和理解，导致其无法做到学科之间的融会贯通和取长补短，缺乏想象力和创造力，思维方式固化，创新能力缺乏③。

2. 想法过分自我，心智不健全，缺乏基本的为人处世之道

人文素质包括人对生活的看法，人内心的道德修养，以及由此而产生的为人处世之道。经过十多年的校园教育和熏陶培养，很多同学的人文素质都得到了较好的提升。当然，由于外界物质的诱惑，以及独生子女家庭、社会功利思想的影响，也有一部分同学在不同程度上存在着想法过分自我，心智不健全，缺乏“做人”的基本准则等问题。这些同学自私自利，不能正确处理好个人与他人、个人与集体之间的关系，以至于其社会适应能力较低，性格孤僻，心理承受能力和自我控制能力差，遇事容易走极端。近些年发生在大学生身边的几个案例，屡屡震惊全国。同学们应该正视这些现状，并通过多种途径，努力提高自身的人文素质。

---

① 谢定国. 当代大学生人文素质教育研究[硕士学位论文][D]. 武汉: 武汉大学, 2005.

② 于丽芬, 陈洪玲. 提高大学生人文素质教育的对策研究[J]. 内蒙古农业大学学报(社会科学版), 2011, 13(3): 176-178.

③ 刘越, 赵然. 大学生人文精神的缺失与重塑[J]. 中国青年社会科学, 2015(3): 73-77.

◎提高大学生人文素质的途径

1. 主动学习人文知识

人文知识是大学生人文素质提升的基础，参与人文课程的学习对于大学生自身人文素质的提升具有先导作用。相比于专业课程，国内大学生参与人文教育课程的课时量普遍较少，课程选择也比较单一。近年来，国内很多高校都越来越重视人文课程的建设。同学们可以参加的人文课程主要包括以语文、英语、大学生涯规划与就业指导等为主的基础课，以及以文学欣赏、影视鉴赏、戏剧鉴赏、哲学文化等为主的公共选修课。

阅读小贴士　部分国内外人文课程网络公开课

随着时代的发展，网络资源日益丰富，除了传统的课堂外，不少网站也推出了知名学者的网络公开课程供学生们选学，以下列举部分课程（表7-1）。

表7-1　部分国内外人文课程网络公开课

牛津大学公开课	伦理学入门（7集） 文学与形式（4集） 批判性推理入门（6集） 哲学概论（17集）
TED演讲	人际关系的潜在影响 我快乐人生的哲学
国立台湾大学公开课	活用希腊哲学（6集） 东亚儒家人文精神（15集）
耶鲁大学公开课	人性的哲学与科学（26集）
南京大学公开课	如何理解中国人的心理与行为（10集）
网易公开课	成长系列：人生七年（8集）
华中科技大学公开课	“人文、科学、教育”杂谈系列（5集）
加州大学伯克利分校公开课	社会认知心理学（25集）
纽约大学公开课	社会学入门（15集）
BBC纪录片	逻辑的乐趣

2. 积极融入校园文化

人文素质的提升，不仅是单纯文化知识的汲取，还要注意与校园人文氛围的融合，关注自身人文素质的内化。积极地融入校园人文气氛，同学们可以在丰富多彩的校园生活中受到多角度、多层次的人文素质熏陶。校园文化相较课堂而言，渠道更加丰富，形式更为自由。积极地融入校园人文氛围可以从以下几个方面入手。

第一，积极参与具有传统特色的文化活动，如传统佳节纪念活动、中华经典诗文吟诵会、讨论会等。增强对中国传统文化了解的同时，同学们也增强了集体观念。

第二，主动关注校园广播、杂志、网络、宣传栏等校园媒体开展的文化传播活动。欣赏校园广播中的美文朗诵和经典歌曲，解析和讨论新闻事件，积极地向学校期刊投稿文学、摄影等原创作品等，这些都可以提升我们的人文情怀。

第三，借助社团活动提升自己。社团是大学生提升人文素质的重要平台，大学生应充分利用学生社团开展有益于身心健康的人文活动，积极开拓自身视野，增长知识，陶冶情操。在校期间可以主动参加和开展主题活动，如诗歌朗诵比赛、辩论赛、主题演讲比赛、人文知识竞赛、书法展览、歌唱比赛等。

3.深入社会开展实践调研

对于当代大学生而言，大学校园是求知求学的好环境，但其相对来说与社会接触少。社会实践活动是大学生接触社会，了解社会，将人文知识内化为人文素质的有效方式。社会实践的形式主要包括社会调查、生产劳动、社会服务、科技发明、创业实践、勤工助学、红色之旅、“三下乡”“四进社区”等。大学生要把自己放在社会大环境中，深入基层接受锻炼，积极投身社会实践，广泛参加和开展实践调研，提高自我的认知能力和社会责任感，切不可将自己限制在“象牙塔”中。

阅读小贴士　哈佛大学、斯坦福大学的人文课程

哈佛大学“精英人才培养计划”的人文要素包含了艺术欣赏与批判能力、文化理解与鉴赏能力、道德推理能力、公民素质、全球意识。其“通识教育新规划”精心设计了5个本科生必选的人文教育课程（表7-2），约占整个通识教育课程总量的62.5%，且每个课程领域都设计了专门的课程系列，并制订了明晰的领域目标，充分体现了哈佛大学“求是崇真”“与真理为友”的大学精神和严谨的学术规范。

表7-2　哈佛大学的5个本科生必选的人文教育课程

序号	领域名称	开课数量/门	领域目标
1	美学与诠释	32	①发展美学反应能力和解读各文化表达形式的能力； ②能够批判、睿智地解读文学、宗教、艺术作品； ③了解文化融入生活并发挥作用的方式
2	文化与信仰	33	①认识作为文化和信仰产物与参与者的自己； ②能够解读艺术和观念、理解与鉴赏文化和思想； ③理解社会、政治、宗教、经济、历史现象在思想与艺术的形成中的作用及其影响个体与社会认同的方式
3	道德推理	19	①认识道德问题对人的价值观形成的影响； ②了解科技发展与经济全球化所引发的复杂道德议题和不同文化之间的道德信念碰撞； ③做好应对各种道德问题的准备
4	世界各社会	34	①了解不同的价值观、信仰、行为习俗、社会组织及制度； ②克服偏狭的地域观念； ③认识作为世界发展主旋律的多元化与全球化
5	世界中的美国	16	①在世界背景下检视美国的社会、政治、法律、经济； ②认识美国的多元化和多层级； ③为成为合格的公民做好准备

斯坦福大学本科生前两年主要是进行包含5大领域知识的宽度学习，其中，有两个领域属于人文教育范畴，表7-3是对斯坦福大学人文教育课程的结构、分类、课程数量以及领域目标的概述和归纳，涵盖了人文学科入门、学科宽度课程、公民教育以及语言与写作等4个部分。

表7-3　斯坦福大学的人文教育课程

序号	类别	课程数量/门	学分要求/分	领域目标
1	人文学科入门	20	12	①具备基本的人文素质； ②发展人文思想、文化、价值观、信念； ③发展分析、推理等思维能力
2	学科宽度中的人文社科	1160	6	形成广阔的人文和社会科学视野
3	公民教育	436	6～10	在美国文化、国际交流、性别研究、道德推理等方面发展知识、态度和能力
4	基本语言技能：外语	70	5	①熟悉1门外语并达到基础水平； ②接触不同文化和语言中的知识
	基本语言技能：英语		12～13	①提高表达能力； ②能进行明晰而有质量的英文写作

（资料来源：强海燕. 世界一流大学人文课程之比较——以哈佛大学、斯坦福大学、多伦多大学为例[J]. 比较教育研究, 2012(11): 22-26）

第四节　身体素质

◎身体素质的含义

身体素质是指人体在运动、劳动和日常活动中，各器官系统功能在中枢神经调节下的综合表现。作为人体体质的重要组成部分，身体素质不仅和运动能力密切相关，也与日常活动和工作、学习的能力紧密相连，影响着人们的健康水平。

◎大学生身体素质存在的问题

1. 体育锻炼意识淡薄

想要成为优秀的人才，必须具备多方面的素质，要勇往直前、意志坚定、胆识过人、有勇有谋……但所有这些品质都必须依托于一个前提条件——健康的体魄。健康的身体，离不开体育锻炼。在各个大学校园里，体育活动一般都开展得丰富多彩，很多同学踊跃地参与到体育锻炼中。但是，仍有一些大学生从意识上就对锻炼身体不重视，他们认为自己还年轻、身体好，锻炼身体是多余的，而且还会占用自己的学习时间。甚至还有部分同学在进入大学后，生活变得散漫、无规律，生物钟错乱，凌晨两三点甚至三四点睡觉，到了次日中午才起床，过上了“昼伏夜出”的生活，长此以往，身体素质自然会大大下降。

☑ 案例分析

案例：小李今年26岁，是一名刚考上某高校的准博士。他平时学习非常刻苦，从本科开始，他就养成了熬夜的习惯，常常在实验室、自习室一待就是一整晚。由于学业和科研压力过大，李航的饮食和作息严重不规律，而且过度依赖咖啡、红牛等提神饮料来维持学习精力。结果本该意气风发、活跃在新校园里的他，却在开学的第一天由于心血管病突发躺在医院的ICU（重症监护病房）里，病情危急，随时都有失去生命的可能。

案例点评：小李同学的经历让人扼腕。据调查，近年来许多重疾，包括肿瘤、癌症等都有年轻化、校园化的趋势，媒体不时曝光的过劳死新闻也越来越引起社会的关注。李航的刻苦努力虽然值得赞赏，但对于因此牺牲休息与锻炼的时间，完全忽略身体健康的做法，非常不提倡。在面对繁重的学业和科研压力时，规律的作息、适当的体育锻炼，不仅有助于增强体质，还能缓解压力、放松心情、提高精神的专注力，从而提高学习和工作效率。

2. 缺乏体育锻炼的氛围和习惯

从2015年11月25日国家体育总局发布的《2014年全国学生体质与健康调研结果》中可知，学生的体质与健康状况总体有所改善，但是身体素质仍然有诸多不足。2015年发布的《国民体质检测报告》显示，高校学子的体质下降明显。和2010年相比，全国19～22岁年龄组（本科阶段）的男生在包括速度、爆发力、力量、耐力和柔韧性在内的诸多身体素质指标全部下降。

很多大学生没有坚持参加体育运动的习惯，缺乏体育锻炼的氛围是其中的一大原因。不少同学将过多的时间和精力放在了寝室里，放在了网络上，户外运动的时间大大减少，逐渐演变为“宅男”“宅女”。还有极少数同学整天坐在电脑屏幕前，打游戏、追热播剧，这几乎成为他们生活的全部。缺少了必要的身体运动，身体机能和身体素质呈直线下降的趋势。

☑ 案例分析

案例：小刘是一名普通高校的学生，他经常在凌晨两三点还能听到从其他宿舍传来的游戏声。据他反映，班上的男生爱玩魔兽世界，女生热衷电视剧，由此，班里的部分同学形成了教室、宿舍、食堂三点一线的生活模式。更有一些对电脑上瘾的同学，习惯在夜里上网，白天却因为精神不振而逃课睡觉。直到后来学校推行了“凌晨断网”制度，这些同学作息混乱的问题才有所改善。

案例点评：在本例中，小刘身边的同学的生活状况也是部分大学生的一个缩影。由于网络对大学生的影响极大，一些同学因为打游戏而通宵熬夜的现象也时常发生。这样不仅影响了别人的休息，也拖垮了自己的身体。其实，从另外的角度来看，小刘可以以宿舍为单位，带动班上的同学，多组织一些集体户外活动，如班级羽毛球赛、野游等，这样一方面可以增强班级的凝聚力，另一方面也可以使更多的同学走出寝室，去户外运动，加强锻炼，强身健体。

◎提高大学生身体素质的途径

1. 树立正确的体育观，增强体育锻炼的意识

大学生树立正确的体育观，增强体育锻炼的意识，是提升身体素质的前提。体育意识是大学生对体育锻炼的自觉反应，也是自觉进行体育锻炼的根本动力。只有培养自觉进行体育锻炼的意识，树立正确的体育观，才能从根本上改变体育锻炼不积极的现状，提高体育锻炼的主动性和目的性。

☑ 案例分析

案例：部分大学生存在由于学业的压力过大而逃避体育锻炼的现象，清华大学的“眼镜飞人”胡凯则给出了一个漂亮的回击。曾获得2005年全国田径锦标赛百米冠军、2005年泰国田径公开赛百米冠军、2005年伊兹密尔大运会百米冠军、2005年11月东亚运动会百米冠军的“眼镜飞人”胡凯是清华大学经济管理学院的在读研究生，他入校前从未参加过任何专业运动队训练，是清华大学一手培养起来的“飞人”。在优异的竞技成绩背后，胡凯的学业成绩并没有落后，他在研究生阶段各科成绩都在80分以上。

案例点评：胡凯的事例绝非个案，在保持体育项目成绩斐然的同时，他依然兼顾研究生的课程学习。其实，学业与体育锻炼并不矛盾，就像胡凯，他不仅能获得多项百米比赛的冠军，还能顺利完成研究生的学习任务。所以，只要能够平衡好两者之间的关系，提高效率，就可以在学习成绩和身体素质上实现“双丰收”。

2. 积极参与，营造氛围，养成体育锻炼的习惯

除了树立正确的体育观，增强体育锻炼的意识外，大学生还应该积极地参加各种体育运动，如学校定期举办的运动会和各类比赛，要把这些活动当成展示自我的舞台，营造你追我赶、积极向上的运动氛围。大学生具有交往频率高、相互关系与影响持续时间长、群体认知和目标共性强等特性。当群体内的个体产生运动激情时，容易引发其他个体产生共鸣，形成良好的相互督促与相互激励的氛围。同学们应当充分利用校园的运动资源，努力融入运动氛围，提高自己锻炼身体的兴趣，养成终身锻炼的习惯，从根本出发，提升身体素质。

同学们要有针对性地选择几项有利于长期坚持的运动锻炼项目，养成定期锻炼的习惯。同时，掌握一些基本的体育锻炼常识，也能帮助我们更加全面系统地认识体育运动，减少运动伤害，有效增强体质。

阅读小贴士

表7-4罗列了一些容易被大家忽略的体育锻炼常识。

表7-4　一些容易被大家忽略的体育锻炼常识

注意事项	备注
剧烈运动时和运动后不可大量饮水	①由于剧烈运动时体内盐分随大量的汗液排出体外，饮水过多会使血液的渗透压降低，破坏体内的水盐代谢平衡； ②大量饮水会使胃部膨胀充盈，妨碍膈肌活动，影响呼吸； ③大量饮水会使胃酸浓度降低，影响食物消化，造成胃病

续表

注意事项	备注
锻炼后应采取一系列放松练习和按摩等恢复手段	锻炼后采用放松练习和按摩等恢复手段，能够有效地消除疲劳，恢复体能，提高锻炼效果
运动后营养的补充与恢复	运动后的营养补充着重于三个方面： ①补充因流汗而损失的水分和电解质； ②补充在运动中消耗的肝糖； ③修复受伤的肌肉和组织
运动后不能立即洗澡	运动后立即洗澡会导致心脏和脑部供血不足，以致于使人们头晕眼花、浑身无力，同时会造成身上乳酸过多地堆积带来的身体酸痛

阅读小贴士　推荐的身体训练技术和几款健身APP与视频

除了定期前往健身房，同学们也可以在运动场、寝室等场所，通过手机APP、健身视频，坚持身体锻炼。希望表7-5所推荐的训练技术、健身APP与视频可以帮助大家爱上运动，养成锻炼的好习惯。

表7-5　身体训练技术和几款健身APP与视频

名称	说明
高强度间歇性训练（HIIT）	一种让你在短时间内进行全力、快速、爆发式锻炼的一种训练技术。通常HIIT 20分钟的训练比在跑步机上连续跑一个小时还要有效，能有效地节省锻炼时间，适合忙碌的学霸们在寝室里抽空锻炼
咕咚运动	跑步APP，能精确追踪运动路线、运动距离；实时监测运动速度、海拔、时间，准确计算卡路里燃烧。同时包含社交功能，能帮助同学们在校园里寻找“跑友”，一起快乐健身
iMuscle	健身软件，用3D建模的方式把全身的肌肉都显示出来，可以通过点击任意想要锻炼的部位，自动推荐相应的锻炼动作。适合对自己身材有特殊要求的男生和女生
即刻运动（FitTime）	适合在家、宿舍里使用。包含运动打卡、健身问答、真人教练示范的健身视频

第五节　心理素质

◎心理素质的含义

心理素质是人们经常使用的一个心理学名词，指个体人格的强度和力量。关于心理素质的研究非常多，但是由于这一概念涉及的因素较多，一直都很难形成一致的研究成果。结合以往的研究结果，综合来看心理素质是一个包括认知能力、需要、兴趣、动机、情感、意志、性格等智力和非智力因素有机结合的复杂整体[①]。

大学生的心理素质的培养，是社会主义高等教育能否培养出身心健康、人格健全、全面发展的社会主义建设者的基础，是大学生适应社会主义市场经济要求、适应新世纪挑战的基础，关系到全民素质的提高。

◎大学生心理素质存在的问题

1. 心理素质发展不均衡，差异性明显

西南大学心理健康教育研究中心在“我国当代大学生心理素质的调查与评估”的研究中，抽取了西北、华东、华北、西南、华中5大地区2100名大学生进行调查[②]。研究得出结论：我国大学生的心理素质整体上属于积极正常的范畴，但是总体水平并不高，并且心理素质的发展不均衡。男生的心理素质普遍高于女生；不同年级学生的心理素质有明显的差异，一般来说高年级的心理素质高于低年级。家庭因素、大学教育、地域、学科、学生工作等是影响心理素质发展的主要因素[③]。

当代大学生普遍的心理问题有焦虑、强迫、恐惧、抑郁等。有的同学会在考试之前睡不着觉，有的同学会因为感情受挫而选择走极端，这些都是心理素质不高的表现。实际上，大学生由于心理素质较低而引发的恶性事件，也有逐年上升的趋势。

2. 自我意识增强，充满矛盾心理

以马斯洛、罗杰斯等人为代表的人本主义者认为，人天生存在着一种发展潜能，人的发展潜能在逐渐现实化和整合的过程形成了自我不断完善成熟的各个阶段。在大学阶段，个体的自我意识逐步增强，但并没有形成关于自己的稳固形象，自我意识还不够稳定。因此，在这一时期内，同学们经常会遇到一系列自我意识的矛盾与混乱。一是“理想自我”与“现实自我”的矛盾。大学生不断地追求自我完善，会在内心逐渐形成一个“理想

---

① 何颖. 理工科大学生心理素质问题分析及教育对策——以哈尔滨工程大学为例[D]. 哈尔滨: 哈尔滨工程大学, 2010.
② 龚玲, 张大均, 王金良. 我国当代大学生心理素质的调查与评估[J]. 西南大学学报(社会科学版), 2014, 40(3): 86-92.
③ 刘浩. 大学生心理素质的现状、特点及其对策[J]. 黑龙江高教研究, 2005(10): 138-139.

自我”，这个“理想自我”反映了对自我成长所怀有的美好期望，这是一个美化了的“自我”，而同真正的“现实自我”往往会发生矛盾。二是独立性与依赖性之间的矛盾。青年学生的自尊心强，独立性增强，大多数希望表达自己的想法，按自己的想法行事，不愿意被别人控制和摆布，这主要表现为逆反心理①。但是自我认识不清晰、发展不成熟、各方面能力不够等客观现实的限制，又让其具有很强的依赖性。

阅读小贴士　大学生常见的心理疾患

近年来关于大学生心理健康的研究表明，相当一部分学生心理上存在不良反应和适应障碍，心理疾患发生率高达30%左右，并继续呈上升趋势，表现为焦虑、强迫、恐怖、抑郁、神经衰弱等，明显地影响了一部分学生的健康与成长②，具体包括以下5点。

（1）焦虑。持续感到紧张不安，却没有具体的原因，甚至有明显的自主神经功能紊乱及运动型不安。主观感到痛苦，甚至影响社会功能。

（2）强迫。一些毫无意义、甚至违背自己意愿的想法或冲动反反复复侵入日常生活。虽极力抵抗，但始终无法控制。二者强烈的冲突使其感到巨大的焦虑和痛苦，给其学习工作生活带来很大困扰。

（3）恐怖。对某些特定的对象或处境产生强烈和不必要的恐惧情绪，而且伴有明显的焦虑及自主神经症状，并主动采取回避的方式来解除这种不安。患者明知恐惧情绪不合理、不必要，但却无法控制，以致影响其正常活动。

（4）抑郁。显著而持久的心境低落，并且心境低落与其处境不相称。情绪的消沉可以从闷闷不乐到悲痛欲绝、自卑抑郁，甚至悲观厌世，可有自杀企图或行为；严重者可出现幻觉、妄想等精神病性症状。

（5）神经衰弱。由于长期处于紧张和压力下，出现精神易兴奋和脑力易疲乏之现象，常伴有情绪烦恼、易激惹、睡眠障碍、肌肉紧张性疼痛等。

阅读小贴士　摆脱压力小妙招

如何才能在压力下舒缓身心，摆脱恶性循环呢？教你几个小妙招，或许一个小小的改变，就能让你的生活变一个样哦！

（1）一次只担心一件事情。

---

① 李远贵. 试论加强大学生心理素质教育[J]. 西南民族大学学报(人文社科版), 2002(s2): 69-70.
② 樊富珉. 北京大学生心理素质及心理健康研究[J]. 清华大学教育研究, 2001, 4:26-32.

（2）每天集中精力静想几分钟。

（3）不管多忙，一定要锻炼。

（4）放慢说话的语速。

（5）不要太严肃。

（6）不要让否定的声音围绕自己。

（7）至少记住每天发生的一件好事情。

◎提高大学生心理素质的途径

1. 加强对心理素质的关注，树立心理健康意识

加强对心理问题的关注是提高心理素质的前提。同学们可以通过阅读相关书籍或观看相关电影，来提升对心理素质问题的关注。《心灵捕手》就是一部关于心理健康问题的电影。该影片讲述的是一个重塑自我的典范，电影中教授蓝勃、心理学家桑恩和朋友查克通过真诚的沟通、同感、对峙等方式，帮助主人公威尔打开了心灵，消除了人际隔阂，找回了自我。

当前大部分高校都开设了与心理健康相关的课程，通过课程学习，同学们可以增强对心理素质的关注和了解，树立心理健康意识。此外，同学们可以适时参加专题讲座和心理文化活动，还可以通过心理测评、心理咨询、团体辅导等，了解、发现并及时解决个人的心理困扰，预防和缓解心理问题，增强心理调适能力。如自我调适没有效果，应及时寻求学校心理健康中心的专业帮助。

练 习 题

假设遇到下列事情，你会怎么做？

（1）你骑车闯红灯，被警察叫住。他知道你急着要赶路，却故意拖延时间，这时你会怎么做？

（2）在朋友的婚礼上，你没有料到会被邀请发言，在毫无准备的情况下，你会怎么做？

（3）你在餐馆刚用过餐，服务员来结账时，你突然发现身上带的钱不够，此刻，你会怎么做？

（4）假如你在乘坐公共汽车时忘了买票，被人查到，你的反应是？

（5）你独自一人被关在电梯内出不来，你会怎么做？

（6）有人像老朋友似的向你打招呼，但你一点也记不起他（她）是谁，此时你会怎么做？

（7）你从超市里走出来，突然意识到你拿着忘记付款的商品，此时一个很像保安人员的人朝你走过来，你会怎么做？

（8）假设你从国外回来，行李中携带了超过规定的烟酒数量，海关官员要求你打开提箱检查，这时你会怎么做？

2. 关注自我心理状况，进行自我意识训练

自我意识是对自己身心活动的觉察，即自己对自己的认识，具体包括认识自己的生理状况、心理特征以及自己与他人的关系。只有具备了正确的自我意识，才能使人对自己的思想和行为进行自我控制和调节，从而提高自己的心理素质。同学们可以通过20个我是谁、是谁塑造了我、个人盾牌等团体活动来进行自我意识训练。

除了自我意识训练外，同学们还可以通过智力训练、情感调控、意志培养、个性塑造、学习指导和交往来提高心理素质。

练 习 题

20个我是谁

目的：认识并接纳自我，认识并接纳独特的他人

时间：约50分钟

步骤：老师要求同学在纸上写下20个以上回答“我是谁”这个问题的答案。答案不反映个人特征（身高、体重等），而是反映个人风格（个人喜好、性格特点等）的一些句子。

示例：我是一个喜欢和朋友旅游，不喜欢宅在家里的人。

写完后，在小组内讨论交流。任何人都可以抱着理解他人的心情，去认识团体内一个独特的人。最后指导者请每个小组代表发言，交流练习时的感受。

☑ 案例分析

案例：小林今年大一，考入理想大学的他是家人的骄傲。但是在大学里，小林觉得自己好像什么都不会，什么都比不上别人，没有任何可取之处，遇到认识的人都想

装作不认识，好像对什么都无所谓，但是又对什么都很关注。以前看到电视剧、小说里的悲伤场景，自己都会哭，现在却没什么感觉了。

小林觉得自己好像很矛盾，有时很自卑，有时又有些自负。他常常会想：这个真的是自己吗？小林不知道真正的自己到底在哪里。他开始厌恶现在的自己，厌恶这个看不起别人的自己，厌恶这个世界以及和这个世界格格不入的自己。

案例点评：小林同学遇到的问题是因为刚入大学不适应而引起的焦虑情绪。在大学阶段，进入陌生的环境，学习适应并调整对自我的认知，是正常的成长过程。同学们可以尝试运用书中教给大家的方法，有意识地关注自己的情绪和心理状况，通过自我意识训练、向身边的资源求助等方法调整这种不适应，培养自己积极阳光的心态。

第六节　领　导　力

◎领导力的含义

领导力既是一门做事的艺术，又是一门做人的学问，是指通过领导者的影响力来调动被领导者的积极性，从而实现团队组织目标的过程。英国蒙哥马利将军曾经说过，“领导力就是能够召集人们迈向共同目标的能力与意志力，和能够激发人自信的品格特征。”

一般来说，领导力需要具备4个要素：人际交往技能、概念技能、技术能力和战略战术技能。好的领导力能够带领团队组织朝正确的目标发展，能够协调组织内的成员关系，激发他们的潜力，在组织整体发展的同时促进个体发展。

◎大学生领导力存在的问题

1. 领导力相关知识缺乏

在校大学生的主要任务是专业知识的学习。在现实生活中，除了管理类相关专业的同学可以通过课程学习外，主动去涉猎领导力相关知识的同学并不多，这一情况在理工类大学尤为明显。很多同学受学业压力的影响，需要花很多时间和精力去提高专业技能、外语等级、计算机等级等，从而忽略了领导力相关知识的学习，导致对领导力的认识和了解不足。

2. 领导力意识不强烈

在部分同学中，依然存在领导力意识不强的问题。在一些班级或学生组织中，只有较少一部分同学愿意积极表现自己、展示自己，愿意成为集体的领导者。比如，一些同学在进入大学之前和进入大学之后，已经习惯了几点一线的生活，习惯于将自己的交往范围限制在一个小圈子里，跟圈子外的人交流很少。这就导致这些同学人际交往能力欠缺。

3. 沟通协调组织能力不足

人的组织协调能力不是天生的，而是靠后天锻炼和培养的。受家庭和学校教育环境的影响，很多大学生缺乏与不同类型的人进行顺畅交流的能力。虽然他们一般都能较准确地意识到自己的问题，但是往往因为主观不愿意或客观存在交流障碍，而很难采取有效的措施，来主动提高自己的沟通协调组织能力。这不仅会影响到问题的有效解决，还会导致与团队成员协同配合困难，从而影响到整个团队的工作效率。

◎提高大学生领导力的途径

1. 加强领导力知识学习

同学们要有意识地学习领导力相关的理论知识，如通过阅读、听讲座报告或参加相关的培训等，来弥补自己在此方面的欠缺。积极参与学校开展的大学生领导力课程的学习，增强自知能力，培养领导技能和服务意识。加强领导力知识的学习可以为领导力的培养奠定基础。

2. 强化领导力意识培养

要培养与提升领导力，必须立足于自身，强化自我提升的责任感和使命感。强化领导力意识培养，体现在生活、学习中的各个方面，如生活习惯、社交习惯等。从生活习惯角度来说，良好的生活作息习惯能提高一个人的自我管理能力，同时能树立榜样作用，更好地带动身边的人。从社交习惯角度来说，在待人接物时，谈吐文明、大方得体，展现个人魅力；在处理人际关系时，宽容理解他人，多从对方的角度思考问题，这些都是作为领导者不可或缺的优秀品质。

3. 参加各类校园活动，培养沟通协调组织能力

担任学生干部、参加社团活动或社会实践，无疑是提高领导力最为重要且最为行之有效的方法。有人说，进入大学相当于一只脚踏入社会，在与其他同学的交流和沟通中，我们不仅能够增长见识，还能有效地提高沟通能力。我们的组织协调能力可以通过策划、组织和开展各类活动等得到锻炼，在实践中逐步提升。在参加各类活动的过程中，我们还能接触到更多优秀的同学，这有助于我们了解自己的长处与不足，并利用榜样的带动作用提升自我。在解决实际困难的过程中，同学们还能提高自己承受压力和抵抗挫折的能力①。

① 李金林, 王芳官, 金海燕. 大学生领导力培养的现状调查[J]. 重庆理工大学学报(社会科学版), 2010, 24(11): 133-138.

练习题

领导力测试

根据自己的情况，选出符合、一般、不符合自己的三种情况。

（1）努力创新富于独创性的工作方法。

（2）不为暂时的失败而沮丧，对最后的成功充满信心。

（3）能履行承诺，对所承担的工作敢于完全负责任。

（4）能受到大家的信任。

（5）善于调动大家的积极性，使大家按时参与活动或工作。

（6）善于观察那些被其他现象掩盖而不易发现的事实。

（7）对所需要完成的任务有明确的规划。

（8）对于发现的问题，能够提出建设性的意见。

（9）在遇到困难时，能够勇敢面对，坚持到底。

（10）在遇到突发问题时，能保持平常心，并较快地找到解决的办法。

（11）在工作时有高效率。

（12）善于对事实、现象，甚至是微小的细节做详细分析。

（13）善于对即将发生的事情做出正确的预见。

（14）思维具有独特性、多样性，不受陈规旧套约束。

（15）能够协调不同工作。

（16）善于选择最简便、经济的方法来完成任务。

（17）善于根据个性特点恰当用人。

（18）勇于发现并敢于承认自己的缺点、错误。

（19）能以高标准要求自己。

（20）相信自己的力量和潜能。

“符合”得3分，“一般”得2分，“不符合”得1分，计算一下自己的得分。

A. 55～60分，优秀。你是一个天生的领袖、一个做决定会很快的人，虽然你的决定不总是对的。你是大胆的和冒险的，愿意尝试做任何事；是一个愿意尝试机会而欣赏冒险的人。

B. 45～54分，良好。你具有较好的领导力，基本具有领导应具备的心理素质。你经常是群众注意力的焦点，但是你是一个足够平衡的人。

C. 35～44分，一般。领导力一般，需要接受系统的训练和长期的锻炼。

D. 25 ~ 34分，较差。领导力较差，心理素质较差。你是害羞的、优柔寡断的，需要人照顾、要别人为你做决定，不想与任何事或任何人有关。需要正视这方面的不足，进行系统的学习。

第七节　政治素质

◎政治素质的含义

政治素质是指个体在接受教育或政治生活过程中形成的，能够了解和掌握自己在政治生活中所承担的义务和能享受到的权利，并且能把这种政治意识运用于实际的政治生活中的基本品质。良好的政治素质在实际政治生活中主要表现为具备敏锐的政治视角、坚定正确的政治立场和较强的政治参与能力。对于大学生，政治素质就是在接受教育或政治生活中培养而成的政治知识、政治意识和政治行为的统一[①]。

政治素质是大学生必不可少的一项基本素质，是一名大学生成熟的表现。政治素质不是每天对国家大事高谈阔论、纸上谈兵和夸夸其谈，也不是在社交平台上舞文弄墨、发表不当言论，而是一个人在政治立场、政治品质和政治水平等方面的综合体现。

◎大学生政治素质存在的问题

1. 缺乏一定的政治关注

政治关注是政治认知的重要内容，是衡量大学生是否有政治意愿或政治意愿强弱的一个指标。对大学生而言，直接的政治参与实践很少，政治关注更多地体现为社会关注。因此，对于当代大学生而言，政治关注是指大学生对影响国家政权、公共权力运行、社会发展的重大事件或活动的关心和注意。这既有对国内大事、国际大事的关注，也有对经济、政治、文化、社会、生态发展的关注。近年来，新媒体的快速发展使得时事热点的传播更加便捷和迅速，这在一定程度上提升了大学生的政治关注。不过也有一部分同学对政治问题和政治活动漠不关心，这些同学用在娱乐新闻、八卦消息上的课余时间远远大于关注时政新闻的时间。这种现象也在一定程度上反映了大学生缺乏政治关注的现状[②]。

---

① 李春山. 当代中国大学生政治素质优化研究[M]. 北京: 中国社会科学出版社, 2015.
② 肖永梅. 当代大学生政治观研究[D]. 成都: 电子科技大学, 2013.

2. 政治觉悟有待提高

当代大学生的政治观状况，总体上是积极健康向上的，对于党政大事和国内外新闻基本都能给予客观公正的评价。但是也有一小部分大学生，在看待问题时，缺乏全局性、系统性、发展性，更多地从自身角度出发，表现出政治觉悟不高、认识问题肤浅等问题。

3. 政治理论基础薄弱

有一部分在校大学生除了规定的思想政治教育，如《马克思原理》《毛泽东思想和中国特色社会主义理论体系》等课程的学习外，鲜有自己加强政治理论学习的想法与意愿。有些同学由于对政治理论学习不够重视，缺乏政治理解的积累，缺乏辩证思维，造成对事物认识得片面，甚至误解。

◎提高大学生政治素质的途径

1. 加强自身修养，提升政治关注

加强政治素质，首先要求树立正确的理想信念，加强自身修养。一般来说，大学是追求理想最强烈的时期。有了正确的理想信念，前进就有了正确的方向，人生发展就有了充足的动力。具体来说，当代大学生应该具有强烈的爱国主义精神、坚定的政治立场，对党感恩和忠诚，拥护党和国家的政策，关注国内外的重大事件，积极参与社会事务，客观公正地评价事务发展等。这些都是加强自身修养，提高政治素质，提高思想觉悟，提升政治关注，树立正确的世界观、人生观和价值观的必由之路。

2. 参与党团活动，提高实践意识

大学校园的党团活动繁多，这既丰富了同学们的课余文化生活，又为我们提供了很好的提升政治素质的平台。党日活动、组织生活会、团日活动、党校培训等活动，一般都会加入社会实践的环节，同学们可以在具体的实践活动中积极行动起来，改变政治素质只停留在书本上“读写背”的模式。此外，团代会、学代会等是大学生发挥主人翁意识的平台，有心的同学可以在平时注意积累，多观察，多思考，收集同学们对学校建设和发展的意见和建议，利用代表大会的平台和渠道，提交议案，积极地为学校建言献策，从而帮助大家解决现实问题。

3. 有效利用网络资源，唱响时代主旋律

当代大学生正处于一个信息爆炸的时代，网络是信息传播的重要载体，也是发表个人看法的平台。我们当下也处于一个价值观多元的时代，网络上每天除了“正能量”“主旋律”外，也充斥着拜金主义、自由主义、历史虚无主义、无政府主义、普世价值论等思潮。作为政治素质过硬的当代大学生，在这些思潮面前，应该拿起舆论的武器，在网络上勇敢承担起与这些不良思潮抗争的责任，坚定地树立起社会主义核心价值观的大旗，唱响时代主旋律。

练习题

绘制习主席出访路线图

绘制一张地图，标明习近平主席在担任国家领导人后历次出访的国家和地区，并在地图上标注有哪些重大事件发生。通过绘制，了解党和国家的外交政策，对重大事件进行梳理。

练习题

绘制个人综合素质雷达图

看完本章，你是否感觉意犹未尽？是否对自身的综合素质有了更为清晰的认识和了解？接下来，让我们趁热打铁，完成本章的课后练习——绘制个人综合素质雷达图。

以公民素质、科学素质、人文素质、身体素质、心理素质、领导力以及政治素质为7个指标绘制个人综合素质雷达图。每一个指标都有0～5共6个标度，标度越高，代表对应指标的满足程度越好。画点后用线段依次连接相邻点，形成的多边形折线闭环即反映了个人当前的综合素质概况。示例如图7-2所示。

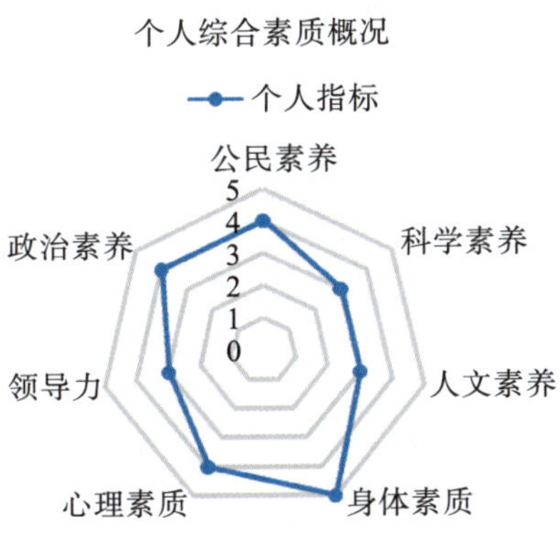

图7-2 个人综合素质雷达图

从雷达图可以看出，如果某项指标的值趋向于内圆，则说明该项指标情况较差，需采取措施加强培养；如果某项指标的值超过了中间圆，甚至接近最大圆，则表明该项指标较有优势，需予以巩固和发扬。

☑ 章节回顾

本章从公民素质、科学素质、人文素质、身体素质、心理素质、领导力、政治素质7个方面介绍了大学生的综合素质。同学们需要认识到当今大学生综合素质的现状和存在的问题，掌握有效提升综合素质7个方面的方法与途径。希望大家珍惜大学校园里的各种资源，珍惜当下每一天，努力加强个人修养，早日成长为具有扎实专业基础和全面综合素质的人才。

☑ 延伸阅读

[1] 张德芬. 遇见未知的自己[M]. 北京: 华夏出版社, 2008.

[2] 奥里森·斯维特·马登. 信念力[M]. 马林梅, 译. 重庆: 重庆出版社, 2011.

[3] 沃伦·本尼斯. 七个天才团队的故事[M]. 张慧倩, 译. 北京: 中国人民大学出版社, 2008.

[4] 边慧敏. 大学生领导力提升[M]. 成都: 西南财经大学出版社, 2012.

Part4

规划篇　运筹帷幄攻略制定

◆ 规划学业“事预则立”

◆ 实施管理“因人而异”

第八章　规划学业“事预则立”

☑ 本章导读

从前有两个年轻的画家，一个画家用一天的时间画了一幅画，然后用一年的时间去卖，却始终无人问津；另一个画家则用一年的时间画了一幅画，只用一天的时间，就将画卖出了很好的价钱。在现实中，很多同学都在演绎着这两个画家的故事：有的同学进入大学后就无所事事，过着轻松惬意的象牙塔生活，却又天天梦想着毕业时找到一份好工作；有的则注重平时的努力和积累，在毕业时水到渠成地实现了自己的目标。这就是有无学业规划带来的不同。

这一章，我们就来谈一谈大学学业规划的建立与管理。通过学习，希望每一位同学都能为自己描绘一幅四年后的美丽画卷。

☑ 典型案例

案例1：小张是一名大四学生，在求职应聘中屡屡碰壁，可他发现身边很多学习成绩不如自己的同学，在找工作时却如鱼得水。这些同学中，有的工作经历突出，擅长组织活动；有的科研竞赛和课题项目突出，擅长解决技术问题。而自己优于他们的仅仅是学习成绩，简历中除了学习情况，几乎没有其他内容可写。

案例2：小周是一名刚入校的新生，一进入大学，就被校园里丰富多彩的活动所吸引。于是他同时报名参加了近10个社团组织，希望全方位提升自己的能力。然而开学仅一个月，小周就感到有些吃不消了，因为他没有足够的时间和精力，去参加每一个社团组织的活动。他有时甚至有疲于奔命的感觉，这已经影响到他正常的生活和学习了。

在大学里，你是否也遇到了小张和小周同学一样的困境呢？或者你现在没有感受到就业和未来职场的竞争压力，所以每天仍然过得轻松惬意、自由自在。现在的安逸也许就为未来的奔波埋下了隐患，因为你还没有进行学业规划。下面就让我们一起来认识一下大学的学业规划吧。

第一节 大学学业规划概述

◎大学学业规划的含义

我国学业规划理论的较早提出者、学业规划与升学志愿决策研究专家张恒亮，从职业发展与学业规划两者关系的角度出发，将学业规划定义为为了提高求学者的人生职业（事业）发展效率，而对与之相关的学业所进行的筹划和安排①。

大学学业规划的提出源自职业生涯理论。根据该理论，我们将职业生涯发展划分为4个阶段：职业准备和选择阶段、职业生涯早期、职业生涯中期、职业生涯后期。由于每个阶段具有不同的职业发展状况，所以各阶段面临的职业发展任务也就不同。大学时期处在职业准备和选择阶段，根据这个阶段的主要特点和任务，学术界提出了大学生学业规划的概念。

具体来讲，大学生学业规划是指大学生通过对自身特点（包括性格、兴趣、能力等）和社会未来需要的正确认识和深入分析，确定自己的事业（职业）目标，进而确定学业发展方向，然后结合自己的实际情况（经济条件、工作生活现状、家庭情况等）制订学业发展计划。

通俗地讲，学业规划就是通过解决大学生朋友们为什么学、学什么、怎么学、什么时候学、在哪里学等问题，达到用最小的求学成本，学习成长为满足职业目标要求的合格人才的目的。

◎大学学业规划的意义

同学们进入大学后，虽然身份变成了大学生，但是从本质上转变角色仍然需要一个过程。我们知道，高中时期的学习主要是以授课老师为主导，学生更多的是被动接受知识，平时只要跟着老师的进度完成好所有的学习环节和学习任务，就可以达到升学这个最重要的目的。而大学的学习，主要是以学生自学为主，老师讲授为辅，学习的目的不仅仅是考试和升学，还有其他很多方面。所以大学生有必要针对自己的实际情况，制订个人学习目标和学业规划，从而提升学习的自主性。对于大学生而言，制定学业规划有以下几个方面的意义。

1. 尽快适应大学

新生入学，面对生活环境、人际关系、学习内容和方式以及角色地位的转变，在感到新鲜、充满好奇的同时，也感到茫然和无所适从，存在独立和依赖的矛盾、理想与现实的

---

① 张恒亮: 中国教育在线教育人博客, http://www.eol.cn/html/blog/zygh/.

矛盾、自信与自卑的矛盾、渴望交往和自我封闭的矛盾。学业规划，从个人特点和现实情况出发，将个人世界与外部世界有效地结合，帮助同学们分析个人特质，挖掘个人潜能，科学合理地安排学习和生活，从而有助于同学们度过适应期，以最短的时间找到自己成长的方向。

2. 有利于确立以学为主的观念

如果没有学业规划，很多同学就容易将大学的宝贵时间和精力荒废，容易陷入与学业无关的琐事中。大学生学业规划对同学们的日常学习生活有重要的指导和督促作用。有了明确的规划，同学们就可以把现在学的点滴知识与未来目标联系起来，就会更加重视现在、珍惜现在、把握现在，集中时间、精力和资源于自己选定的学业，从而沿着自己设定好的方向稳步前进。

3. 增强职场竞争力

通过学业规划，同学们可以更好地认识自身的个性特质，发现现有的和潜在的资源优势，从而重新认识自身的价值并使其持续增值。有效的学业规划，可以引导我们对自己的优势与劣势进行对比分析，从而更清晰地看清自己；可以引导我们树立明确的学业发展目标与未来职业理想；可以引导我们评估现状与目标之间的差距，找到薄弱环节；可以引导我们学会如何运用科学有效的方法、采取切实可行的措施，不断地增强个人职场竞争力，为实现职业理想做好准备。

4. 促进积极向上和自我完善

学业规划是对大学生的一种有效鞭策。随着学业规划中一个个具体目标的设定、评估、跟踪、实现，同学们会越来越有紧迫感，越来越有成就感，越来越有信心，久而久之，思想和心态就会变得积极向上。由于学业规划为同学们描绘了一幅大学四年的清晰图画，所以同学们对学业目标的实现过程会有明确透彻的认识，从而督促自己不断进行自我完善。

☑ 案例分析

案例：小张是一名大四学生，在求职应聘中屡屡碰壁，可他发现身边很多学习成绩不如自己的同学，在找工作时却如鱼得水。这些同学中，有的工作经历突出，擅长组织活动；有的科研竞赛和课题项目突出，擅长解决技术问题。而自己优于他们的仅仅是学习成绩，简历中除了学习情况，几乎没有其他内容可写。

案例点评：案例中的小张同学，就是因为在大学阶段没有进行学业规划，按部就班地学习大学课程，没有找准个人未来的发展方向，才在临近毕业的求职过程中，发现对社会的需求准备不足，因而导致了求职困难。该案例较好地体现了学业规划对于大学生的意义。正如前文所述，学业规划能够增强同学们的职场竞争力，能不断地促进同学们进行自我完善，在学习成绩保持稳定的同时，培养社会需要的多种能力，为将来的求职和职业生涯发展打下坚实的基础。

第二节　大学学业规划制订

◎制订大学学业规划目标

经过上一节的学习，同学们已经清楚了大学学业规划不仅是对学习方面的规划，还要综合考虑社会对当代大学生的要求。知识、能力、素质是大学生社会化的三大要素，同学们在制订定个人学业目标时，应考虑将构建合理的知识结构、培养科学的思维能力和较强的实践能力，以及提高全面的综合素质统一起来，从而制订出适合自己、满足社会的学业目标。

1. 合理的知识结构

合理的知识结构是大学生成长成才的坚实基础，也是胜任现代社会职业岗位的必要条件。那么什么样的知识结构才是合理的知识结构呢？当前学界普遍认可的主要有蛛网式、金字塔形、飞机式等多种知识结构模式。

蛛网式知识结构模式，是以专业知识为网络核心，与专业相近的相关知识和起间接作用的基础知识构成网状连接。因为这种知识结构模式是以专业知识为一个“中心点”，强调专业知识的核心作用和整体知识结构的相互连接、相互协调作用，因此复合型人才更需要此种模式。

金字塔形知识结构模式，形似金字塔，以广博的基础知识为塔基，塔的中间部分为专业知识，塔尖为专业前沿知识，它们共同构成一个宽度、深度和精度相统一的知识结构体系。这种知识结构的特点是强调基础知识的宽厚扎实，专业知识和专业前沿知识的精深度以及主攻方向的明确性。

飞机式知识结构模式，顾名思义，其机头由系统的马克思主义理论知识构成，机身由专业知识构成，机翼由相关知识构成，机尾由基础知识构成。这种知识结构模式的特点是成才主体方向把握准，飞行动力足，飞得高，速度快，飞得持久。

大学生应该根据自身特点和实际情况选择适合自己的知识结构。

2. 科学的思维能力

大学的人才培养，不仅仅是教授学生科学文化知识，更重要的是对其科学的思维能力的培养和锻炼。科学的思维能力，是大学人才培养目标的重要组成部分。

在现实中，培养和锻炼系统的、科学的思维方式，会使大学生掌握的专业知识如虎添翼，会使其在学习和研究上少走弯路、少兜圈子，进而促进同学们在当前的学业和未来的专业领域取得更大的成就。

科学的思维能力是大学生在大学期间需要培养的重要能力，是处理好复杂问题的前提。因此，大学生在制订自己的学业目标时，一定要考虑对自己思维方式的培养。这就要求大学生不能只会读懂课本上的知识、只会考试，还要学会运用理论知识，解决实际问题，培养和锻炼自己分析问题、解决问题的能力。科学的思维能力的培养，并非一朝一夕、一蹴而就的，需要我们运用所学的知识，不断地在现实中锻炼，还需要我们反复练习，不断摸索，逐渐提高。

3. 较强的实践能力

实践能力是现代社会对大学生的基本要求。虽然大学生还是应以学为主，但如果只是把学理解为简简单单的记住知识、应付考试，那就大错特错了。高等教育要求大学生能够全面和深入地掌握在未来职业发展中解决实际问题所需要的知识、能力。相较于中学，大学将学生的专业学习和训练作为一种培养能力的载体，对于大学生实践能力的培养提出了更高的要求，并具有更加强大的组织计划性。围绕专业的培养目标要求，设置有效的第一课堂实践教学体系，有组织地引导大学生参加第二课堂实践活动，将学科知识的学习与解决社会实际问题融合在教学活动中。只有真正地将知识运用到实际，知识本身才具有价值。

4. 全面的综合素质

全面的综合素质是当代大学生提高职场竞争力的必然要求。在职场竞争日益激烈的今天，几乎每一个岗位都需要求职者具备多方面的技能。对人才一专多能或几专多能的要求，已经成为当今社会的共识。因此，大学生不能只将自己的目光放在某一项素质能力的培养上，而应该更多地注重自身综合素质的提高。

大学生综合素质的基本内容已在本书第七章有所论述，本章不再赘述。

练习题

我的综合素质测试

如果有同学想测试一下自己的综合素质，可以尝试在“中国大学生测评网”（网站地址：http://www.chinadxscp.org/）进行测试。这是配合教育部《国家中长期教育改革和发展规划纲要（2010—2020年）》实施，面向全国高校大学生进行综合素质与学习发展能力综合测评的一家网站。

该测评体系包括：①综合素质测评维度（包括大学生基本素质、身体素质、健康与心理素质和发展素质等测评子维度）；②核心素养测评维度（包括大学生人文底蕴与文化修养、社会责任与国家认同等测评子维度）；③学习发展与创新能力测评维度（包括大学生学习方法与能力、行为能力与创新实践能力等测评子维度）。通过对大学生在各个学习发展阶段的综合素质、道德思想品质、文化修养和学生发展能力等方面进行的综合测量与评价，并针对参测学生个人和集体提供科学量化的数据，为学生管理部门提供系统化的学生素质与发展能力分析报告，更有针对性地对学生进行综合素质、学习发展能力等方面的辅导与提高。

此外，同学们给自己设订目标，需要遵循目标制定的SMART原则，即5个英文单词的首字母组成的五项要点。

S即specific，代表具体的，是指学业规划要切中特定的目标，越明确越好，不能笼统、含糊不清。比如，我们与其设定“更好地利用时间”这样的目标，不如把目标设定为：我一天只能花不超过一个小时的时间睡午觉；我每一周都要花两个小时的时间上网查找有关某职业的资料。

M即measurable，代表可以量化的、可以评估的，是指验证学业规划目标的数据或信息是明晰的、可以获得的。比如，我们与其说“加强社会实践”，不如说“在两周内加入一个学生社团，并在本学期参加三次这个社团的活动”。

A即attainable，代表可实现的，是指学业规划目标在付出努力的情况下是可以实现的，要避免设定过高或过低的目标。比如，我本学期的学习成绩专业排名是50%，那么我的目标设定为“下学期期末争取专业排名前20%”，就比“下学期期末争取专业排名前5%”要合理。

R即relevant，代表有意义、有价值的，是指制订的学业规划目标要有奖惩措施，对于促进大目标的实现是积极的。比如，我们可以把目标制订为“一个月内如果没有完成某科技竞赛项目，就利用‘十一’7天的时间完成这个任务，取消假期出行计划”。

T即time-bound，代表有明确时间限制的，是指注重完成学业规划的特定期限。比如，我们与其说“大学毕业前完成……”，不如说“一周内完成……，这个月要完成……，本学期我计划完成……”。

目标制订好后贵在执行，需要同学们为实现这个目标而全力以赴。等这个目标实现后，再制订下一个目标，再去实现……这样我们制订目标才有意义，才有可能完成最终的学业规划。

☑ 案例分析

案例：小柳就读于一所非重点大学的机械制造专业。就业季，在别的同学还奔波于各个招聘会时，她已经如愿地收到三家意向单位的录取函，并最终顺利签约。翻开她的履历表可以看到：专业成绩年级排名前15%，英语六级，雅思6分，获国家级竞赛二等奖，发表过散文。探寻她的成功，小柳说，这得益于从大一开始就给自己定下了一个个小目标：大一时通过了英语四级考试；大二更进一步，拿到了英语六级证书；大二下学期，就在别的同学报考计算机二级时，她选择了报考计算机数据库三级，也顺利拿到了证书；课余时间，她坚持自己的爱好写作，是校园某杂志社的负责人；此外，他还积极参加了演讲比赛、论文比赛，锻炼自己的口才和应变能力；大三暑假在老师的推荐下，参加了某公司的生产实习；大三暑假结束，整理并制作好自己的个人简历，还从图书馆、网上找了很多关于笔试、面试的经验集。

案例点评：小柳同学的成功正如她自己所说，得益于一步一个脚印的努力。专业素质过硬、综合素质突出，她虽然没有名牌大学的先天优势，但靠着自己有目标、有计划的不懈努力，最终成为具有核心竞争力的炙手可热的人才。

◎设计大学学业规划

设计好大学的学业规划，首先要捋顺一个逻辑关系，即每一个小计划是实现大规划的基础，而大规划是小计划加总以后的结果。若是小计划全部实现，那么大规划就会随之实现。接下来，我们可以写下一个大的规划，认真地问自己：要实现这个大规划的条件是什么？列出实现这个大规划所有的必要条件。而你所列出的这些条件，就是我们需要去完成的小规划。

把每一个小规划设计出来之后，我们可以再往下思考，实现这个小规划的必要条件又是什么呢？把这些条件再继续罗列出来。如此类推，直到写出我们当下要做的具体事情，即一个个小计划。这个时候我们需要从大规划，到当下要做的具体事情，再反向回去，不断地去问自己：如果所有的这些小计划都实现了，那么大规划或者说我们最终的学业规划是否就一定能实现呢？

如果你的回答是“一定”，那么恭喜你，你的学业规划初步设计就完成了。如果你的回答是“不一定”，那么就需要你再想想，还忽略了哪些条件？还有哪些部分我们没有充分考虑进去？再去不断补充，直到自己的回答是“一定”为止。

完成了这个初步规划后，我们还需要按大学四年的时间顺序梳理分解我们的学业规划，即制订学业规划。可以按照以下的思路进行：四年总的学习目标—每一学年的学习目标—每一学期的学习目标—每一个月的学习目标—每一周的学习目标—每一天的学习目标。这样使得学业规划落实到学习生活的每一天，确保学业规划的严谨和可行性。下面，我们就以时间为序，来学习一下如何在大一适应期、大二探索期、大三定向期和大四冲刺期分阶段地设计学业规划。

阅读小贴士　分段实现大目标

1984年，国际马拉松邀请赛在日本东京举行，冠军头衔出人意料地被名不见经传的日本选手山田本一夺得。当记者问他凭什么取得如此惊人的成绩时，他意味深长地说："凭智慧战胜对手。"当时，很多人都认为这个小个子是在故弄玄虚：马拉松比赛最重要的是素质好和有耐力，只有素质好又有耐心，才可能夺冠，爆发力和速度都是其次的，说用"智慧"取胜实在不能使人相信。两年后，马拉松比赛在意大利的米兰举行，山田本一再次代表日本参加比赛，他又一次获得了世界冠军。记者又请他谈经验，山田本一回答的仍然是上次那句话："用智慧战胜对手"。这一次，人们对他的话不再完全不信，甚至不再挖苦，但对所谓的"智慧"仍然迷惑不解。10年后，这个谜底终于被揭开了。他在其自传中这么写道："每次比赛之前，我都要乘车把比赛的路线仔细地看一遍，并把沿途比较醒目的标志画下来。比如第一个标志是银行；第二个标志是大树；第三个标志是一座房子……这样一直画到赛程的终点。比赛开始后，我就以百米的速度，奋力地向第一个目标冲去，等到过了第一个目标后，我又以同样的速度向第二个目标冲去……40多公里的赛程就这样被我分解成许多个小目标，一段段轻松地跑完了。起初，我并不懂这样的道理，常常把我的目标定在40多公里终点的那面旗帜上，结果我跑到十几公里时就疲惫不堪了。我被前面那段遥远的路程给吓倒了。"这或许就是规划带给我们的力量。

1. 大一学年引导适应型学业方案设计

大一是大学后三年的基础。在大学一年级，同学们首先面对的最重要的任务，就是如何更好地、更快地适应大学。大一新生，面对新的环境、新的挑战，要及时调整自己的心态，明确大学的学习生活与以往的不同。

其次，是对个人进入大学后的学业状态进行评估，包括学习目标、学习动力、学习方法、学习习惯、时间管理等方面，进而养成不断审视自己、评估自己的习惯。

再次，就是努力学好基础课程。大一的课程学习主要以公共基础课等必修课程为主，基础课业占据日常较多的时间，这一年是连接高中学习与大学后续学习的过渡期。在这一年里，同学们学习不仅要跟得上、学得懂、学得通，还要多涉及与本专业或个人兴趣点相关的专业知识，尽量扩展自己的知识面，明确自己的努力方向，找到适合自己的大学学习方法。

最后，就是对课程学习之外的其他方面的探索。大学不同于中学，只知闷头苦读是不行的，除了适应学业外，还需要注重拓展自己的“面”。比如，加入一些兴趣社团，承担班团活动的组织，帮助老师完成一些工作等。通过这些尝试，我们可以逐步认清自己的优缺点与爱好，为下一步的学业规划奠定基础。需要提醒同学们的是，因为每个人的时间、精力有限，我们无法面面俱到，因此更需要在时间安排上做好规划。

在全面深入地剖析了个人情况以及学校所能提供的各种资源后，就要着手制订自己的学业计划。在大一学年，同学们制订规划一定要坚持稳中求进、循序渐进，切勿急于求成，把自己弄得疲惫不已，这样反而收获甚微。

☑ 案例分析

案例：小周是一名刚入校的新生，一进入大学，就被校园里丰富多彩的活动所吸引。于是他同时报名参加了近10个社团组织，希望全方位提升自己的能力。然而开学仅一个月，小周就感到有些吃不消了，因为他没有足够的时间和精力，去参加每一个社团组织的活动。他有时甚至有疲于奔命的感觉，这已经影响到他正常的生活和学习了。

案例点评：小周的经历可能反映了部分大学新生的状态。高中时期，由于高考的压力，很少有同学思考自己真正想要什么，想成为一个什么样的人。进入大学后，由于没有了升学考试的压力，很多同学就迫不及待地开始各种尝试，希望能从中找到自己的擅长之处，或全方位锻炼自己的能力。但这样的做法不仅会让自己陷入盲目—忙碌—茫然的恶性循环，还有可能把自己搞得疲惫不堪。所以，像周武这样，缺乏对自己的正确审视，在大一时没有规划就盲目尝试的做法，很不可取。

阅读小贴士　看爱因斯坦如何做学业规划

爱因斯坦在进入苏黎世联邦工业大学后，立即为自己拟定了一份学业规划，内容如下：

“我用四年的时间学习数学和物理，我希望自己能成为自然科学中某一些学科的教授，我将选择理论性学科。”

“我制订计划的理由：①我喜欢抽象思维和数学思维，缺乏想象和解决实际问题的能力；②这是我自己的愿望，它激励我做出类似的决定，以考查我的毅力。自然地，人总是喜欢干他有能力做的事。另外，科学工作很有独立性，这正合我意。”

2. 大二学年定向塑造型学业方案设计

同学们经过大一时的懵懂适应期，心中对新鲜事物的好奇与热情慢慢消退，逐渐进入大二的迷茫期。不明确自己应该做什么，是这个时期最困惑的问题，旷课、沉溺游戏等现象可能会出现。然而，大二是大学生锻炼能力、提升专业水平的关键时期，因此大二学年的学业方案分解与确定更具必要性。

大学二年级，同学们在学好专业基础课的前提下，应积极寻求培养自身综合能力和开展职业生涯规划的机会，确立符合自身实际和社会需要的职业发展方向。在深入分析自我优势和劣势的基础上，制订出适合自身的阶段性学业发展计划。作为大学生，应该意识到自身的综合能力在今后就业和人生道路上发挥着重要作用。在大二阶段，同学们应适时放眼今后的就业，开始考虑未来是深造还是就业的出路问题。要有针对性地检验自己的知识技能，有计划地通过出国外语考试或获取计算机等级等相关证书，并开始有选择地辅修其他专业知识来充实自己。同时，应该开始更加聚焦地、有取舍地开展社会实践活动，并坚持下去，最好能在课后长时间从事与自己未来职业相关的活动，注重这种持续的积累。同学们还应有目的地培养各方面的能力，如计算机应用能力、情绪管理能力、语言表达能力、交流技巧等。

练习题

简单的自我剖析

认识自己，是成功者的必备要素。也许，我永远无法认清自己、看透自己，但也要走在认识自己的路上，永不放弃，接近那个最真实的自己。

给每个人都发一张白纸，将白纸对折两次。上面的两部分分别写上自己的优点和缺点；下面两部分分别写上如何在大一期间发挥、强化自己的优势和改掉缺点。如图8-1所示。

优点： 性格：谨慎，细心，稳重 学业：思维活跃，学习能力强，文笔好 做事：逻辑思维强，较理智 做人：做事有效率	缺点： 性格：爱钻牛角尖，固执 学业：动手能力薄弱，知识实际应用能力缺乏 做事：沟通能力不足，表达能力较弱 做人：说话有时太直白，容易伤人
优势强化： ①加入学生会编写文案、策划——文笔与理性；加入科协——锻炼自学能力； ②学会协调时间，制订规整的周计划表，争取工作与学习两不误——办事效率、细心	改进缺点： ①加入科协，积极报名电子设计比赛——知识应用能力； ②加入学生会——沟通能力，表达能力； ③多参加人文讲座，多读书——学会放宽心

图8-1　简单的自我剖析

首先，经过大一学年，同学们应该逐渐找到了自己的兴趣点，明确了自己究竟想干什么。兴趣是理想产生的基础，是努力奋斗的源泉，兴趣与成功有着明显的正相关性。不少同学在大一学年都会参加很多社团协会，都会非常踊跃地参加班团活动，担任学生干部，但人的精力毕竟有限，我们不可能把太多的时间和精力放在社会活动上，而忽略了自己的学业。同时经过一段时间的尝试和了解，新入校时对校园活动的新鲜劲儿也会慢慢消退。这时同学们就需要根据自己的兴趣爱好，有选择地参加少量社会活动，主动放弃一些社团组织，学会选择，学会取舍。也就是在大一拓展“面”的基础上，主动将行动聚焦在某一个或某几个“点”上。

☑ 案例分析

案例：小高同学刚入校时，对大学生活充满了好奇，于是她一股脑地报名参加了6个社团，同时还兼任着学院学生会的职务。大一一年，她的生活的确充实，每天似乎都有忙不完的工作，参加不完的活动，每门功课都仅仅是勉强及格。到了大二，她还是舍不得放弃，学生活动、科创项目，什么都想参与，但随着学业压力的陡增，她感觉有点吃不消了。每天似乎都在上课和参加组织活动之间疲于奔命，有时还要“翘课”参加活动，几乎没有课后自习的时间，个人的休息也受到了很大影响，经常上课睡觉或干脆躲在寝室里睡觉。结果大二结束，她的成绩一落千丈，到了学业警示的程度。

案例点评：案例中的小高同学，就是一个因为过度参加学生活动而耽误了自己学业的典型。究其原因，就是小高没有在广泛参加社团活动的基础上，认真寻找自己的兴趣点，没有认真思考与规划，于是什么都舍不得丢掉，造成了她盲目参加很多活动、疲于奔命的状况。其实，对于每一个人来说，做出“获取”的决定比较容易，难的是做“放弃”的决定。学会选择与放弃本身也是一种能力，而这更需要智慧。

其次，经过大一学业和活动等方面的锤炼，同学们要分析自己的能力、性格，确定自己能干什么。能力是人的综合素质在现实行动中的表现，是正确驾驭某种活动的实际本领和熟练水平。任何职业都要求从业者掌握一定的技能。而性格特质也是个人择业的重要考虑因素，从某种程度上也决定着一个人未来职业发展的水平。在此基础上，结合自己的兴趣爱好，基本明确自己未来的发展方向。

再次，开始着手了解社会、了解职场，立足社会不断发展变化的职业需求，逐渐明确个人的职业发展定位。把自己的兴趣爱好、能力特长、社会需要结合起来，把想干什么、能干什么、社会要求干什么有机结合起来，才是确定职业发展的科学依据。此外，还要注意避免盲目跟风、随大流，选择社会需要又最适合发挥自身优势的职业发展方向和研究领域才是最好的。

最后，将自身特点与职场进行匹配，初步找到今后个人发展的目标，并采取有效行动。在大二学年初步找到个人职业发展目标，是后两年学业规划的前提和基础。这个目标可以是比较模糊的，未必要明确具体的工作岗位，或毕业五年后要成为一个什么样的职场人士等。另外，不仅要找到目标，还要敢于去实现这个目标。要将个人时间和精力聚焦，主动学习，充分调动自身潜力，积极地朝目标迈进。

练习题

根据自己的情况，对以下测试题目选择“是”或“否”。

主动性学习测试

序号	测试题目	是	否
1	老师上课提问时，我不喜欢听同学回答问题和老师总结。		
2	我的学习成绩如果比别人差，就会感到难过。		
3	做功课和接待朋友这两件事，我更喜欢后者。		
4	每天晚上和星期日的学习时间，我都安排得井井有条。		
5	我觉得学习是一件苦差事		
6	在作业中遇到难题时，我喜欢自己动脑筋思考去解决。		
7	我很少预习，也照样听课。		
8	在假期我也是每天学习，从不赶作业。		
9	不感兴趣的课程，我就不愿花很大力气去学。		
10	我喜欢和别人讨论学习中的问题。		
11	我在考试前“临阵磨枪”，效果往往挺好。		
12	我听课时从不走神，总是尽量领会老师讲课的内容和意图。		
13	学习成绩好不好，我不在乎。		
14	即便是我特别想看的电视节目，在没做完功课前我也不会看。		
15	老师留的选做题太难了，我一般都不会做。		
16	就是想多学一点知识，考试不考试无关紧要。		
17	我在学习上有忽冷忽热的毛病。		
18	我喜欢琢磨习题的多种解法。		
19	上课没听明白的问题，也不愿意向老师或同学请教。		
20	我不在乎老师讲得好不好，主要靠自己努力。		
21	喜欢解答能从教材中找到答案的习题。		

续表

序号	测试题目	是	否
22	偶尔一次考试不好，我不气馁，总会赶上的。		
23	我在学习时有点噪声就学不下去了。		
24	不管老师布置不布置作业，我都有自己学习的内容。		
25	现在学习的东西，将来用不上，不是白学了吗？		
26	平时有个小病小灾的，我从不耽误学习。		
27	每次发下试卷，只要听明白老师的试卷分析就不再改正自己试卷中的错误。		
28	当天的功课当天完成，我从不拖拉。		
29	我不喜欢看课外参考书。		
30	每次考试后，我都会分析自己的试卷，找出知识中的缺陷。		
31	每天课后写完作业，我就觉得踏实了。		

偶数序号的内容，选择“是”的计1分，选择“否”的计0分。

奇数序号的内容，选择“是”的计0分，选择“否”的计1分。

25～30分，学习主动性很强，请你继续保持；

16～24分，学习有主动性，还要努力一点；

15分（含）以下，学习缺乏主动性，去向好的方向努力吧！

3. 大三学年巩固提升型学业方案设计

经历过大一的懵懂、大二的塑造，同学们在大三时应该已经感受到了自身的变化。大三是全面提升专业知识能力的阶段，而扎实地掌握专业知识是赢得未来的基础。随着专业课程的深入，同学们会将精力越来越多地用在专业知识的学习上。与大一、大二学习基础课程不同，大三所学的知识几乎都与专业直接相关，知识获取的难度也相对提升。这对同学们的学习要求更高，尤其是在自学能力方面。

大三是一个重要的分流期，每个人在大学毕业后的道路也在此时明晰。一般来说，大三摆在我们面前的通常有4条路：国内读研、出国深造、就业和自主创业。针对不同的道路，我们需要巩固和进一步规划的学业方案也是不同的。我们建议同学们最好在大三第一学期就定好毕业目标。

1）国内读研

选择在国内读研究生的，基本上都是对自己的专业知识和科研能力有更高的要求，希望能在研究生阶段更多地在学术领域提升自己的同学。选择了读研，在大三就需要持续积累专业知识，寻找自己今后的研究方向，从而更加深入地学习知识，开展科研项目。

寻找自己的专业兴趣，对于之后的科学研究至关重要。进入大三，专业课大量增加，给同学们授课的老师往往也是学院的专业教师，能跟同学们在专业上进行探讨，给同学们很多专业上的建议。在学习专业基础课时，要有意识地寻找自己的兴趣点，将它挖掘出来，并与老师积极讨论，甚至可以进入科研团队，跟着老师学习、做项目，将书本上的知识应用于具体的科学实践中，以加强理解。

对于可能保研的同学，可以在大三下学期就着手联系导师，确定意向保送的高校。目前国内很多高校都会在大三末的暑期举办各种类型的推免生夏令营，通过夏令营提前选拔优秀学生。同学们可以在每年的4～5月关注意向高校的研究生招生网站，收集相关信息。对自己的学习成绩比较有自信的同学，千万不要错过这条保送的“捷径”。

2）出国深造

对于那些想要走出国门、到国外深造的同学而言，及时规划、严格执行计划就显得更为重要。经过前两年的积累，做此选择的同学在大三年级最为重要的是明确自己出国后的研究方向以及目标院校。对于选择自己感兴趣的研究方向，与前文所述的国内读研异曲同工。在大三，这类同学还要加强自我管理，办理护照签证、语言成绩的获取、在校成绩的开具等工作，都需要自己亲力亲为。

在大三学年，这类同学首先是要做好自己长期的出国规划，明确自己出国求学的目的、出国锁定的区域、院校以及研究方向。此外，还要注意收集整理相关的材料与经历，为日后的申请手续做好准备。

其次是突破语言关。外语的学习与出国深造的地域有着紧密的联系，去的地域不同，参加的考试也不同。所以在明确自己理想的院校后，要积极备战出国外语考试。语言的准备需要花费大量的时间与精力，需要大家及早准备，在专业学习和语言学习之间合理分配时间。要尽早拿到相关语言成绩，并注意这些考试的时效性，注意相关时间节点。除了语言成绩外，还需要根据相关国家及专业的要求考取美国研究生入学考试（GRE）、经企管理研究生入学考试（GMAT）、法学院入学考试（LSAT）等。

最后是在自己感兴趣的科研方向，即想要申请出国的研究方向上做出一定成绩的研究，通过科研项目、论文发表，增加自己的科研履历，为撰写申请文书积累素材。

☑ 案例分析

案例：小黄是某重点大学的毕业生，是同学们眼中的牛人。大一时进入了学院实验室，在学习相关专业知识的同时积极参与论文发表，整个大一学年都对自己严格要求，不仅学习成绩名列前茅，还发表了SCI、EI论文。大二时萌生出国的念头，准备并参加了托福考试，取得110分的优异成绩。大三时利用暑期参与了学院与美国西北大学的交换生项目，在美学习一学期。大四毕业时拿到了多所国外知名高校的录取通知书，最终选择去卡内基梅隆大学继续攻读研究生。

案例点评：小黄同学的经历之所以让同学们羡慕，就在于他结合了自身的优势和特长，对自己的大学生活进行了合理科学的学业规划。他在模糊地有了出国学习的想法后，逐步清晰自己的方向，在大学整个阶段努力奋斗、钻研学业，并最终度过了有意义的大学生活，实现了自己的梦想。

3）就业

对毕业后的定位是直接选择就业工作的同学，在进入大三后需要重视自己今后的职业发展问题。在完成学业的同时，要多与学长或职业人士交流，收集求职信息，学习求职经验，了解行业现状等。同时学习写求职信，完善个人简历。

选择直接就业的同学，需要根据前期的学业规划，进一步明晰自己的意向工作岗位。要将工作岗位所需的条件与个人实际情况一一罗列，认真对比，找到自己在这一年里的努力方向。如果条件允许，还要在假期积极开展与目标岗位相关的社会实践，最好是能到用人单位参加实习。需要注意的是，进行假期社会实践，同学们应尽量找与自己目标岗位接轨的实习岗位，这样既可以让专业知识和实际技能在实践中得到检验，还可以锻炼自己的实际操作能力，增加工作经验，为成功求职和未来正式进入工作角色打好基础。

4）自主创业

对本科毕业后的定位是自主创业的同学，当进入大三后在完成日常学业的同时，要有选择、有侧重地调整学习状态，多参与学校、学院组织的创新创业项目与孵化计划，在科研项目或竞赛项目的基础上积极延伸、挖掘，强化优势。除了单纯的技术突破外，创业对个人的综合素质也提出了很高的要求。

这类同学要根据市场需求以及自己的兴趣和项目基础，努力发展自己适合的创业方向。为了做好规划，需要将创业所需的资源一一列出，同时对自身能力的要求也要详细列出，将两者综合考虑，整合自己现有的资源并结合形势发展，分析利弊，确保创业项目在正式进入市场后有一定优势。此外，作为大学应届毕业生，在开创自己的事业之前，可以考虑先进入相关公司开展企业实习，熟悉行业发展，增加工作阅历，积累创业经验，为自主创业打下基础。

综上所述，进入大三后，每一位同学最好都要明确个人毕业后的去向，针对不同选择开始充分准备，不断完善自我。其实此时做出的决定，归根到底也是对大学前两年付出与收获的一次小结。针对4种不同的毕业去向，我们给出了如表8-1所示的建议。

表8-1　4种不同毕业去向分年级准备事项

毕业去向	年级	准备事项
国内读研	大一	订立目标，并学好基础课程
	大二	认真学习专业基础课，开始接触科研项目
	大三	确定报考院校、专业等，着手准备考研复习；意向保研的同学需积极关注各高校推免生夏令营，提前联系导师
出国深造	大一	越早打定主意越好，各门功课都争取好的绩点
	大二	准备相关语言考试成绩，抓住机会尝试一些小的科研项目
	大三	开始准备与研究方向相关的科研经历，并关注校园内外的出国出境交流项目
直接就业	大一	学好基础课程，广泛参与校园活动
	大二	有选择性地开展实践活动，提高自己的综合素质
	大三	明确就业目标，有侧重地学习相关课程，锻炼动手能力和解决实际问题的能力，积极寻找实习机会
自主创业	大一	充分了解自身与兴趣行业，积极延伸拓展，打好学业和专业基础
	大二	积极参与好的项目，积极投身创业活动
	大三	组队参加创业比赛，基本明确创业方向，关注行业发展动态，积累职业经验

关于4种不同毕业去向的大学学业规划要点与实施步骤，我们将在本书第九章介绍。

阅读小贴士　霍兰德职业兴趣测试

霍兰德职业兴趣测试是由美国职业指导专家约翰·霍兰德（John Holland）根据他本人大量的职业咨询经验及其职业类型理论编制的测评工具。霍兰德认为，个人的职业兴趣特性与职业之间应有一种内在的对应关系。根据兴趣的不同，人格可以分为研究型（I）、艺术型（A）、社会型（S）、企业型（E）、传统型（C）、现实型（R）6种类型，每个人的性格都是这6种类型不同程度的组合。大多数人都并非只有一种性向（比如，一个人的性向中很可能同时包含社会性向、现实性向和研究性向）。他认为，这些性向越相似，相容性越强，一个人在选择职业时所面临的内在冲突和犹豫就会越少。为了帮助描述这种情况，霍兰德建议将这6种性向分别放在一个正六角边的每一角上。在六边形上处于对角位置的类型之间即为相对关系，如RS、IE、AC、SR、EI、CA，相对关系的人格类型共同点少，因此，一个人同时对处于相对关系的两种职业环境都兴趣很浓的情况较为少见。

霍兰德SDS职业兴趣测试可通过网上进行测评，网址为：http://www.apesk.com/holland2/。

4. 大四学年总结冲刺型学业方案设计

进入大学最后一年，同学们需要在总结前三年学业规划及完成情况的基础上，进一步完善和设计最后一年的学业规划，根据自己早前定下的毕业意向，进行毕业前的最后准备与冲刺（表8-2）。

表8-2 大四学年冲刺型学业方案

毕业去向		事项
读研深造	保研	确定保研资格后，提前进入科研团队，开始课题研究
	考研	准备考研冲刺复习、初试、复试，积极联系导师
出国深造		文书撰写，梳理各类经历，联系意向导师，关注目标学校招生情况，准备各类面试
本科就业		做好知识储备、专业技能、心理素质、就业信息等方面的准备工作，了解近年就业相关政策与当前就业形势，做好求职心理准备，完成求职应聘。做好入职前准备，争取岗前实习
自主创业		做好技术、非技术知识储备，与其他自主创业者多探讨，想办法吸引风投资金，做好产品设计与市场推广

选择在国内读研的同学，进入到最后的冲刺阶段。少数保研的同学可以在确定免试资格后积极申请进入科研团队，开始着手提前进入研究生阶段的学习，跟进科研项目。考研的同学在完成考研复习、初试与复试后，要积极联系导师，开始研究生生涯前的准备工作。这类同学需要在毕业前积极调整状态，尽快完成从本科生向硕士研究生的角色转变。

选择出国深造的同学，需要将关注点放在文书撰写等申请材料的准备上。要认真梳理科研经历、比赛经历、活动经历，关注意向学校和专业的信息，积极联系导师，为自己能被录取增加砝码。

选择就业的同学，应该多接受择业与就业指导，让自己从知识储备、专业技能、心理素质、就业信息等方面做好准备，并制作好个人简历，做好笔试准备，全面学习和练习面试技巧等。还要实时了解相关就业政策和信息，了解就业状况和当前就业形势，提升个人的求职竞争力。此外，做好长期艰苦求职竞聘的心理准备，也是成功就业必不可少的。与用人单位签署就业协议后，在毕业前要积极开展入职前的准备，在不影响完成毕业设计的前提下，可以与用人单位协商，先行到单位进行岗前实习。

选择自主创业的同学，应该做好创业前的各项准备，包括各种技术、非技术知识储备、市场调查、文件政策学习、产品结构框架创新等，也可以向学校创新创业中心等机构的老师或已成功创业的社会人士寻求帮助。同时还可以积极参与国家、地方、学校及相关机构举办的各类创新创业比赛，与同类创业者多交流、探讨，想办法吸引风险投资资金，做好产品设计与市场推广。

练 习 题

（1）制订自己的大学学业方案，并在班级内部组织讨论。

（2）根据对应的年级，书写一份自己的学年简历。

第三节　大学学业规划管理

当我们设计好学业规划后，如何保证其有效执行呢？这就涉及大学学业规划的管理。同学们可以把大学学业规划管理分为4个环节：学业规划强化、学业规划评估、学业规划激励和学业规划反馈。

◎大学学业规划的强化

当制订好个性化的学业规划后，作为执行者，同学们必须用实际行动来保证其完成。大家要保证学习时间，提高学习效率，在规定的时间内完成规定的学业目标。不过在实际执行过程中，我们还是遗憾地看到一些同学要么将精心制订的学业规划束之高阁，不闻不问；要么在执行中虎头蛇尾，半途而废。

这些情况的发生主要是因为同学们在制订学业规划时缺少了一个重要环节，即对学业规划的强化。强化学业规划就是在执行前，充分考虑各类影响因素，详细罗列达成学业规划的好处，罗列在实施过程中将会遇到哪些困难，又将如何克服。通过这些预先设定，同学们可以培养自己积极的心态、顽强的意志，进而产生强大的内动力，从而确保学业规划的顺利完成。学业规划的强化，还包括定期检查目标的完成情况，对于已经完成的目标，给予自己小小的奖励，并鼓励自己完成下一个目标；而对于没有按时完成的目标，则要给自己一些小小的惩罚，以期今后改进。通过这样一点点的坚持，我们慢慢就会养成按时行动并完成任务的好习惯。

◎大学学业规划的评估

大学学业规划的评估是学业规划管理过程中非常重要的一个环节。学业生涯具有动态变化的特点，它不是孤立的、静止的。因此学业规划需要根据学习生活环境、社会需求以及个体主客观情况的变化而适时进行评估，从而为后续学业规划的反馈和目标调整提供依据。评估是用一套客观、特定的方法或步骤，去测度一个人的发展状况或情绪行为表现。

在大学学业发展过程中，计划往往赶不上变化，及时了解情况的变化，及时做好学业规划目标的评估和分析，就显得尤其重要。例如，当一位同学制订了去国外攻读硕士研究生的学业规划，但出国外语考试的成绩一直非常不理想。这时他就需要及时了解目标学校对外语考试成绩的相关要求，然后根据自己的实际情况，进行综合评估，从而考虑是否需要修改目标，如及时将学业目标调整为备考国内高校研究生等，便于及时调整并制订可行的学业规划方案。

学业规划的评估可以促进个人更好的发展，客观有效的评估能够使我们的规划更符合自身的实际情况。学业规划评估可以分为目标评估和实施进展评估。学业规划目标不建议频繁更换，评估可以一个学期为周期，在每学期期末评估该学期的学业规划目标是否达成。实施进展评估则可以按月进行，每个月检查、评估目标实施进展情况，有助于保证目标的有效实施。学业规划评估的方式可以是自我评估，也可以请同学或指导老师（如辅导员或班主任）帮助评估。

◎大学学业规划的激励

激励作为一种重要的管理手段，在大学学业规划操作过程中具有不可替代的作用。有效的激励措施能将人的积极性和潜能激发出来。在激励的作用下，我们会更加坚定、有效、持久地执行学业规划，会比别的同学更加自信与高效。因此，在实际操作中需要制订学业规划在实现阶段目标后的奖励和惩罚措施，即目标完成后怎样奖励自己，目标没有完成又如何惩罚自己。

那么，我们如何进行自我激励呢？同学们可以尝试以下两种方法。

第一，目标激励，即通过目标的设定与不断提醒来督促我们的行为。我们制订的学业规划，一般都会划分为若干个阶段，每个阶段都有其阶段目标，当然这个目标必须是明确的、可实现的、可量化的，即要符合SMART原则。在执行过程中要不断地用这些阶段目标提醒和鞭策自己，让这个目标成为我们行动的动力。

第二，成功激励，即让我们体验到经过自己的努力，获得成功的快感，这是推动我们不断进取的关键因素。我们需要不断地努力发现自身的每一个闪光点，让自己真切地体会到成功，哪怕是一点点进步带来的力量，从而进一步促进自己继续完成下面的学业规划目标。

◎大学学业规划的反馈

学业规划的反馈是指当阶段目标完成后，让思路再回到制订阶段目标的起点，将阶段目标与阶段结果进行比较。审视在这个过程中，哪些目标完成了，哪些与目标还存在差距，思考需要改进的地方。然后，修正和制订下一个阶段的学业规划目标。特别是要准确找到没有完成既定目标的原因，根据学业规划评估的结果，做好学业目标的调整，确保其可行性。

学业规划的反馈不仅是对自身的重新定位，也是对规划制订者的剖析，是自我审视的一个重要过程。它能够帮助同学们更加清晰地认识各种内在和外在因素对学业发展的影响，能够客观地帮助同学们更好地规划学业生涯，从而明确今后一段时期内的主要任务，促进我们向更高的目标前进。

练习题

请每一位同学都写出自己本学年的学业规划，然后请一位了解自己的老师或同学，对自己制订的学业规划进行评估。

☑ 章节回顾

本章介绍了大学学业规划的含义和意义，为同学们详细讲解了如何设定大学学业规划的目标，以及如何根据各学年的特点制订一套完整的大学学业规划。此外，还介绍了如何对大学学业规划进行管理，以保证学业规划的有效实施。希望通过对本章的学习，同学们能够对大学学业规划有深入的认识，并积极付诸实践。

☑ 延伸阅读

[1] 迈克·特弗拉. 我的大学我做主2: 学业生涯规划[M]. 吉扬, 刘佳, 译. 大连: 东北财经大学出版社, 2014.

[2] 姜萌. 思考, 从大学开始[M]. 北京: 北京工业大学出版社, 2013.

[3] 贾杰. 活得明白[M]. 北京: 北京大学出版社, 2015.

[4] 朱佳霖. 大学时光[M]. 哈尔滨: 黑龙江教育出版社, 2013.

[5] 程社明. 你的船你的海[M]. 北京: 新华出版社, 2007.

第九章　实施管理“因人而异”

☑ 本章导读

面对未来，大家选择就业，国内深造，出国留学，还是创业？我们似乎走在了人生的十字路口上，每一条路对应着不一样的精彩。面对未知，我们该如何选择，哪一条路才更适合自己？本章将带你了解就业、国内深造、出国留学、创业4种不同的生涯方向，拨开我们眼前的迷雾，看清未来适合自己的路，并一步一个脚印地走下去。

☑ 典型案例

案例1：小张是一名来自偏远地区的农村大学生，依靠国家资助才读上大学，学业基础相对比较薄弱。但他一直坚信知识可以改变命运，因此从上大学开始，他就坚定了读研深造的决心。在大学期间，他每天都坚持练习自己基础最差的英语、数学。在大三时还主动联系老师进入科研团队，参与科研项目。最后他在考研初试时取得了378分的高分，成功被心仪的导师录取。

案例2：小王是某高校材料工程专业的一名本科生，从大一开始就确定了毕业后留学深造的目标。虽然大一时成绩不太理想，他也曾一度有放弃留学的念头，但最后还是坚持了下来，最终四年GPA达到了3.92/4。从大二开始，他就积极准备TOEFL和GRE，经过一年的艰苦备考，取得了TOEFL 102分、GRE 320+4分的成绩。同时，他也努力提升自己其他方面的素质，在和任课老师的不断沟通和争取下，在大二下学期加入了项目组，积累科研经验。在大三暑假他还申请到了一家大型企业的实习机会。在大四这一年他获得了保研资格，并且实习的公司也向他提供了正式录用通知。但小王最终还是选择了继续出国深造，并收到了一所美国排名前30的大学的录取通知书。

案例3：小周是某高校大四的学生，在大一、大二期间他并没有创业的想法，只是加入了兴趣协会，参加了多次科技创新类比赛。随后担任协会会长，锻炼组织协调能力，在大三前就获得过两次全国级别创新竞赛的一等奖，并因此获得了学校学术专长特殊保研的资格。根据自己的兴趣和科研项目基础，小周产生了创业的想法，并通过自己的技术能力很快做出了产品，获得风险投资并创建了公司。

相信每一位同学都希望像案例中的三位同学那样，在自己选择的道路上按照学业规划稳步前行，并达到目标。就业、读研、出国、创业是大学生毕业后的4种主要选择。经过本书前几章的介绍，想必同学们已经知晓了如何制订自己的学业规划。那么学业规划制订好后，我们又如何管理和实施这一规划呢？下面就按4种类型，分别做介绍。

第一节　就业学生学业规划要点与实施

近年来，我国大学毕业生人数逐年上升。尽管就业压力大，几乎每年都被称为“史上最难就业季”，但很多大学毕业生仍然把求职就业作为个人毕业出路的首选。找到一份合适、理想的工作，仍然是同学们最关心的问题。

◎树立目标是基础

1. 全面认识自我是职业规划的前提

目前国内的大多数大学生，受成长环境、传统观念和应试教育体制的影响，自我认知状况并不乐观。有相当一部分的学生表现出自我认知薄弱，对自己的兴趣、能力等没有正确的认识。即使部分学生认为个人的自我认知状况良好，但当被问及自己的性格、兴趣、气质类型、能力和价值观等问题时，仍然无法说得清楚，无法对自己有一个较为准确合理的定位。所以在职业生涯规划过程中，重视和加强自我认知教育已迫在眉睫。职业生涯规划要求个体充分认知自我，根据自身特点及所具备的优势，选择最适合自己的职业岗位。所以，自我认知是职业定位的前提，是成功制订就业规划的基础。如果一个人看不到自己的优点，觉得自己处处不如别人，就容易产生自卑心理，做事就会畏缩不前，导致无法充分发挥个人潜能；相反，如果一个人过高地评估自己，就容易骄傲自大、盲目乐观，使理想与现实脱节，职业规划目标难以实现。

2. 了解社会需求是职业规划的保证

随着大学生毕业人数的逐年增加，就业难已成为大学生面临的普遍问题，“毕业即失业”的现象早已屡见不鲜。与此同时，企业的“用工荒”问题也逐渐凸显。为什么会出现这种不对称的局面呢？究其原因，是因为当前大学生过分注重个人需求，缺乏对社会的认知。因此大学生就业应以社会需求为导向，全面分析就业形势。

国家政策鼓励各地各高校进一步加大政策引领和就业服务保障，全面落实高校毕业生到中西部地区、艰苦边远地区和老工业基地、县以下基层单位就业的学费补偿和国家助学贷款代偿政策。鼓励实施“农村教师特岗计划”“三支一扶”“西部计划”“大学生村官”等基层就业项目。

大学生就业应该全面了解社会需求，以社会需求为导向，响应国家号召。这既顺应当今社会发展主旋律，也符合职业规划的内涵。

3. 人职匹配是职业生涯规划的核心

个人求职和社会需求的匹配既是个人发展的需要，也是社会进步的需要。那么作为大学生的我们，如何才能将自己的职业选择与社会需求有效结合呢？这就要求我们清晰明确地树立自己的职业目标。

有的同学可能会疑惑，刚进入大学的我们一切都才开始，对未来迷茫、不知所措，我们又该如何有效地树立目标并为之努力呢？在这里要告诉大家，树立目标并不是一个简单的结果，而是一个认知的过程。在这个过程中你会经历一个又一个的“确认”和“取消”。这个认知过程也许始于大一，或大二，甚至大三，总之越早开始越好。在大学期间，你要学会不断思考，要弄明白自己到底想要一份怎样的工作。与此同时，你也要了解需要具备哪些条件才能胜任这份工作。也许那些条件对于现在的你来说还很遥远，但是不要气馁，确定目标后你就要为目标不断努力。当然，这个目标并不是一成不变的，它会随着你的实际情况和社会的发展进步而发生变化，会不断地被否定或被承认。你只有及时调整，才能让自己的目标变得越来越明确、越来越坚定，才能有效地提高自身求职与社会需求的匹配度。

◎追逐目标是关键

1. 看清理想与现实的差距

“理想很丰满，现实很骨感”，这是当代很多大学生对自己实际情况的真切描述。面对理想与现实的差距，我们总是很无奈。相信每一名同学在刚进入大学时都有雄心壮志，立志一定不虚度四年的大学光阴，可为什么在毕业时依然有那么多的同学不能实现自己的理想？一个很重要的原因就是我们没有让自己变得足够优秀和强大。理想不是一句空话，也不是随便说出后，在毕业时就能实现的。它就像一棵小树苗，需要我们不断地呵护和滋养，才有可能长成参天大树。

实现目标的前提是要看清现实与理想的差距，知道自己的不足，清晰地认识到在实现目标的过程中你要经历什么，需要弥补哪些方面的不足。

2. 从“现实自我”到“理想自我”的转变

每一个人的心目中都有一个完美的“理想自我”，我们要怎样才能实现从“现实自我”到“理想自我”的转变呢？我们需要从现在开始，努力从以下三个方面提升自我。

（1）提高专业能力。良好的专业能力是顺利就业的核心，是每一名大学毕业生在今后职业生涯中取得成绩的基石。在当今社会，专业能力强的人才越来越受到招聘市场的青睐。因此，提高专业能力，是每一名大学生成功就业的关键，是实现职业生涯目标的重要保障。

（2）涉猎课外知识。合理的知识结构往往决定着个人职场发展的潜力。拓展知识面，搭建合理的知识结构，其有效途径就是阅读。阅读是我们获取知识信息并提升精神素养的过程，是一个积极主动学习的过程。阅读能力的提高，代表一个人自学能力的提高，这是职业发展的助推器。希望同学们在大学期间广泛涉猎，不要将自己的阅读范围仅仅限制于专业书籍，要有意识地扩大自己的阅读面。这对于就业和人生往往会有意想不到的收获。

（3）丰富实践经验。理论是实践的基础，实践是理论的升华。大学期间的理论学习是我们的首要任务，注重实践同样也不容忽视，理论知识只有应用到实践中才能发挥其价值。因此，在大学期间，同学们应多参加实践活动，在丰富阅历的同时，也为自己积累一笔宝贵的实战经验。实践不一定要到大三、大四才开始，只要你有意愿，任何时候都可以着手。

◎求职行动是核心

1. 梳理自我要全面

梳理自我是求职行动的第一步，可分为以下几个步骤。

第一步：回顾在大学四年里自己做过哪些事情，取得了哪些成绩。给大家一个小建议，这个回顾过程可以按照时间顺序来进行。同时，认真翻看获得的证书奖状，慢慢回忆参加过的每一次活动。

第二步：对自己的经历和成果进行整理。从经历中提炼个人的优势和特质，这些优势和特质将会成为你简历上的亮点。

第三步：扬长避短，弥补不足。简历往往展示的是你最优秀的一面，但同时对自己的短处也不能一味地回避和隐藏。自我反思，向他人请教，客观了解自己的缺点与不足，并及时修正和完善自我，才是让自己变得更优秀的最佳解决办法。

2. 简历准备要充分

一份完美的简历是求职的敲门砖，它能恰如其分地展示你的经历和长处，并且能够让招聘人员准确地捕捉到你优于别人的地方。下面让我们一起来看看，一份简历一般都包括哪些内容。

（1）个人基本信息。个人基本信息包括姓名、性别、学历、学位、专业、联系方式等信息。

（2）求职意向。求职意向即求职的目标岗位。建议同学们针对不同的求职意向，准备不同的求职简历。比如准备几份不同的简历，分别针对人力资源、技术开发、市场营销、产品运营等目标岗位，然后简历的所有内容都要围绕某一个目标岗位组织和撰写。

（3）教育背景、学习经历。给出两条建议：一是经历从最高学历写起，以倒序展开；二是只将与目标岗位相关的专业课程罗列出来。

（4）工作经验、社会实践。一般来说，应届毕业生没有什么工作经验，所以在招聘过程中，公司不是很强调这一点，但是会对实践经历比较关注。建议同学们把与求职目标相关的实习和活动经历写上，如在学生会担任某职务，做过哪些事情，取得过哪些成绩；与老师一起做过什么科研项目、参加过什么比赛等。这些往往是你从众多求职者简历中脱颖而出的关键。

（5）计算机、外语水平。要明确写清楚自己的计算机和英语等级。很多毕业生在介绍英语能力时，常用“良好的听说读写能力”等写法。这样写的效果很不好，最好具体一些，如“能与外国人进行日常交流”，或列出英语四六级成绩和英语类竞赛的获奖情况等。这样写会使你更具有竞争力，也会让人更能了解你的专项技能到底达到什么程度，这比那些自我标榜、空洞缥缈的词语强得多。

（6）奖励、证书、科研成果。凡是获得过的奖励、证书、科研成果，一般都要写上，如奖学金、优秀干部、注册会计师资格证书、某科技竞赛一等奖等。这些成绩所折射出的技能，也许是招聘人员非常看重的。

（7）特长爱好及自我评价。很多同学会在这一部分罗列很多词语，比如，性格开朗、待人热情、工作细心、办事高效、能吃苦耐劳、有较强的组织能力等。但这些比较“虚”的词语，往往不能引起招聘人员的关注，甚至还会引起其反感。如果你想表达组织能力强，可以说自己参与和独立组织了某某活动，在学校里获得了怎样的反响。如果你想表达写作水平高，可以描述曾经撰写过的文章和各种报告等。

3. 面试经验不可缺

很多求职毕业生在找工作的过程中，会疑惑自己为什么总是“死”在面试上。通常来说，面试分为三个阶段，即面试前、面试中和面试后。成功的面试要做到在面试前充分准备，在面试中尽情展现，在面试后全面总结。任何环节出现问题，都会使我们的求职功亏一篑。

通常在面试环节中要经历的流程如图9-1所示。

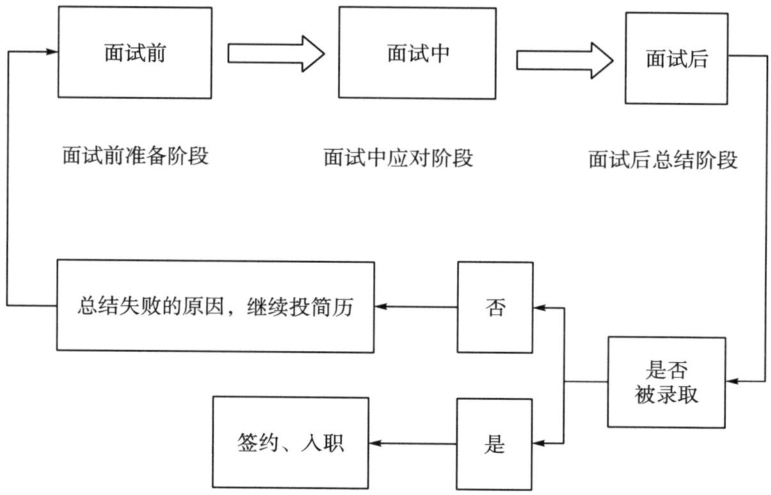

图9-1　面试流程图

关于面试的相关内容，同学们可以在找工作前学习一些就业指导方面的知识。在这里，我们简单谈一下面试前的准备工作。充足的准备分为长期准备和短期准备，图9-2给大家提供了一个思路。

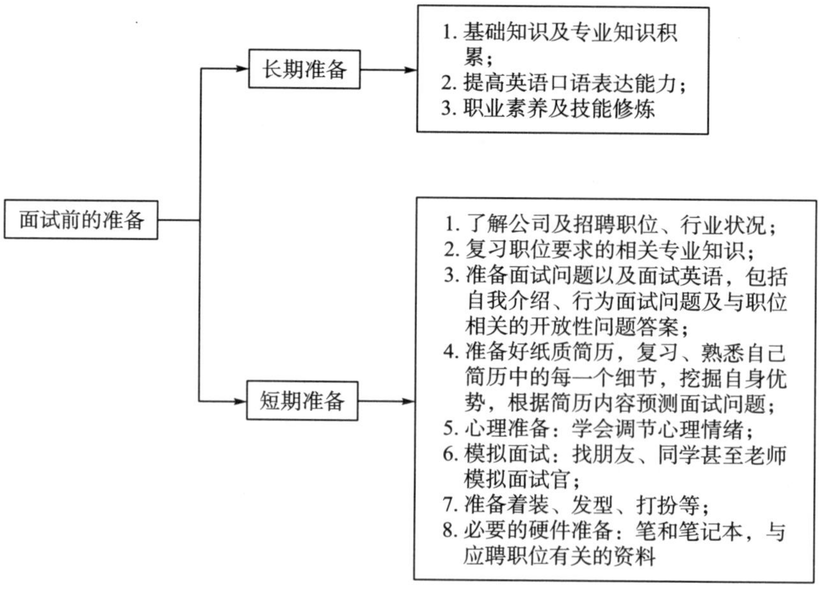

图9-2　面试准备的要点

理想就业不是一朝一夕，或“撞大运”就可以实现的，它是长期积累、厚积薄发的结果。求职行动看似只在找工作那几个月进行，但实际这是以整个大学阶段的努力为基础的。所以，树立好求职目标后，我们还需要脚踏实地，长期拼搏，一步一步朝着这个目标去努力，切不可把求职行动当成大四才需要考虑的问题。

◎常见困惑

1. 在设定职业目标时，自己非常在意别人的评价，总是不能正确对待他人的看法

作为社会中的个体，我们无法做到完全不在意他人的眼光和看法。但我们不能总活在他人的世界里，要学会保持理性、明辨是非。他人的看法就像一面镜子，能够帮助我们更好地认识自己，看到自己的长处，发现自己的不足。但那仅仅是他人眼中的你。能决定自己命运，决定自己今后将成为什么样的人的，只有你自己。所以，在纷繁的世界中保持一颗冷静的心，向着更优秀的自己前进，才是对待他人看法的正确做法。

2. 对未来很迷茫，不知道自己今后能够做什么

这是现在很多大学生都面临的困惑，害怕面对职场、面对未来、面对独立。想送给同学们一句话：当你开始做具体事情时，就不会迷茫了。恐惧来源于未知，如果你不知道自己今后要做什么，那就认真地做好当下的自己，关注眼下正在做的事，切不可好高骛远、心浮气躁。当你把每一件事情都做好了，你就会有足够的自信面对未来了。所以，努力让自己充实和强大起来吧！

3. 用人单位在招聘时，更看重院校出身，还是实际能力

毕业院校就像是你的名片，它是求职的敲门砖，很多时候决定着你能否获得面试机会。伴随着当今社会对学历要求的整体提升，很多公司都把应聘者的学校和学历作为硬性录用条件。但同时我们也要看到，学历和院校出身的背后，用人单位归根结底最看重的还是大学生的实际能力。用人单位在意的是，求职者能否为单位带来效益，能否真正推动单位的发展。如果说你的毕业学校决定了用人单位对你的第一印象，那么你的实际能力就决定着公司是否会把你留下来。所以，如果你就读的学校是名校，那么很幸运，你可能会赢得用人单位良好的第一印象；如果你就读的学校不是所谓的“名牌”，也没有关系，出类拔萃的实际能力依然能助你叩开理想的大门，让你在未来的职场竞争中脱颖而出。

练习题

模拟面试是提高求职大学生面试能力的有效途径。模拟面试的关键是猜测面试官的问题。现在给大家列举一些面试官经常会问到的问题，大家思考一下如何回答吧！

● 个人信息

（1）自我介绍，1～2分钟。

（2）为什么入党？成为党员对你有什么影响？

（3）你本科、硕士研究生都是在北京读的，怎么想到来上海找工作？

● 求职意向

（4）你为什么想来本公司工作？

（5）为什么想应聘这个职位？

（6）你觉得自己适合这个岗位吗？

● 教育背景

（7）为什么选择这所大学？

（8）为什么选择这个专业？

（9）你最喜欢什么课程？为什么？

（10）你最不喜欢什么课程？为什么？

（11）你为什么不去读研，以后打算读研吗？

● 工作或实习经历

（12）你实习的这家公司是做什么的？

（13）在你的×××实习经历中，你遇到过什么困难？你是怎么解决的？（假如再给你一次机会，你会如何处理？）

第二节　国内深造学生学业规划要点与实施

国内深造即结束本科学习后，继续在国内高校攻读硕士研究生学位的一种学业规划选择。研究生教育属于国民教育序列中的高等教育，致力于将学生培养成各行各业的骨干和领军人才，凡有条件、有意愿的同学都应该努力争取继续深造的机会。

◎读研目标早确立

有一些同学在面临就业和读研的两难选择时，往往会非常困惑。在今后的职业生涯中，研究生的经历到底对我们的发展起到什么样的作用呢？

虽然如今用人单位唯学历的观念有所改变，但不可否认的是，高学历求职者的就业竞争力相对较大，薪酬待遇的起点也相对较高。在职场竞争日益激烈的今天，攻读硕士学位，提高学历层次，不仅可以使同学们获得更加强大的职业发展动力，还可以提升个人学识，开阔眼界，锻炼学术研究能力。

当然，每年的毕业生中都会有一部分同学选择先到工作岗位上锻炼一段时间后，再根据实际需要回学校攻读研究生。这样的做法确实可以明确读研的目标，提升读研的动力和效果，但也要看到几年之后，作为职场人士的我们，将会面临更多的挑战和压力。随着年龄的增长和工作压力的增加，我们能否平衡好学习、工作和家庭的关系？对重新捡起课本安心学习的动力还能留存多少？这些都需要我们及早考虑清楚。

1. 先定专业再定院校，一切从自身实际出发

选择合适的院校和专业，对考研成功有着至关重要的作用。在全国落榜的考生中，有70%左右的同学是因为当初的院校、专业定位过高或不符合自身实际而导致的。此外，在每年被录取的硕士研究生中，有近30%的考生本可以上更高层次的院校，但因报考目标不合理未能如愿，从而只好接受调剂。

考研目标确定的基本原则是，先定专业再定院校，一切从自身实际出发。

首先，考虑自己的兴趣点。没有人不渴望成功，同样，没有人愿意从事自己不感兴趣的专业。所以，考生要仔细考虑自己到底愿意从事什么行业的工作。

其次，考虑能力。有一些考生的本科专业不是自己最理想的，希望通过考研来改变专业方向，这就需要考虑自己的实际能力。如果学习和应试能力允许，那么就要勇敢地向着意向专业前进；如果能力有限，不妨选择相对容易报考的专业，寻求专业与兴趣的次级匹配。

最后，考虑发展。所选专业的未来发展也是考虑因素之一，因为相比于本科生专业而言，研究生所学专业成为个人终生职业的可能性更大。不要被眼前的“冷热景象”所蒙蔽，一定要有长远的眼光，充分分析专业及行业未来的发展趋势。

确定好报考专业，再确定报考院校相对来说就比较简单了。同学们可以在全国范围内，搜寻有录取目标专业研究生的院校，选择一所或几所符合自身实际情况并有报考意愿的，作为自己的目标院校。

2. 了解报考目标的竞争态势及录取原则

在确定了报考院校及专业后，同学们需要对报考目标进行尽可能详细全面的了解。包括收集掌握历年分数、报录比例、招生人数等方面的信息。此外，还可以了解报考院校是否有特殊的录取原则，包括考试科目、命题范围等。比如，有些高校会考得比较偏重基础，即命题范围广，但考题难度不大，只要考生复习到了，考试还是比较容易得分的；有些学校虽然命题范围窄，但是考得特别深，对知识掌握不到一定程度，就不太好得分。

与高考不同的是，考研只有一个志愿，多数同学面对的是“一招不慎，满盘皆输”的局面。可以说，选择志愿是一个风险很大的博弈过程。确定报考志愿可以分解为三个步

骤：形成专业选择意向、确定目标院校、两者结合。专业和院校的不同搭配形成了报考的四种基本模式：本专业本校报考、本专业跨校报考、跨专业本校报考和跨专业跨校报考。不同的报考模式，复习备考的工作量和难易程度也会不同。考生要将专业和院校意愿，与个人的实际情况相结合，综合考虑，慎重选择。显而易见，跨专业、跨学校的报考是最具难度的，而本学校本专业报考相对来说是最容易的。因此考生在填报志愿前，一定要根据平时成绩，客观正确地衡量自己的实力。同时，还要考虑学校所在的地区，是否是今后意向工作的地区。另外，需要提醒同学们的是，我们应尽早确定报考志愿，一方面可以及早着手，充分准备；另一方面可以长期关注，精准发力。

◎平时努力是基础

1. 注重平时学习基础，保证成绩不掉线

考研是竞争性考试，决定成败的方面有很多，其中基础知识是关键环节。建议大家尽早开始准备基础知识的学习和复习，可以在大一时重点关注数学、英语等通识课程，在大二、大三时关注专业基础课程。本科期间的学习是考研复习的基础，同学们不能把希望全都寄托在研究生入学考试前的复习和辅导上。另外，如果能在大学前三年保持理想的学习成绩，或许就可以获得免试研究生入学的资格，即便没有获得保研资格，良好的专业课基础也能增强信心，让考研复习事半功倍，提高上线概率。

2. 提前进入科研团队，提高动手能力

如果同学们学有余力，可以积极地申请进入科研团队，跟着老师做科研项目或进行课题研究。相对而言，硕士研究生导师更加偏爱动手能力强、有课题经历和科研项目基础的学生。同时，提前进入科研团队，会有很多机会接触导师。这样，考生对导师研究方向的了解、导师对考生的了解，都会增加我们成功考取的概率。

◎全面复习抓计划

在确定了考研目标，学好了基础知识后，真正的考研复习应该从什么时候开始？每个科目的复习要求和复习方法又是什么？那么多的考研经验谈和计划，哪个才是最好的？面对考研复习期间的各种问题，首先应该抓住主要问题：合理规划时间、合理安排考研复习进度。

1. 制订复习计划

考研复习是一个系统工程，下定考研的决心，明确考研目标，这只是做了起步的工作。接下来就需要做好考研复习规划，解决考研该干什么，怎么干的问题。在这个过程中，可以选择听取以前考研成功的同学的经验，并根据自身情况加以调整，做好每月、每周、每天的学习计划，合理安排作息时间。只有把考研复习计划制订得科学合理，我们才能有章有法、有条不紊、张弛有度地遵照执行。表9-1为推荐的考研复习事项安排表。

表9-1　考研复习事项安排表

阶段	时间段	具体事项
前期准备	大三上（9月～次年1月）	了解考研信息（可以在网上搜集，也可以找学长学姐了解），听一些免费的考研讲座
	大三下（2月～3月）	确定考研目标，继续收集考研相关信息。了解考研应如何选择专业，全面了解所报专业的信息，准备复习
基础复习	大三下（4月～5月）	第一轮复习：可以报一个基础学习班，特别是数学班和英语班。毕竟在老师的指导下复习，效果会更好，尤其是那些自己不知道如何规划复习的同学，特别适用
	大三下（6月～7月）	适当购买一些考研辅导用书，做真题，加深基础知识点的掌握
强化复习	暑假（7月～8月）	制订一个暑期强化复习计划，开始第二轮复习。这一阶段重点复习政治、巩固英语和数学，可考虑报暑期强化复习班，在老师的指导下快速提高
	大四上（9月）	全面关注当年的考研大纲，大纲发布后，看一些名师对大纲解析的视频，根据大纲的变化情况和名师的指导，适当调整复习计划
	大四上（10月国庆节）	确定十一黄金周的复习计划，对前两个阶段的复习进行总结、梳理、查缺补漏。同时，开始专业课的复习
	大四上（10月～11月）	研究生考试网上报名工作开始，谨慎填报，牢记报名信息。研究生考试报名确认工作开始，考生到指定的地点进行现场确认，缴费并照相
冲刺复习	大四上（11月下旬）	政治、英语、数学、专业课进入冲刺复习。政治科目方面，对一些重要的时政热点进行记忆和理解。关注考试题型预测的信息
	大四上（12月）	进行模拟实训，查缺补漏，做好考前整理
初试	大四上（12月月底）	调整心态，打印准考证，准备考试。熟悉考试环境
复试	大四寒假（2月）	放松心情，查询初试成绩
	大四下（3月）	关注复试分数线
	大四下（4月）	准备复试，联系招生单位
	大四下（5月）	关注复试成绩
	大四下（6月～7月）	关注录取通知书

2. 提高复习效率

一般来说，考研复习计划不会是一成不变的，为了提高复习效率，需要根据自己的复习情况（复习质量、复习进度等）进行适当调整，做到在一定的时间节点完成相应的复习任务，并达成效果。比如，可以把考研复习分为几个阶段，在不同的阶段采用不同的“作战策略”。

在时间作保证的前提下，在复习过程中一定要摸索出适合自己的复习方法。学习计划要有全过程的，也要有阶段的、整体的，还要有单科的，一段时间后还要进行相应的总结，以便及时调整。

同学们需要知道，考研复习一般分为三个阶段，即起步阶段、强化阶段和冲刺阶段。起步注重基础，强化在于深入，冲刺查缺补漏。只有这样的循序推进，才能有助于自己在考研的“战争”中立于不败之地。

阅读小贴士　考研帮

这里给大家推荐一个手机APP——“考研帮”，软件中设有日历、院校、社区、学堂、个人资料5个版块。其中考研日历版块中设有每日考研事项提醒；院校版块中包含择校择专业、政策新闻、报考指南、备考经验、考研心路、调查问卷等子板块，在每个子版块中都有相关新闻、政策、建议的推送；社区版块主要包括了全国各院校的考研论坛，可以在上面发现考研存在的共性问题，自己也可以发帖求助；在学堂版块中可以设定考研学科，每日完成相关的学习内容，包括英语、数学、政治、专业课；在个人资料版块中可以收藏有用资讯、个人帖子情况、课程进度等。

3. 采用适当方法，全面复习课程

面对纷繁庞杂的考研复习资料、辅导班、模拟题，考研的同学往往感到束手无策、无从下手，那么有没有一些便捷的方法呢？答案当然是有！

第一，认真研读考试大纲。每次考试的出题依据都是考试大纲。因此，考试大纲下发后，应该将其和上一年的进行认真对比，看是否有变化，如果有变化，需要对已定计划做出相应的调整。

第二，精读指定参考书目。指定参考书目可以从研究生招生专业目录中获得，对于没有指定参考书的专业，一般来说参考教材也有一定的范围，考生可以向报考高校的招生办公室进行咨询。

第三，根据自身情况选择考研复习班。对于考研复习班，同学们应该客观对待，不可执意拒绝，也不可全部接受，而应根据自身特点，以减少自己薄弱环节、提高复习效率为原则选择参加。

第四，研读历年真题。同学们可以通过各种途径收集到历年的考试真题。通过真题，我们不仅可以“练练手”，还可以把握考试的命题规律，发现重点、难点。

第五，争取拿到相关考试科目的笔记讲义。特别是对于跨校、跨专业考研的同学，如果没有机会到报考院校听课，命题教师或课程责任教授的课堂笔记和讲义就显得弥足珍贵了。

4. 形成团队，组团复习

据不完全统计，考研成功的同学，大多都不是孤军奋战的，而是组团复习、有“研友”结伴而行的。找“研友”的目的就是互相支持、互相鼓励，顺利度过这段“艰难”时光。研友们处境相似，有着共同的目标和话题，也有着大致相同的压力，可以互相监督、互相促进。当你苦于找不到最新的复习资料时，研友突然将复印好的资料呈现在你面前；当你疲惫不堪要放弃时，研友的耐心劝导和坚持不懈，会重新激发你的斗志；当你懈怠时，研友的督促是你最好的“助跑者”……

◎冲刺时间——按部就班不泄气

考试迫在眉睫，考前的各种心理压力骤然增加。特别是临考前30天左右，往往是最难熬、最痛苦的一段时间。如果我们不能及时、有效地缓解压力，极有可能会让考研“大计”满盘皆输，所有的努力付诸东流。如何在这关键的30天内找到合适的调整方法呢？

1. 给自己一个坚持的理由

让人放弃考研的理由总是有很多，“考试太难了，我复习得还不够充分”“现在大学生就业形势严峻，两三年后研究生的就业形势也不好说”，甚至一些道听途说的消息都可能挫伤士气。如果一个人想要放弃什么事情，总能找到无数的借口。

对于已经用心准备考研的同学们来说，找工作与考研的权衡、考试难度的预测、读研成本的估算等问题，在决定考研前就应该已经考虑清楚了。如果说考研是一幕大戏，那前期的复习准备无疑是排练。一个演员在排练期间付出了巨大的心力，但在大戏正式开始前却选择了放弃。那么，不管出于什么原因，这都是一种遗憾。

想要放弃时怎么办呢？我们在选择考研时，总是有充分的理由，在其中找一条最能支持你走到最后、最能激发潜力和斗志的，把它编成简短有力的句子，每当自己想放弃或心烦意乱时，就默念给自己听。慢慢地，那些曾经困扰你的东西就会淡出大脑。坚定自己的决心，也就有了继续坚持下去的动力！

阅读小贴士　尽力而为与全力以赴

有一年冬天，猎人带着猎狗去打猎。猎人一枪击中了一只兔子的后腿，受伤的兔子拼命地逃生，猎狗在其后穷追不舍。可是追了一阵子，兔子跑得越来越远了。猎狗知道实在是追不上了，只好悻悻地回到猎人身边。猎人气急败坏地说：“你真没用，连一只受伤的兔子都追不到！”

猎狗听了很不服气地辩解道："我已经尽力而为了呀！"

兔子带着枪伤成功地逃生了，回到家后，兄弟们都围过来惊讶地问它："那只猎狗很凶呀，你又带了伤，是怎么甩掉它的呢？"

兔子说："它是尽力而为，我是全力以赴呀！它没追上我，最多挨一顿骂，而我若不竭尽全力地跑，可就没命了呀！"

2. 保持身体、心理的健康状态

考研复习非常辛苦，戏称是第二次高考。为了能在有限的时间里，尽可能多地掌握复习内容，有的同学将自己封闭在自习室里"闭门苦练"，有的同学不注意饮食习惯，甚至还有的同学日夜颠倒，长期"开夜车"复习。这些都是复习过程中常见的误区。正是由于这些坏习惯，才使很多备考同学进入"亚健康"状态，这对于考研冲刺是非常不利的。考研给同学们带来的压力不言而喻，在面临巨大的压力却无从释放时，就容易产生急躁、紧张、焦虑等负面情绪。如果这些情绪不断堆叠，就容易给处在冲刺过程中的同学们带来更多的问题，如明明已经记住的知识点却怎么也想不起来，或做过的题再做还是容易出错等。

在这个阶段，同学们应保证充足的睡眠和有规律的作息。人不是机器，长时间高强度的脑力劳动，容易造成大脑的超负荷，降低学习效率。机器工作了一段时间还需要进行检修，更何况人脑。一旦成了"局内人"，我们往往就会无意识地忽视大脑的休息时间。尤其是大考临近，气氛越加紧张，自习室里密密麻麻的人头，桌上一摞摞的参考书和试卷。看看周围的人，谁也不肯放松，生怕一不留神就被人赶超。有时候还会听说身边的研友如何刻苦勤奋、熬夜通宵的消息，就更不敢有丝毫懈怠了。越是在这种紧张的时候，越要告诉自己：每个人的复习策略和对成绩的预期都不一样，情绪和心理受到他人无谓的干扰，反而会打乱自己的复习计划。因此，为了避免心理波动，在复习的最后阶段不要过多地打听别人的复习情况，尤其是报考同校同专业的研友，考试会把曾经的战友变成对手，越是到最后，研友的一举一动对自己产生的影响就会越大。

到了复习的最后阶段，要有意识地给自己一些放松的机会。一首好歌、一篇美文、一段有趣的相声、跟好友的闲聊，都能让大脑从繁重的复习中解脱出来。希望备考的同学们能充分相信自己的实力，积极乐观地面对考试。适当增加时间的弹性，充分利用各种时间放松自己的身心。

3. 复试工作早准备

初试后，考研还不算真正的完成。初试成绩过关，取得复试资格，只意味着一只脚迈进了硕士研究生的大门。考研的同学可以充分利用复试前的一段时间，积极准备复试的相关环节。

目前，有很多高校都采取差额录取，差额比例一般为1.2：1，生源充足的招生单位，差额复试比例可能会更高。这就意味着，在参加复试的考生中，有一部分会在复试中被淘汰。

复试通常分三个环节：专业知识测试、英语能力测试和综合面试。

专业知识测试是初试的延续。通过对专业知识的测试，招生单位可以在初试的基础上更全面地了解考生对专业知识的掌握情况。通常在研究生招生简章中都有关于复试测试科目和指定教材的内容。

英语能力测试主要是对英语应用能力的测试，考生尤其应注意自己的听说能力。考生可以适当准备一些关于个人介绍、日常交流、专业知识方面的英文材料，在面试前做好准备，如采用背诵和反复阅读的方式。

综合面试主要是考查考生的道德品行和专业素养。在面试过程中，考生应保持自信、从容的心态，一定要避免就事论事，也不要空谈理论，最好能将理论与实践结合起来。此外，还可以查阅一些相关导师的研究成果、学术论文、学术观点以及自己在大学期间取得的学术成绩、毕业论文的构想等，在适当的时候引用，会增进面试时的亲近感。

◎常见困惑

1. 第一次考研不理想，是否应该继续考研

有的同学认为二次考研和高考复读是一样的，都是争取用更高的成绩，给自己多一次改变命运的机会。然而，两者实际上是有很大差别的。首先，虽然在经过一年的努力后，第二次考试也许可以取得更好的成绩，但如果没有增加科研项目经历，老师会认为你比应届学生多了一年的复习时间，成绩高一点是应该的，因此初试成绩低一点的应届生“挤掉”成绩高一点的往届生的可能性仍然存在。其次，一年的单纯备考也会浪费很多宝贵的机会，所以在做决定前一定要思量各方因素。若评估后还是决定放手一搏，那么建议同学们要提前联系好导师或科研团队，在时间和精力允许的情况下，最好能跟着导师做做科研项目，加深老师对你的了解，这会大大提高二次考研的成功概率。

2. 考研复习是否需要找个工作保底

有的同学觉得自己考研没有十足把握，可能会错过就业的黄金时期，非常不划算，所以应该找一个工作保底。这里给大家的建议是，对于自制力比较强的同学，可以在大四学年的第一个月体验一下找工作，如果没有找到，就要更加坚定考研决心，如果顺利找到工作，则可以放宽心态全力备考；而对于自制力不是很强的同学，极有可能会因为找到了工作就动摇考研决心，因此，不建议这部分同学先找工作。总之，考研与找工作，就像“鱼和熊掌”，不可兼得。如果下定决心考研，就应该尽量减少分心，否则两手抓，很有可能最终落得两手空空。另外，很多高校在考研结束后还会安排春季招聘，仍会有很多用人单位进校，届时会有充足的岗位可以满足同学们的需求。

3. 我没有科研经历，是不是不适合读研

如前文所述，如果能够在大学期间进入科研团队或跟着老师做科研课题，在读研时会比较有优势，起点也会高一点。但这并不是说没有科研经历就不适合读研，毕竟大学里的资源是有限的，并不是所有想要进入科研团队的同学都能在本科阶段如愿；再者，科研经历本就是研究生阶段必经的环节，本科生缺乏也是正常情况。因此，不需要担心没有科研经历、科研起点低。

4. 家人很希望自己读研，但个人意愿并不强烈

有一些同学可能并不想读研，但是家人却希望自己能够继续读书深造，于是非常苦恼。这时候我们应该首先弄清楚自己为什么不想读研，是因为性格原因，更适合就业？还是因为觉得考研辛苦，就业容易，所以选择一条更容易的道路？这些都需要自己去理性地思考，梳理自己的想法，争取清楚地找到放弃读研的理由和自己今后的规划。还可以跟家人多探讨、多交流，将自己的想法告诉他们，争取他们的理解和支持。当然，我们也要尊重家人的意见，弄清楚他们为什么鼓励自己读研。在多方、综合考虑后，形成自己的判断，并坚定地执行。

5. 我不知道是直接攻读博士学位好，还是先读个硕士好

关于直接读博，还是先读硕士，是个因人而异的问题。从培养方向来看，博士与硕士，尤其是应用型硕士，有着较大的区别。博士更加注重基础理论知识的探索，更加注重创新，与硕士相比，博士学位的攻读过程更需要耐得住科研的“寂寞”，更需要潜心做一个科学“匠人”。请同学们更多地结合自身实际情况和个人性格特点，来判断和选择。需要提醒的是，很多高校都有直博生政策，这可以减少深造年限，对于立志走学术道路的同学，这可能是一个不错的选择。

练习题

评测你的考研情况及状态

（1）你选择考研的原因是什么？（多选题）

☐ 理想的用人单位要求高学历，本科学历缺乏竞争力

☐ 因个人条件和专业因素等，当下就业比较困难，暂时规避就业，继续锻炼

☐ 对本专业具有浓厚的兴趣，希望继续深造，提升能力

☐ 本科专业不理想，希望通过考研转到其他专业去

☐ 学校、老师、亲友、同学、学长等的鼓励和建议，或地区的考研传统和氛围等

☐ 我周围的很多同学都考研，于是我也决定考研

□ 其他（请填写）

（2）以下的选择中，你认为促使你决定考研的最重要因素是哪一个？

□ 理想的用人单位要求高学历，本科学历缺乏竞争力

□ 因个人条件和专业因素等，当下就业比较困难，暂时规避就业，继续锻炼

□ 对本专业具有浓厚的兴趣，希望继续深造，提升能力

□ 本科专业不理想，希望通过考研转到其他专业去

□ 学校、老师、亲友、同学、学长等的鼓励和建议，或地区的考研传统和氛围等

□ 我周围的很多同学都考研，于是我也决定考研

（3）你选择报考的目标院校时考虑的因素有哪些？（多选题）

□ 我报考的是本院校

□ 这所学校名气很大，我在此就读后可以获得名校学历

□ 这所学校在我的专业领域里有很强的实力和社会认可度

□ 这所学校虽然不是很著名，但我对这个学校有相当的了解，认为它适合我

□ 这所学校有我的亲人朋友在工作或就读，能够提供帮助

□ 这所学校有着优厚的奖助政策

□ 其他（请填写）

（4）你选择报考的专业时的考虑因素有哪些？（多选题）

□ 我报考的是本专业

□ 这个专业是热门专业，我就读后可以获得更好的就业机会和待遇

□ 这个专业适用性很广，我毕业后可以比较容易地找到工作

□ 我对这个专业有相当的了解，备考难度相对较小，有志于以后从事这方面的工作

□ 这个专业虽然不太“热”，但我要报考的学校却很有名气，目的在于进入这所学校

□ 这个专业虽然比较“冷”，但社会上有比较固定的需求，或这个专业的发展前景很好

□ 学校、老师、亲友、同学、学长等的鼓励和建议，或地区的考研传统和氛围等

□ 其他（请填写）

（5）你通过哪些渠道获取考研的相关信息？（多选题）

□ 学校、老师、班级通知

□ 同学、朋友、亲人告知

☐ 电视、广播、报纸、网络

☐ 向招生院校咨询（包括进行电话或邮件咨询，或前往该院校进行实地咨询）

☐ 招生推介会、现场咨询会等活动

☐ 其他（请填写）

（6）你打算从何时开始考研复习？

☐ 大三下学期

☐ 大四上学期

☐ 大三暑假

☐ 大三上学期以前

（7）你是否有明确详细的复习计划，执行情况如何？

☐ 有明确详细的计划，执行得很顺利，比较扎实

☐ 有明确详细的计划，执行得不太顺利，正在努力去做好

☐ 虽然复习计划不是很详细，但我感觉复习得很详细，学习状态很好

☐ 我的复习计划比较简单，复习的状态不是很稳定

（8）你每天会把多长的时间用在考研复习上？

☐ 全部时间

☐ 除上课以外的全部时间

☐ 我不想把自己的生活搞得太单调，在保证每天的复习任务完成之外，仍留有足够的休息娱乐时间

☐ 我每天的复习时间不太固定，有时多，有时少

（9）你的家庭对你选择考研持什么态度？

☐ 非常支持，鼓励我考研

☐ 一般态度，让我自己决定

☐ 不是很支持

☐ 明确反对

通过以上练习题，大家可以反思一下自己的读研状态，方便及时调整。

☑ 案例分析

案例：小张是一名来自偏远地区的农村大学生，依靠国家资助才读上大学，学业基础相对比较薄弱。但他一直坚信知识可以改变命运，因此从上大学开始，他就坚定

了读研深造的决心。在大学期间，他每天都坚持练习自己基础最差的英语、数学。在大三时还主动联系老师进入科研团队，参与科研项目。最后他在考研初试时取得了378分的高分，并成功被心仪的导师录取。

案例点评：这是一个成功考研的典型案例。明确的目标、对自身情况的充分了解、正确的方法、不懈的努力，最终促成了小张考研成功。考研失败的学生群体普遍存在缺乏长期规划、对自己分析不够、不能坚持到底等问题。如果考生们都能像小张同学那样，在客观正确分析实际情况的基础上，有针对性地及早采取行动，那么考研成功就是可以预见的。

第三节　出国深造学业规划要点与实施

随着经济全球化的进程，各个行业领域对于具有国际视野的高端人才的需求越发强烈。留学是提升个人国际视野和国际竞争力最直接的途径。留学一方面为同学们提供了到国外高校学习和科研的机会，促进同学们学习先进的技术知识；另一方面，同学们也能深入地了解世界不同国家、地区的风俗文化，更好地丰富自己的人生经历，锻炼独立生活的能力。因此，越来越多的同学选择走出国门深造，去看看外面的世界。

但是，在怀揣留学深造梦想的同时，同学们也应意识到留学准备是一个漫长的过程，需要脚踏实地不断地提升自己的硬件条件。本科期间的留学规划可大致分为三个阶段：留学全面规划期、留学精细准备期和留学全面冲刺期。下面介绍每一个阶段的具体安排和侧重点。

◎留学全面规划期

留学涉及个人学业、专业、性格、职业规划以及家庭经济条件等方面。留学准备包括学业成绩、科创经历、社会实践以及出国外语考试等内容。如果不预先做好全盘规划，那么在准备的过程中就很容易把握不准进度，顾此失彼。很多同学也是因为来不及准备相关事宜，而半途放弃了留学。在一头扎进头绪繁多的留学准备工作前，每一位同学首先都应当思考清楚，自己是否适合留学，其次要明确自己的留学目标，最后要根据自己的目标有针对性地做好全面规划，按照自己的规划有条不紊地进行准备。

1. 个人评估

留学常被看作一次“镀金”的机会，学成归国就能获得高薪工作，所以许多同学狂热迷信留学，盲目地、跟风式地选择海外深造。然而，现实中有一些同学并不适合留学，到海外后不能适应当地的生活，归国后才发现找不到工作，从“海龟”变成了“海带”。因此，在选择出国前，每一位同学都应该理性地评估自己是否适合出国。出国留学不应当是职业发展的最终目的，而应是一个阶段性的目标。同学们在进行个人评估时，一定要先考虑自己的长远规划。在海外学成后，是希望移民，长期在国外生活？还是在国外工作一段时间后再回国发展？又或是学成后立即回国在国内就业？在设计自己的留学规划时，一定要将自己的现有状况与今后的职业规划、就业意向相结合，通盘考虑。只有自己对未来有了理性的规划和思考，才能避免盲目的出国深造。

在海外留学生活，需要同学具备一定的外语能力。语言作为与人交流的工具，无论是学习、工作，还是日常生活，都离不开它。为了在国外能够顺畅地与人交流，在出国留学前一定要打下坚实的外语基础。而有一部分同学，语言基础较差，语言学习能力不强，在这种情况下选择留学，语言就会成为障碍。当然，对于绝大多数同学来说，只要肯花时间和精力，一般都能通过一段时间的努力来提高语言能力。

留学也是对个人生活适应能力的考验。不同国家和地区，其历史、文化、生活方式等也都有一定的差异，再加上非母语环境带来的语言障碍，会造成留学生的孤独和无助。有些同学的性格比较内向、闭塞，到了国外，因为环境变化和语言障碍，就更容易阻碍与其他人的交流，从而感到十分孤独。同时，初到国外，由于生活不适应，也容易造成学习跟不上、与人交流困难，容易让人受到挫折，从而带来巨大的心理压力。这个时候就需要同学们自身具有良好的心理素质，及时调整自己的状态。此外，在国外生活的各种琐事也都要自己去解决，这个时候就需要我们提高独立生活的能力。

最后，相比于在国内求学，留学的花费会更高，一般都需要家庭给予经济支持。不过，海外许多大学都有奖学金、助教、助研等资助形式，可以在一定程度上缓解家庭的经济负担。

2. 确定留学专业及地区

专业对毕业后的职业选择有重要的影响。国内的专业设置与国外不尽相同，在进行留学规划时，需要重点考虑自己留学时的专业。对于本科同学来说，由于在国内已经进行了一定时间的专业学习，需要考虑是否进行专业调整。如果对原专业比较喜欢，则可以选择在这个方向继续深造；如果对原专业不太感兴趣，或在国外很难找到对口专业，则建议调整专业。

目前全球可供国内本科生选择的留学国家或地区多达几十个，选择一个适合自己的留学国家或地区是留学规划过程中非常重要的决定。首先，需要考虑自己的专业，每个国家在不同专业的优势是不同的，在选择时应当优先考虑在该专业方向上更领先的国家。其次，需要考虑当地的语言，中国学生的外语基本以英语为主，相对来说英语基础较好，选择以英语为母语的国家在语言上障碍更小，如美国、英国、加拿大、澳大利亚等。而选择去法国、日本或德国等国家，就需要再学习一门外语。最后，需要考虑留学的经费，不同国家和地区人们的生活水平不同，每年留学的花费可能会相差十几万元人民币。

阅读小贴士　各国（地区）留学生的年均开支

根据2014年的一项调查，各国（地区）留学生的年均开支（包括学费和生活费）分别是：美国35705美元，英国30325美元，加拿大26011美元，新加坡24248美元，中国香港22443美元，日本19164美元，德国6285美元等。

3. 了解政策

随着留学理念在国内的普及，以及留学人员的大幅增加，国家和很多高校都提供了越来越多的条件优厚的留学政策。同时，各国对于留学生的相关政策也有所区别。在进行留学规划时，应当认真了解相关政策，为自己的留学生活提供更多便捷。

直属于教育部的国家留学基金管理委员会，每年都会选拔资助优秀出国留学人员，开展公派留学。项目类别包含国家建设高水平大学公派研究生项目、国家公派硕士研究生项目和优秀本科生国际交流项目等。资助内容一般为一次往返国际旅费和资助期限内的奖学金、生活费。同学们可以登录国家留学网（http://www.csc.edu.cn/）了解各资助项目信息。另外，各高校也提供了种类繁多的留学项目以及相应的资助，同学们也可多多关注。

各国的留学政策不尽相同。例如，有的国家允许留学生在学习期间合法打工，有的国家则禁止；有的国家允许留学生完成学业后继续在当地工作，有的国家则没有这类政策。根据2016年的政策，澳大利亚允许本科以上留学生毕业后获得2～4年的无条件工作签证；而在英国，国际留学生毕业后，可以申请直接从学生签证转成为期一年的国际学生实习工作签证；德国16个联邦州从2014年冬季开始则是全面取消了学费。因此，各位同学应当充分了解各国对留学生的政策，结合自身规划和家庭情况，做出最合理的留学规划。

☑ 案例分析

案例：小张有出国深造的意愿，但由于学习成绩一般，申请国外的大学比较困难。在自己的努力下，他终于获得了国外某大学的有条件录取通知书，但平均绩点要达到3.5才能正常入学。经过计算，小张发现自己目前的成绩并不够，唯有毕业设计在90分以上才能达到这个绩点要求。虽然他很努力，但受制于自己的学业基础，最终毕业设计只拿到了85分，未能如愿进入这所大学。

案例点评：小张的遭遇反映了学业成绩的重要性，无论是深造还是就业，学习成绩都是基础，优异的成绩能使自己在毕业选择出路时游刃有余。在大学里时刻保持良好的学习状态非常重要，每一门课都应该争取考到最好，作为成绩考核指标的GPA是大学学业成绩的一项综合反映，倘若前面没有学好，不仅会拖累平均绩点，还不能为后面的学习打好基础，只靠后期的努力很难把平均成绩提上去。GPA每提高一点，都有可能会让你在毕业时有更好的选择。

◎留学精细准备期

进入大二、大三以后，大多数同学已经很好地适应了大学生活，同时也进入了专业基础课程的学习阶段。而对于选择留学的同学来说，这也是最重要的精细准备期。只有在该阶段进行了精细的、全面的准备，才能最终获得理想学校的录取。通常来说，外方院校主要会从GPA、留学考试成绩、科研经验和社会实践经历四个方面来考查申请者。关于GPA，本书已在第三章做了介绍，这里就不再赘述。下面就给同学们介绍其他三个方面。

（一）留学考试

留学考试主要包括两个方面：语言类考试和升学类考试。语言类考试主要考查对语言的掌握情况，而升学类考试主要考查是否具备相应的入学条件。

1. 留学语言类考试详解

1）英语语言类考试

（1）托福（TOEFL）考试。TOEFL（Test of English as a Foreign Language）是由美国教育测验服务社（Educational Testing Service，ETS）举办的检定非英语为母语者的英语能力考试。TOEFL iBT，即托福网考，通过互联网进行，也就是通常所说的新托福，现在国内的托福考试均为该类型。新托福考试采用真实场景，如模拟大学校园中的动态和交互式环境，试题综合考查听、说、读、写4项英语语言能力，考生可充分展示使用英语进行交流的能力。目前全球超过130个国家和地区的9000余所大学或学习机构都接受托福成绩，包括美国、加拿大、欧洲、大洋洲（如澳大利亚、新西兰）以及东南亚的一些国家和地区。目前国内的一些外资、合资企业在聘用员工时，也会以托福考试成绩来衡量应聘者的英语水平。同学们可登录托福官方报名网站，查询认可托福考试的院校。一般院校要求托福成绩在80分以上，较好的院校要求90分以上，而世界排名很靠前的名校则要求100分以上。

考试费用：1635元人民币

考试时间：每年会举行多次考试，ETS会在前一年年底公布第二年的所有考试日期，同学们可以在报名网站上查询考试安排，再根据自己的备考情况选择考试时间。

报名网址：http：//toefl.etest.net.cn/

（2）雅思（IELTS）考试。IELTS（International English Language Testing System），由剑桥大学考试委员会外语考试部、英国文化协会及IDP教育集团共同管理的英语水平考试。此项考试是为申请赴使用英语的国家留学、移民的非英语国家学生而设，用来评定考生运用英语的能力。全球135个国家逾9000所教育机构、雇主单位、专业协会和政府部门认可雅思成绩，每年有超过200万人次的考生参加雅思考试。2014年，美国共有超过3000所院校认可雅思成绩。雅思考试分为两种类型，分别是学术类（A类）和培训类（G类）。学术类雅思考试对考生的英语水平进行测试，评估考生的英语水平是否满足申请本科或研究生及以上学位的要求，适合准备出国留学的同学。培训类雅思考试着重考核基本语言技能，适用于计划在英语语言国家（如澳大利亚、加拿大、新西兰及英国）参加工作或移民，或申请培训及非文凭类课程的人士。全球包括英国、澳大利亚、新西兰、美国、加拿大、荷兰、法国、德国、瑞士、瑞典、新加坡、中国香港、日本在内的130多个国家和地区的超过9000所院校和机构认可雅思成绩。同学们可登录雅思官方报名网站查询认可院校。一般来说，申请普通大学的雅思成绩在6.0 ~ 6.5分即可，排名靠前的大学需要7.0 ~ 7.5分。具体来说，申请英国排名前40的大学研究生雅思一般成绩要求6.5 ~ 7.0分；加拿大的研究生成绩要求大多是6.5分，有的大学或专业要求7.0分；美国排名前50的大学雅思一般要到7.0分，而特别优秀的大学则需要7.5分；新西兰的研究生雅思要求一般在6.5 ~ 7.0分；澳大利亚的普通大学一般需要6.0分，排名靠前的大学需要6.5分。需要注意的是，部分院校不仅对雅思总分有要求，对单项成绩也有要求，同学们需要提前了解清楚。

考试费用：1950元人民币

考试时间：雅思每年会举行多次考试，以2016年为例，每月都会有4次考试，同学们可以在报名网站上查询考试安排，再根据自己的备考情况选择考试时间。

报名网址：http://ielts.etest.net.cn/

2）非英语语言类考试

主要有德福考试（TestDaF）、日本语能力测试（JLPT）。

德福考试报名网址：http://testdaf.etest.net.cn/

日本语能力测试报名网址：http://jlpt.etest.net.cn/index.do

2. 留学升学类考试详解

1）美国研究生入学考试（GRE）

GRE，全称Graduate Record Examination，适用于除了法律与商业以外的各种专业，由美国教育测验服务社（Educational Testing Service，ETS）主办。GRE是世界各地的大学各类研究生院（除管理类学院、法学院）要求申请者所必须具备的一个考试成绩，也是教授对申请者是否授予奖学金所依据的最重要的标准。GRE考试分两种，一种是一般能力测试（General Test），另一种是专业测试（Subject Test）。如有较为充足的时间，不妨参加专业测试，一个优秀的专业测试成绩很能反映申请人的专业素质与学习潜力。一般能力测试机考时长3小时45分钟，共分为分析性写作、语文和数学三个部分，数学的分数为130～170分，语文为130～170分，写作为0～6分。美国的研究生院在接受研究生申请时都要求其提供GRE成绩，加拿大、法国、中国香港、日本等国家和地区的大学也认可GRE成绩。

同学们可登录网址http://www.ets.org/s/gre/pdf/gre_aidi_fellowships.pdf查询认可的院校。一般来说，GRE总分在325+4就可以算作高分，如果申请美国前30的名校工科专业，一般要求GRE在320+3.5即可，而如果是文科专业则需要更高的作文分数，总分需要达到320+4以上。

考试费用：1353元人民币

考试时间：GRE每年会举行多次考试，以2016年为例，全年共举行了24场考试。ETS会在前一年年底公布第二年的所有考试日期，同学们可以在报名网站上查询考试安排，再根据自己的备考情况选择考试时间。

报名网址：https://gre.etest.net.cn/

2）研究生管理科学入学考试（GMAT）

GMAT是Graduate Management Admission Test的缩写，中文名称为经企管理研究生入学考试。美国、英国、澳大利亚等国家的高校都采用GMAT考试成绩来评估申请入学者是否适合在商业、经济和管理等专业的研究生阶段学习，以决定是否录取，GMAT考试是全球唯一的专为商科和管理专业研究生入学设计的标准化考试。考试时长3小时30分钟，共分为分析性写作、数学和语文三个部分。GMAT考试已被全球近5300个商科管理专业研究生课程采用。GMAT满分是800（数学和语文）+6（分析性写作），一般来说能够考到710+5就是很不错的成绩了。如果想要申请排名前50左右的大学，那么需要考生的GMAT成绩在650～680分，申请美国前20的大学则需要700分以上，如哈佛大学、斯坦福大学等对GMAT的要求都是720分。

考试费用：1725元人民币

考试时间：GMAT每年会举行多次考试，考生需登录报名网站，按提示操作后，点击check seat availability选项，就可以查看考位和考试时间。

报名网址：http://gmat.etest.net.cn/

3）法学院入学考试（LSAT）

LSAT是Law School Admission Test的缩写。该考试作为美国法学院申请入学的参考条件之一，该成绩将作为预估申请入学者在法学院的正确且合理的推论与判断能力、分析及评估能力的表现，没有资格报考的限制。考试包括三个方面的内容，每部分时间为35分钟，另加30分钟的写作。三个方面的内容分别是阅读理解、逻辑推理及分析推理。LSAT是为测试赴美、加地区留学学生的英语能力，其成绩只是作为申请入法学院的评估条件之一。几乎所有的法学院都要求申请人参加LSAT考试。LSAT的分数区间为120～180分，法学院一般要求151分，知名的法学院则往往需要163分以上，因为法学院比较看重LSAT的百分比成绩，因此很小的分数提高也会有较大的帮助。

考试费用：170美元

考试时间：LAST于每年的2月、6月、10月、12月在中国举行考试，可登录报名网站查询详细考试时间安排。

报名网址：http://www.lsac.org/

（二）科研经验

国外大学的研究生导师多数会关注申请者的科研经验和个人兴趣，以确定申请者是否适合他的研究方向，特别是理工类专业方向尤其明显。最能够说明一个学生科研经历的证明材料，就是发表在国际会议或国际期刊上的学术论文。一篇质量较高的论文可以帮助申请者顺利进入美国排名前10的研究生院。而一个普通国内大学生仅仅依靠自己的力量，不太可能发表高水平的国际论文。因此，建议同学们尽早选择合适的科研团队，在老师的指导下开展课题研究。退而言之，即使加入科研团队后没有发表论文，参与科研项目的经历也会对申请有所帮助。

（三）社会实践

除了学习与科研能力外，许多海外高校也非常重视申请者的社会实践能力，特别是美国的大学。因此每一位同学在准备留学时，除了刷分提高GPA和参与各类科研项目外，还要注意积累社会实践的经历，为自己的申请加分。中国学生普遍关注考试成绩，但综合素质有所欠缺，因此积累一些好的社会实践经历可以帮助大家在激烈的竞争中脱颖而出。这里所说的社会实践包括公益活动、学生组织、企业实习等，特别是在所学专业相关企业的实习。境外大学也非常关注申请者参与志愿服务的情况，招生人员看重的不仅是参与志愿服务的时长与次数，还有同学们通过这些志愿服务得到的不一样的收获与成长。

◎留学全面冲刺期

一般进入大三暑期后，留学申请也进入了全面冲刺期。在这个阶段，会有许多材料需要准备，许多资料要查，是一段相对辛苦的时期。不过，相信大家只要坚持度过这一段时间，就能收获理想的结果。留学全面冲刺期准备流程如图9-3所示。

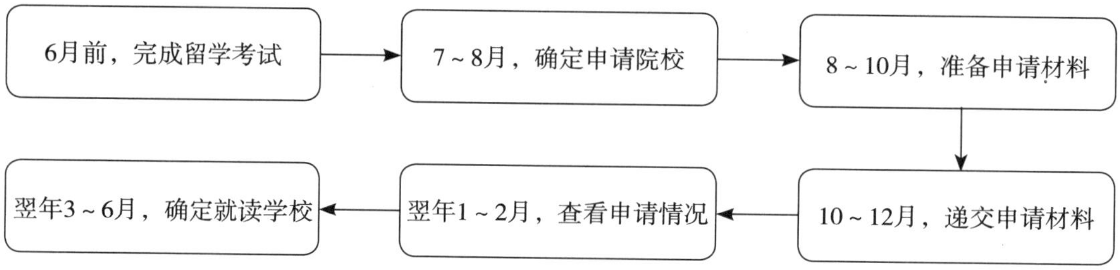

图9-3　留学全面冲刺期准备流程

1. 完成留学考试

大部分海外院校都会对留学考试成绩（如托福、雅思、GRE等）有一定要求，因此建议同学们在6月前就拿到一个满意的语言考试成绩。一方面在确定申请院校时，可以有一定的参考；另一方面如果成绩不理想，还有时间在后续再参加一次考试，以争取更高的成绩。

2. 确定申请院校

对于大多数同学来说，虽然可能很早就确定了想要留学的地区或国家，或是具体到某一所大学，但在实际申请时，一般来说每一位同学都会申请多所大学，以保证录取概率。因此，在7～8月份，各位同学需要充分了解自己所去国家或地区的大学情况，选择几所最适合自己的大学。

一般来说，在进行学校选择时需要考虑几个问题：学校及专业排名、奖学金、学费和生活费、毕业后去向。总的来说，申请者应该首先确定一个最高原则，就是选择综合排名靠前的学校不如选择专业排名靠前的学校，选择专业靠前的学校不如选择科研实力强、学术影响力高的导师。也就是说，应当避免盲目的名校情结，结合自己的能力和兴趣，选择适合自己的导师和专业。另外，在同一个国家内，不同地区的生活花销也是不尽相同，不同高校的学费也是不同的。大家需要根据自己的实际经济条件，选择能够承受的学校。同时，在选择学校时，也要考虑自己毕业后的去向，如果想要留在当地继续工作，那么要尽量选择就业环境更好的高校。

对于大部分同学来说，奖学金决定了能不能去留学和签证难度的问题。海外高校给出的奖学金类型包括学费减免（tuition waiver）、普通奖学金（scholarship）、助研（research assistant）和助教（teaching assistant）。对于理工科学生来说，可以尽量争取拿到助研和助教。一般来说，奖学金的发放是由相关院系或申请的导师所决定的。因此，在确定自己要申请的学校时，也需要去了解相关院系和导师发放奖学金的情况。总的来说，目前申请硕士研究生拿到奖学金的比例很小，申请难度很大；申请博士研究生获得全额奖学金就要相对容易得多，并且申请博士研究生获得国家留学基金委公派资助的资格也更容易。因此，希望在科研上继续深造的同学，不妨直接尝试申请博士研究生，这样在时间和经费上都能节约很多。

3. 准备申请材料

进入暑假后，同学们可以开始归总自己的申请资料，根据自己锁定的高校要求来准备院校申请材料。申请材料主要包括：①入学申请表（application form）；②推荐信（recommendation letter）；③个人简历（resume）；④个人陈述（personal statement）；⑤国内学习成绩单及学历证明（official transcripts）；⑥留学考试成绩单（english test report）；⑦其他辅助的申请材料（supplementary document）。

在准备申请材料时要注意，在凸显个人特点和能力的同时，也要避免过度包装，要保证申请材料的真实性。

4. 递交申请材料

进入10月以后，同学们就可以开始向各院校申请报名了。现在大部分高校都采用了网申系统，即通过网络提交各类材料。大家在进行网申前需要做好各项材料的准备，如相关资料的电子档、用于缴纳申请费的信用卡等。在完成网申后，需要将剩余材料邮寄给对方。同学们根据院校要求，把相应的材料整理归档后，再准备一个Cover Letter，包括相应清单、个人的ID和申请的院系信息等。材料寄出后，网申工作并没有告一段落。提醒大家需要时常登陆网申系统，查看材料寄送情况，并及时和工作人员联系。

5. 查看申请状况

进入1～2月后，各高校陆续开始实际录取流程。同学们可以经常查看自己的院校申请状态，同时了解奖学金的申请情况。不过，各个国家发录取通知书的时间略有不同，同学们可根据具体申请学校给出的参考时间查询。一般澳大利亚、英国的录取通知书发出得相对较早，而美国和新加坡的一些高校甚至要到3～5月才能查询到录取情况。

6. 确定就读学校

在拿到录取结果后，同学可以根据获得录取和奖学金的情况，择优选择更适合自己的学校。

☑ 案例分析

案例：小王是某高校材料工程专业的一名本科生，从大一开始就确定了毕业后留学深造的目标。虽然大一时成绩不太理想，他也曾一度有放弃留学的打算，但最后还是坚持了下来，最终四年GPA达到了3.92/4。从大二开始，他就积极准备TOEFL和GRE，经过一年的艰苦备考，取得了TOEFL 102分、GRE 320+4分的成绩。同时，他也努力提升自己其他方面的素质，在和任课老师的不断沟通和争取下，在大二下学期加入了项目组，积累科研经验。在大三暑假他还申请到了一家大型企业的实习机会。在大四这一年他获得了保研资格，并且实习的公司也向他提供了正式录用通知。但小王最终还是选择了继续出国深造，并收到了一所美国排名前50的大学的录取通知书。

案例点评：准备留学深造是一场持久战，对于大部分同学来说都需要3～4年的时间来准备，而且这个准备过程是十分辛苦和枯燥的。除了要保证日常基本的学习外，还要分配好时间准备出国考试、积累科研及实践经历，以及准备个人申请材料、联系导师等烦琐事宜。很多同学在这个过程中，都会遇到出国考试成绩不理想、与国外导师联系被拒绝、申请理想学校失败等挫折。面对这些困难，同学们一定要相信自己，调整好心态，锲而不舍地完成整个过程。此外，在面对保研、就业等其他选择时，也要慎重考虑自己未来的规划，一旦确定了出国目标，就要力争坚持到底。

◎常见困惑

1. 留学申请是否会以成绩定“终身”

留学申请并不会以成绩定“终身”。境外高校会通过你的学业成绩、语言考试成绩来考查你的学习能力，但分数并不能完全说明学业上的潜力，也不能体现个人的全面素质。因此学校不会因为你考了高分就录取你，他们会更多地考查你平时的积累，如学科竞赛的获奖、参与过的培训、发表的论文以及参与社会服务、学生活动的经历等。

2. 申请时非常纠结选择的学校是否是名校，世界排名是多少

首先，绝大多数国家都不会以官方的名义来排序学校，一般都是社会机构根据不同的指标对高校进行排名，因此这样排出来的名次只能作为参考。其次，最好的学校并不一定真正适合你，而且排名越高的学校，各项招生要求也越高，不是你有入学的愿望就能实现的。此外，一些综合排名不高的学校倒是有一些排名很高的专业，或是“名气”很响的导师，这些也不失为很好的选择。

阅读小贴士　常见全球大学排名

1. US News全球大学排名

由 *US News & World Report* 在每年8月发布的美国大学排名，分本科和硕士排名，

本科称为Best Colleges，硕士称为Best Graduate Schools，并且从2014年10月开始推出了全球大学500强排名。

参考网址：http://www.usnews.com/education/best-global-universities/rankings

2. QS世界大学排名

是由教育组织Quacquarelli Symonds（QS）所发表的年度世界大学排名。包括主要的世界大学综合排名及学科排名，QS通过6个指数进行衡量，分别是学术领域的同行评价（40%）、全球雇主评价（10%）、单位教职的论文引用数（20%）、教师/学生比例（20%）、国际学生比例（5%）及国际教师比例（5%）。

参考网址：http://www.topuniversities.com/qs-world-university-rankings

3. 泰晤士大学排名

由英国 *The Times* 发布的大学排名，该排名的指标包括学生满意度（15%）、科研质量（15%）、入学标准（10%）、生师比（10%）、生均经费（10%）、设施和设备（10%）、优秀学位获得率（10%）、毕业生前景（10%）和毕业率（10%）9项指标。

参考网址：https://www.timeshighereducation.com/world-university-rankings

4. 世界大学学术排名（ARWU）

由中国政府授权上海交通大学世界一流大学研究中心研究发布，于2003年首次发布，每年公布一次。排名前100位的大学有详细位次排名，后100～400名的大学提供区间排名。ARWU以国际可比的科研成果和学术表现作为主要指标，采用可以验证的客观数据，进行全球性的大学排名。

参考网址：http://www.shanghairanking.com/

3. 怎么才能写一篇好的留学文书

任何一篇文书都没有绝对的好和绝对的不好，每个人写出来的文书也都各有特色。文书写出来是给人阅读的，所以可读性是评价文书好坏的第一标准。首先一篇有特点的文书，往往会给录取官留下深刻的印象。其次要注意用词，少用偏僻的词汇。要清楚地写明自己的意图，不要造成歧义，注意语法和逻辑。篇幅上要尽量控制在800～1000词，尽量简单明了地归纳，语言表达精准简练。

此外，现在很多同学都会考虑由中介来帮忙撰写文书，但需要注意的是，中介的文书大多都是模板式的，写出来的东西千篇一律，并不能突出自己的亮点。建议大家，如果联系中介撰写文书的话，最好先构思好内容，中介则主要负责格式、语法、语言等方面的修改。

练习题

留学，你准备好了吗？

请根据表9-2中的内容，快速评测目前你留学的相关准备是否到位。请在对应内容后面填写你准备情况的分值。准备程度对应分值为：已完成（2分）、还在准备中（1分）、未开始准备（0分），并计算你的总分值。

表9-2　评测留学的相关准备是否到位

内容	准备程度（分值）
是否确定了留学的国家或地区	
是否确定了留学的专业方向	
是否取得了相关语言成绩	
是否取得了相关升学考试成绩	
个人GPA是否已达到要求	
是否有相应科研项目经历	
是否发表过学术论文	
是否有一定的社会实践经历	
是否已经和国外高校导师取得了联系	
是否已经完成了文书初稿	

18～20分：你已经完成了关于留学的基础准备，可以开始申请流程了；

14～18分：你的留学准备已经接近完成，再努力下就可以实现目标；

6～14分：你已经全面开始了留学的准备工作，坚持下去就能取得好结果；

6分以下：你的留学准备工作还不够充分，如果想要申请留学还需要更加努力。

第四节　创业学生学业规划要点与实施

大学生创业风生水起，越来越引起社会各界的广泛关注。在美国，当代许多高科技公司，都是大学生创业者吸纳投资建立起来的。目前，我国大学生毕业后选择自主创业的比例也已经达到了1%左右。随着国家自主创业鼓励政策的完善和落实，我国大学生毕业后从事创业活动的热情日益高涨。假以时日，大学生创业必将成为我国社会经济发展的直接驱动力之一。那么，作为新时期的大学生，我们应该做好哪些准备去应对如今“大众创业、万众创新”的形势呢？

阅读小贴士　大众创业、万众创新

李克强总理在公开场合发出“大众创业、万众创新”的号召，最早是在2014年9月的夏季达沃斯论坛上。当时他提出，要在960万平方千米的土地上掀起“大众创业”“草根创业”的新浪潮，形成“万众创新”“人人创新”的新态势。此后，他在首届世界互联网大会、国务院常务会议和各种场合中频频阐释这一关键词。每到一地考察，他几乎都要与当地年轻的“创客”会面，他希望能激发民族的创业精神和创新基因。

◎创业规划前：创业者的素质要求与基本准备

1. 创业意识与心理准备

1）创业意识

创业意识是指在创业过程中，对创业者起推动作用的个性心理倾向。创业意识包括创业的需要、动机、兴趣、理想、信念等心理成分，支配着创业活动中创业者的态度和行为，是创业的动力因素。

创业意识的形成，不是一时冲动或凭空想象出来的。从心理学的角度分析，这种创业意识源于对现实条件和就业状况的客观分析，是由于对成功的渴望和对现状的不满足，而激发出来的强烈的事业心和使命感，并由此产生更高的人生价值追求。

阅读小贴士　一组关于中国大学生创业的数据

华东师范大学开展了一项关于大学生创业意识的调研，研究者对华东师范大学、华东理工大学、上海师范大学、华东政法大学、上海财经大学、上海交通大学等高校的540名全日制本科生进行了问卷调查。统计结果显示，当代大学生的创业意识表现为激情与理性并存：77.6%的大学生表示会考虑创业；35.9%的大学生认为资金是大学生创业的最大困难，28.9%的大学生认为创业最大的困难是“社会关系不够宽广、不利于开展工作”，19.1%的大学生认为创业最难的是还要兼顾学业，时间、精力有限。大多数大学生缺乏创业方面的经验，他们在大学期间除从事家教外，就只有一些简单的兼职经历，如发广告传单、产品推销与发放调查问卷等。在创业方式的选择上，8.4%的大学生选择独立创办自己的工作室，71.8%的大学生选择与志同道合的朋友成立小公司，19.8%的大学生选择招募社会上有才干的人共同创业。

（资料来源：刘迎曦，张文隽. 关于大学生创业意识的调查与思考[J]. 思想·理论·教育, 2003, 3(9): 19-21）

2）心理准备

我国大学生成功创业的企业仅占全部大学生创业企业的2%～3%，远低于一般企业的创业成功率。不得不说，大学生创业确实存在较大的挑战和风险，往往会遇到很多意想不到的困难和挫折。面对这些问题，创业大学生要有充分的心理准备，面对困境，要学会泰然处之，冷静分析思考，想办法渡过难关。很多成功者都有从求生存到创业成功的历程，都是充满了艰辛和坎坷，甚至经历过无数次山穷水尽的困境。

创业者自身的素质和心态，对于创业活动起着至关重要的作用。优秀创业者的心理素质包括独立思考、敢于行动、敢于克服盲目冲动、坚持不懈、善于自我调节等。这些心理素质并非先天具有，而是需要在后天的学习、生活、实践中不断磨练。如果创业者在创业活动开始前，就已经磨练出过硬的心理素质，那么创业成功的概率就会大大提高。

阅读小贴士　创业者说

其实创业本身一点都不神秘，而是充满了判断，充满了抉择，需要机遇，需要勇气，需要果断。

——百度公司总裁　李彦宏

企业发展就是要发展一批狼。狼有三大特性：一是敏锐的嗅觉；二是不屈不挠、奋不顾身的进攻精神；三是群体奋斗的意识。

——华为公司总裁　任正非

对所有创业者来说，永远告诉自己一句话：从创业的第一天起，你每天要面对的是困难和失败，而不是成功。我最困难的时候还没有到，但有一天一定会到。

——阿里巴巴集团CEO　马云

2. 知识和能力的储备

同学们想要创业，只靠愿望是不够的。即使具备了创业意识和心理素质，也只是为创业提供了前提条件。要真正实现创业目标，还得靠真本事，必须要有过硬的本领。一位优秀的创业者，要具有“专”与“博”相结合的“T”型的知识结构。现代认知心理学派认为，合理的知识结构有利于同化旧的知识或概念，形成新的观点和观念。良好的创业知识结构是创业者未来发展的基础，为创业心理与行为提供了一个基本的认知框架和背景。

创业能力是同学们创业素质的一个重要方面，是创业者顺利完成创业活动所必须具备的心理特征。它总是和创业活动相联系，并表现在具体的创业实践中，是决定创业成功与否的关键因素。创业能力是一种综合能力，它既包括专业能力，也包括经营管理能力；既包括创新能力、学习能力、认知能力、信息处理能力，也包括人际沟通能力、社会协调能力、公关能力等。大量的事实与经验表明，科学合理地配置人、财、物以及时间、空间的能力，发现机会、把握机会、利用机会和创造机会的能力，收集、加工处理和分析信息的能力，学习能力，良好的社会公关能力等，都是创业者创业能力的具体表现，是创业能否成功的重要影响因素。

◎创业规划中：重点是制订创业步骤

创业前，要做许多准备工作，不同水准的“备战”会收获不同的创业成果。哈佛商学院进行的一项调查研究显示，创业企业失败率比我们看到的数据要高得多。该调查的带头人Shikhar Ghosh研究了在2004～2010年获得风险投资100万美元以上的2000多家创业企业，得出了“风投支持的创业企业失败率也高达75%”的结论。获得投资的企业失败率都这么高，更别说那些白手起家的创业者了。如何尽可能地提高大学生创业的成功率呢？作为大学生创业者，应该首先从加强制定创业步骤入手。好的创业步骤应该包括以下几个方面：创业项目的选定、创业计划的制订、创业融资的组织、创业团队的组建、创业风险的规避等。

1. 创业项目的选定

创业规划充分与否，对创业事业的成败起着决定性的作用。而创业项目的选定是创业规划中最重要的一环，直接关系着创业的成败。选择创业项目时要遵循科学合理的原则，如立意独特原则、市场导向原则、国家产业导向原则等。在这里提醒创业的同学们，要考虑几个因素，如个人特长、对所选项目的熟悉程度、风险的承受能力、国家相关政策与法律等。

2. 创业计划的制订

由于创业者的创业思路、创业方式以及创业所涉及领域的不同，创业计划本身也表现出各自的独特性。无论是学什么专业的大学生，也无论是制订哪一个领域的创业计划，在制定过程中都应该特别注意以下两个方面：一是创业计划的内容，包括创业目标规划、创业背景概述、市场调查与分析、公司发展战略、应急措施、创业团队、内部组织管理、可行性分析、财务预测、实施方案等；二是制定创业计划的要求，包括创业计划要有科学性、抗风险意识、可行性，创业计划参加者应注意学科之间的合理搭配，如提倡跨系、跨专业联合组成创业团队，共同设计创业计划，以培养协作精神和合作意识。大学生创业团队应注意吸纳理工科、法学、财会、管理等学科背景的人才加入。同时，根据创业计划项目的选择，适当吸收相关学科的学生以及具有相关工作经验的社会人员参加。

3. 创业融资的组织

融资渠道窄、融资难度大，往往是摆在创业大学生面前的最大障碍。那么如何融资呢?就现代经济中的独立经济实体来说，融资分为内部融资和外部融资两种。对于大学生创业者而言，在校读书基本上是一个净消费过程，能在毕业之际拿出创业资金的同学少之又少，内部融资可行性不大。因此，同学们应努力寻求社会的帮助，除亲朋好友资助、银行贷款外，要积极地吸引风险投资基金。投资是建立在对创业者持有的技术、理念认同的基础上的。创业的同学们只有解决好了融资问题，才能将自己的技术和创意转化为营利的工具，才能在激烈的市场竞争中立于不败之地。拓宽融资渠道、对投资人负责才能使大学生创立的企业茁壮成长。

4. 创业团队的组建

正确认识创业团队的作用，对于积极组建创业团队和创业团队的有效运行具有重要作用。对于想把企业做大、做强的大学生创业者来说，即使不在创业伊始，也要在企业发展到一定阶段时，引入高素质的创业团队成员。这样，更有可能利用创业团队的优势，收获更大的创业价值。

在组建创业团队时，主要涉及以下几个关键问题：创业团队成员的素质、创业团队组成的方式、创业团队组建的时机选择等。一旦创业团队组建成功，如何确保创业团队的有效运行便是当务之急，包括树立正确的创业理念、妥善处理创业团队成员之间的权力和利益关系等。

5. 创业风险的规避

在创业的过程中，风险无处不在，创业者需要思考以下几个问题，才能很好地规避创业中的风险。

第一，准备不足。大学生创业团队常常缺少处理棘手问题的技巧和经验。如不知如何处理一些敏感问题：谁拥有多少股权；谁将承诺奉献出多少时间、资金或其他资源；如何解决分歧；团队成员如何才能离开和怎样离开。这些问题如果不能妥善解决，很有可能导致拥有明智商业创意的、有前途的团队，意外地分崩离析。

第二，民主决策。几名大学生创业者，因通常是同学、朋友关系，在创业时通常采取一些民主做法，如平等的股权、工资、办公室大小和车辆使用机会等。但遗留的问题是：很多需要决策的事情谁来负责？怎样解决“势均力敌”的分歧？大学生创业团体内的过度平等就是一种管理体制的软弱无力。即使存在有关的协议，冲突问题也往往难以解决。

第三，自高自大。不正视创业团队核心成员的不足之处，认为自己的团队无所不能，不愿接受优秀人才的加盟，从而制约了团队的发展壮大。或过于迷恋和相信一个产品创意，结果费尽周折，才发现是死路一条。

第四，破坏性动机。有些创业公司，在投资者、核心创业者、团队成员中，有时会出现破坏性动机，从而引起严重问题。如一些团队成员过早地开始关注权力、金钱，而不再主要思考企业如何生存、发展、壮大，这将会使创业团队变质，会使成员争权夺利、损公肥私。如果对这类潜在的破坏性动机缺乏警惕，创业项目往往会得到无法挽回的结果。

第五，彼此盲目的信任。大学生可能会认为，团队成员之间的相互信任是理所当然的，这是创业成功的必然要求。在长期的创业过程中，彼此信任固然重要，但盲目地信任别人，很可能会丧失深入思考的机会，甚至会使自己吃亏上当，遭受损失。

6. 创业政策的把握

大学生是最具活力和创造性的群体，蕴含着巨大的创造热情和创业潜能。国家和各级政府出台了许多优惠政策，涉及融资、开业、税收、创业培训、创业指导等诸多方面。这些政策为大学生打开了创业的大门，对于创业活动也起到了积极的助推作用。当前，从国家到地方，再到学校，很多单位和部门都为大学生创业活动出台了各种优惠政策，积极鼓励大学生投身创业活动。

如自2008年1月1日起，小额担保贷款经办金融机构对个人新发放的小额担保贷款，其贷款利率可在中国人民银行公布的贷款基准利率的基础上，再上浮3个百分点。其中，微利项目增加的利息由中央财政全额负担。同时，小额担保贷款经办金融机构对个人新发放的小额担保贷款，其最高额度由2万元提高到5万元，对符合条件的劳动密集型小企业的小额担保贷款，其最高额度由不超过100万元，提高到不超过200万元。

很多地方政府也积极响应国家号召，出台了各项文件支持大学生创业，同时，政府机构还为大学生专门设立了孵化园区，提供了场地和硬件条件保障。

阅读小贴士　四川省大力支持创新创业

以四川省为例，于2014年出台的《四川省人民政府办公厅关于加大力度促进高校毕业生就业创业的意见》指出：从2014年1月1日起，对在校大学生和毕业5年内的高校毕业生，在高校创业园、孵化园、科技园、创新创业俱乐部等创新创业平台内孵化的创业项目，经学校和有关部门确认，对创业团队或项目给予1万元创业补贴，同一领创主体有多个创业项目的，最高补贴可达到10万元。

当前，国内各高校也纷纷组织丰富多彩的创新创业比赛，制定相关政策推动大学生创业。“挑战杯”大学生创业大赛、中国“互联网+”大学生创新创业大赛、“创青春”全国大学生创业大赛等各类国家级、省部级、校级比赛，为大学生营造了良好的创业氛围，搭建了难得的创业平台。部分高校还为大学生创业者提供了资金、办公场所的支持，邀请专业老师对大学生创业项目进行指导。有些高校还通过邀请社会创业达人担任创业团队导师，开展专业的帮助和指导。

当然，有创业想法的大学生不一定要在毕业时就选择创业，也可以先进入职场磨练自己，了解行业和社会，为创业积累经验，在适当的时候再进行创业活动。

☑ 案例分析

案例：小周是某高校大四的学生，在大一、大二期间他并没有创业的想法，只是加入了兴趣协会，参加了多次科技创新类比赛。随后担任协会会长，锻炼组织协调能力，在大三前就获得过两次全国级别创新竞赛的一等奖，并因此获得了学校学术专长特殊保研的资格。根据自己的兴趣和科研项目基础，小周产生了创业的想法，并通过自己的技术能力很快做出了产品，获得风险投资并创建了公司。

案例点评：部分同学对于创业过于功利化，从而忽视了对专业能力、综合素质的培养。创业的成功需要多方面的条件。小周同学在大学的学习经历，积累了专业技能，锻炼了综合素质，同时通过参加科技类竞赛，开发出好的创业项目并吸引到风险投资，这些都助力小周迈出创业道路的第一步。所以，有创业想法的同学，要注意平时的积累，不断培养和锻炼自己各方面的能力，为真正的创业行动打好基础。

◎常见困惑

1. 应当如何处理创业与学业的关系

大学生创业和学业的关系，在社会上一直存在争议。有的大学鼓励学生休学进行创业，也有的大学认为这样的做法违背了大学人才培养的基本思路。微软公司创始人比尔·盖茨，曾以优异的成绩考入了哈佛大学，在校期间他热衷于与好友一起编写程序，最终他放弃了学业选择辍学创业。新东方创始人俞敏洪从北京大学毕业后留校任教，而后从北京大学辞职，成功创立了新东方。从这两个例子可以看出，创业与学业之间并没有必然的联系，也不会直接相互冲突。如果大家在校期间有创业的想法，就需要根据实际情况认真思考，自己究竟是完成学业再创业，还是终止或放弃学业直接创业。

2. 当今社会创业机会很多，国家也很鼓励大学生创业，我们如何把握好创业机会

要创业的同学必须具备识别和选择创业机会的能力。首先要根据自己的具体情况找到适合的创业方向，并明确自己想做什么和能做什么。其次要调查市场，了解市场需要什么。市场需求是客观的，你能够做到的是主观的，只有主观和客观一致，才能变成现实，才能有效果。因此，要尽自己所能，结合自身特点，把握市场动向，捕捉信息，把握商机。机会从来都是垂青有准备的人。

3. 毕业后是否应当直接创业

这是一个见仁见智的问题，同学们在作出决定时一定要综合考虑各种因素，如市场的饱和度、市场的发展预期、家庭的经济承受能力、个人的准备程度等，切不可一时头脑发热，作出武断的决定。同学们要作好充分的利弊分析，理性思考后再作决定。

练习题

你的性格是否适合创业？

一个人是否适合创业，与他个人的性格有关，在选择创业之前，各位同学应该测试一下自己的性格是否适合创业。下面有17道测试题，请在每一题的4个字母中选择符合自己实际情况的字母（S——sanguine、M——melancholy、C——choleric、P——phlegmatic），并在完成全部测试题后进行统计。

（一）（1）冒险型——对新事物下决心做好。C

（2）适应型——轻松自如地融入任何环境。P

（3）生动型——表情生动，多手势。S

（4）分析型——准确地知道所有细节之间的逻辑关系。M

（二）（1）持久型——完成一件事后才接手新事。M
（2）娱乐型——充满乐趣与幽默感。S
（3）说服型——用逻辑与事实服人。C
（4）冷静型——在任何冲突中都不受干扰，保持冷静。P
（三）（1）包容型——易接受他人的观点，不坚持己见。P
（2）牺牲型——为他人的利益愿意放弃个人意见。M
（3）社交型——认为与人相处好玩，无所谓挑战或商机。S
（4）强烈意识型——决心依自己的方式做事。C
（四）（1）体贴型——关心别人的感觉与需要。M
（2）控制型——控制自己的情感，极少流露。P
（3）竞争型——把一切当成竞赛，总是有强烈的赢的欲望。C
（4）魅力型——因个人魅力或性格使人信服。S
（五）（1）清新振作型——给旁人清新振奋的刺激。S
（2）敬仰型——对人诚实尊重。M
（3）保守型——自我约束情绪与热忱。P
（4）机智型——对任何情况都能很快地做出有效的反应。C
（六）（1）满足型——容易接受任何情况和环境。P
（2）敏感型——对周围的人和事十分在乎。M
（3）自立型——独立性强、机智，凭自己的能力判断。C
（4）生气型——充满动力与兴奋。S
（七）（1）计划型——事前做详尽计划，依计划进行工作。M
（2）耐心型——不因延误而懊恼，冷静且容忍度大。P
（3）积极型——相信自己有转危为安的能力。C
（4）推广型——运用性格魅力或鼓励推动别人参与。S
（八）（1）友善型——不主动交谈，经常是被动的回答者。P
（2）忠诚型——保持可靠、忠心、稳定。M
（3）趣味型——时时表露幽默感，任何事都能讲成惊天动地的故事。S
（4）强迫型——发号施令者，别人不敢造次反抗。C
（九）（1）勇敢型——敢于冒险，下决心做好。C
（2）愉快型——带给别人欢乐，令人喜欢，容易相处。S
（3）外交型——待人得体，有耐心。P

（4）细节型——做事秩序井然，记忆清新。M

（十）（1）振奋型——始终精神愉快，并把快乐推广到周围。S

（2）坚持型——情绪平稳，反应永远能让人预料到。P

（3）文化型——对学术、艺术特别爱好。M

（4）自信型——自我肯定个人能力与成功。C

（十一）（1）感情外露型——忘情地表达出自己的情感、喜好，与人娱乐时不由自主地接触别人。S

（2）果断型——有很快做出判断与结论的能力。C

（3）尖刻的幽默型——直接的幽默近乎讽刺。P

（4）深沉型——认真，深刻，不喜欢肤浅的谈话或喜好。M

（十二）（1）调解型——避免冲突，经常居中调和不同的意思。P

（2）音乐爱好型——爱好且认同音乐的艺术性，不单是为表演。M

（3）行动型——闲不住，努力推动工作，别人跟随的领导。C

（4）结交型——喜好周旋于宴会中，结交朋友。S

（十三）（1）考虑周到型——善解人意，能记住特别的日子，不吝于帮助别人。M

（2）固执型——不达目的誓不罢休。C

（3）发言型——不断愉快地说话、谈笑，娱乐周围的人。S

（4）容忍型——易接受别人的想法和方法，不愿与人相左。p

（十四）（1）聆听型——愿意听别人想说的。P

（2）忠心型——对理想、工作、朋友都有不可言喻的忠实。M

（3）领导型——天生的带领者，不相信别人的能力如自己。C

（4）生趣型——充满生机，精力充沛。S

（十五）（1）知足型——满足自己拥有的，甚少羡慕别人。P

（2）首领型——要求领导地位及别人跟随。C

（3）制图型——用图表、数字来组织生活，解决问题。M

（4）可爱型——讨人喜欢，令人羡慕，人们注意的中心。S

（十六）（1）完美主义型——对己对人高标准，一切事情有秩序。M

（2）和气型——易相处，易说话，易让人接近。P

（3）工作型——不停地工作，不愿休息。C

（4）受欢迎型——聚会时的灵魂人物，受欢迎的宾客。S

（十七）（1）跳跃型——充满活力和生气的性格。S

（2）勇敢型——大无畏，不怕冒险。C

（3）模范型——时时保持自己举止合乎认同的道德规范。P

（4）平衡型——稳定，走中间路线。M

请将选中的字母，统计好后，填入相应的横线中，你的性格原型会逐步凸显。

S：________ M：________ P：________ C：________

分析：

S（sanguine）居多，活跃型，可以发现活跃型性格的人对别人无所谓，对自己也无所谓。他们是属于外向、多言、乐观的群体，他们的存在给世界带来了无穷的欢乐。他们以极度的喜悦拥抱每一件事，当他们对生命抱以宽容和接受的态度而不苛求什么时，生命所带给他们的意义就更加丰富。活跃型性格的人，有时候做事缺乏仔细的思考和判断，不是特别适合创业。

M（melancholy）居多，完善型，完善型性格的人是对别人要求严格，对自己也要求严格。他们是内向的思考者，属于悲观的一群人。但不会因为悲观而失去积极的意义，由于敏感，往往会提早发现一些危机，此类型也不适合创业。

C（choleric）居多，能力型，健康的能力型的人不会被内省的默想所分心，因此从不会退缩。相反，他们神采奕奕地随时准备投入新的领域。他们对这个世界的喜爱总是一再地把他们引导向前，使他们不断地获得新的兴趣和能力。具有大胆的冒险性格，比较适合创业。

P（phlegmatic）居多，平稳型，平稳型性格的人是对别人不要求，对自己不苛求。他们普遍内向，乐做旁观者，属于悲观类型。平稳型性格的人情绪稳定、温和、乐观。不适合创业。

☑ 章节回顾

本章介绍了就业、国内深造、出国留学和创业四类学业规划的要点和实施步骤，对每一个步骤中应该着重注意的环节进行了阐释，此外还对四类学业规划的常见问题进行了解答。相信同学们通过对本章的学习，已经对每一类学业规划都形成了一个较为全面的认识。希望这些内容对你制订自己科学合理的大学学业规划会有所帮助。

☑ 延伸阅读

[1] 王宝玉, 王毅.家书里的大学[M]. 北京: 商务出版社, 2013.

[2] 凯利·麦格尼格尔. 自控力[M]. 王岑卉, 译.北京: 印刷工业出版社, 2012.

[3] 洛克. 把握你的职业发展方向[M]. 钟谷兰, 曾垂凯, 时勘, 等译.北京: 中国轻工业出版社, 2006.

[4] 覃彪喜. 求职, 从大一开始[M]. 武汉: 长江文艺出版社, 2010.

[5] 朱瑞丰. 从0到1开公司: 新手创业必读指南[M]. 北京: 人民邮电出版社, 2016.

[6] 张志. 不要等到毕业以后[M]. 南京: 江苏文艺出版社, 2013.